Einführung in die Exakte Psychologie

Von

Professor Dr. Friedrich Sixtl

R. Oldenbourg Verlag München Wien

G A. L I E N E R T
gewidmet

Die Deutsche Bibliothek - CIP-Einheitsaufnahme

Sixtl, Friedrich:
Einführung in die Exakte Psychologie / von Friedrich Sixtl.
München ; Wien : Oldenbourg, 1996
ISBN 3-486-23663-6

Gesamtherstellung: R. Oldenbourg Graphische Betriebe GmbH, München

ISBN 3-486-23663-6

Vorwort

Manchem meiner Leser dürfte bekannt sein, daß ich meine Universitätslaufbahn als Psychologe begonnen habe. Erst später hatte ich mein Fach – Statistik – auch vor Naturwissenschaftlern vorzutragen. Erst da fiel mir auf, daß Psychologen nicht die Mentalität von Naturwissenschaftlern haben, auch wenn sie, wie jene, Beobachtungen sammeln und statistisch auswerten. Den Psychologen fehlt, um es rundweg herauszusagen, das Vertrauen in ihre Resultate. Wenn Physiker die Lichtgeschwindigkeit wiederholt messen und das Ergebnis durch folgendes Vertrauensintervall ausdrücken:

$$Pr(|L - 299.752{,}5| \leq 0{,}1) = 0{,}95 \quad ,$$

dann glauben sie auch daran, daß sie die Lichtgeschwindigkeit "auf hundert Meter genau" kennen. Ein Psychologe zeigt selten ein solches Vertrauen zu seinen Resultaten, auch wenn er sich ähnlich ausdrückt wie der Physiker. Ihm ist es anscheinend wichtiger, daß er sich durch die Anwendung von Methoden ausweist, die in den Naturwissenschaften gebräuchlich sind. Während nämlich der Physiker seinen Untersuchungen zutraut, daß sie ihm den Einblick in die Wirklichkeit öffnen, traut der Psychologe bloß den Methoden etwas zu. Seine Ergebnisse hält er bald für trügerische Abbilder der ihm überlassenen Wirklichkeit. Vielfach nimmt er sie von vornherein nicht ernst, relativiert seine Untersuchungen zu "Studien" und räumt bereitwillig ein, daß andere Studien andere Abbilder vermitteln könnten.

Ich will nicht behaupten, daß die Skepsis der Psychologen unbegründet sei. Dagegen behaupte ich, daß sie Ursachen hat, die zum Teil behoben werden können. Eine von diesen Ursachen haben wir bereits identifiziert, nämlich die Fremdbestimmtheit der Verteilungen durch verborgene – latente – Variablen. Diese treiben die Varianz wiederholter Beobachtungen über jene Schranken hinaus, welche von konsistenten Statistiken nach Wahrscheinlichkeit nicht überschritten werden, und überzeugen Psychologen davon, daß psychologische Daten eben nicht die Robustheit naturwissenschaftlicher Daten haben. Wir wissen aber inzwischen, daß auch psychologische Daten robust sind, wenn man den Einfluß der latenten Variablen ausschaltet.

Davon wird in diesem Buch berichtet. Möge es vielen meiner Kollegen von der Psychologie beim Ausschalten latenter Variablen dienstbar sein, so daß sie Resultate erzielen, deren Robustheit bis heute nur experimentierenden Physikern und Chemikern vertraut ist.

Mein Dank gilt allen, die an der Gestaltung dieses Buches mitgewirkt haben, insbesondere Frau Mag. M. Ehrenmüller, welche die Abbildungen angefertigt hat. Ferner Herrn Mag. H. Potuschak, der die Simulationsbeispiele gerechnet und die statistischen Tabellen verfaßt hat. Ferner allen Mitarbeitern des Institutes für Angewandte Statistik und allen Freunden, die sich der Mühe des Korrekturlesens unterzogen haben. Besonders danken möchte ich Frau A. Reiterer, die sich von ihrem anerkannt guten Geschmack bei der Textgestaltung mit dem ChiWriter wieder hat leiten lassen.

F. Sixtl

INHALTSÜBERSICHT

TEIL C (173-204)

Lernen: Falsche und richtige Analogien

TEIL D (205-223)

Simulation von Verhalten

MEPHISTOPHELES:

Daran erkenn' ich den gelehrten Herrn!
Was ihr nicht tastet, steht euch meilenfern,
Was ihr nicht faßt, das fehlt euch ganz und gar,
Was ihr nicht rechnet, glaubt ihr, sei nicht wahr,
Was ihr nicht wägt, hat für euch kein Gewicht,
Was ihr nicht münzt, das, meint ihr, gelte nicht.

J.W.v.GOETHE: Faust 2.Teil, 1.Akt
Kaiserliche Pfalz, Saal des Thrones

EINLEITUNG

Ursprünglich sollte dieses Buch "Mathematische Modelle der Psychologie" heißen. Dann fragte ich mich, ob das darin Dargestellte die Bezeichnung "Modelle" rechtfertige. Wir gehen davon aus, daß die Psychologie erklären soll, warum Personen oder Gruppen sich so verhalten, wie sie sich verhalten. Gibt sie ihren Erklärungen eine mathematische Form, so nennen wir sie Mathematische Psychologie. Diese Erklärungen sollen die Ursachen des Verhaltens bloßlegen, sie sind also Prinzipien und somit den Extremalprinzipien der Physik vergleichbar, wie man sie etwa bei SOMMERFELD (1964) nachlesen kann. Es ist seither allerdings üblich geworden, diese Erklärungen als "Modelle" zu bezeichnen. Das ist ziemlich unbegreiflich, da eine Aussage nicht zugleich Modell und Prinzip, d.h. vereinfachte Nachbildung eines Gegenstandes und Erklärung seines Funktionierens sein kann. Man muß sich darauf besinnen, daß das Wort "Modell" mehrere Bedeutungen hat, damit einem der Wechsel der Bezeichnungen auch begreiflich wird. Versteht man unter einem Modell nämlich nicht eine Nachbildung, sondern ein Vorbild, nach welchem ein Gegenstand gestaltet ist, so wird man sich nicht mehr um Erklärungen bemühen, soferne man sich im Besitz des "Vorbildes" wähnt: zu wissen, wie ein Gegenstand zu funktionieren hat, ist eine der Erklärung seines Funktionierens überlegene Art von Wissen.
In der Tat führen Lexika (vgl. etwa BROCKHAUS ENZYKLOPÄDIE, Bd.12) drei Bedeutungen des Wortes "Modell" an, die den Gegensatz von "Nachbildung"

und "Vorbild" umspannen:

(1) Vereinfachte Nachbildung eines konkreten oder gedachten Gegenstandes.
(2) Aus einem Hilfsstoff, z.B. Gips, hergestelltes Vorbild für ein Bauwerk.
(3) Person, die einem bildenden Künstler als Vorbild zur künstlerischen Gestaltung dient.

Offensichtlich denkt man, wenn von "mathematischen Modellen der Psychologie" die Rede ist, an Modelle in der Bedeutung von (1). Gegen diese Auffassung ist allerdings einzuwenden, daß wir Modelle nur von solchen Gegenständen anfertigen können, die uns bekannt sind, von denen wir einen "Bauplan" besitzen. E.Whymper ließ ein Modell des Matterhorns anfertigen (Whymper 1872). Das war möglich, weil die Höhenschichtenlinien dieses Berges auf Landkarten verzeichnet sind. Die Psychologen verfügen aber nicht über vergleichbare Kenntnisse des Verhaltens und können daher keine Modelle desselben anfertigen. Sie können allerdings Nachbildungen des "gedachten" Verhaltens herstellen, da sie dieses insoweit kennen, als es eben aus ihren Gedanken über Verhalten besteht. Genau dies, und nichts anderes, tun die Vertreter der modellbildenden Psychologie unserer Tage. Man stelle sich vor, Whymper hätte ein Modell der Vorstellung anfertigen lassen, die er sich vom Matterhorn machte: dieses Modell hätte dem konkreten Matterhorn um nichts ähnlicher sein können als seine Vorstellung von demselben. Die Vertreter der modellbildenden Psychologie scheinen es indessen für ausgemacht zu halten, daß ihre Modelle des gedachten Verhaltens auch Modelle des konkreten sind. Daß dabei ihre Nachbildungen voneinander so verschieden sind wie ihre Vorstellungen vom Verhalten, scheint sie nicht weiter zu stören. Sie koexistieren vielmehr friedlich unter der Devise: This is my model and that is yours. Man informiere sich darüber in ihren einschlägigen Publikationsorganen, von denen stellvertretend hier die folgenden angeführt seien:

- British Journal of Mathematical and Statistical Psychology,
- Journal of Mathematical Psychology,
- The Journal of Mathematical Sociology.

Man wird feststellen, daß sie ihre Modelle in der Absicht erforschen, neue Eigenschaften an ihnen zu entdecken, die sie als Eigenschaften des konkreten Verhaltens der Öffentlichkeit vorstellen. Sie halten die Nachbilder ihrer Vorstellungen vom Verhalten für Vorbilder, nach denen sich das Verhalten richtet. Sie glauben allen Ernstes, die Wirklichkeit richte sich nach den Modellen, die sie gemäß ihren Vorstellungen angefertigt haben. Wer aber glaubt, die Wirklichkeit in der Art des Schöpfers der Wirklichkeit zu erfassen, der läßt sich jede Gelegenheit entgehen, seine Modelle der Falsifikation durch Beobachtung und Experiment auszusetzen. Darin besteht die eigentliche Gefahr dieser modellbildenden Psychologie: statt die Wirklichkeit zu erklären, durchreisen ihre Anhänger Welten mathematischer Vorstellungen wie ein exotisches Wunderland in der Hoffnung, Entdeckungen zu machen.

Es ist entschieden dafür einzutreten, daß keine Nachbildungen von irgendwelchen Vorstellungen der Wirklichkeit angefertigt werden: Wir wollen erklären, warum Personen und Gruppen so funktionieren, wie sie funktionieren; wir wollen die Ursachen ihres Verhaltens bloßlegen. Dabei sind wir grundsätzlich in der gleichen Lage wie die Vertreter anderer Wissenschaften auch: Wir können in unseren Gegenstand "nicht hineinsehen". Der Grund, warum ein Quecksilberfaden sich bei Erwärmung ausdehnt, ist dem Quecksilberfaden genauso wenig anzusehen wie der Grund, warum ein schriller Ton Schmerzen in den Zähnen verursacht, den Zähnen anzusehen ist. Man kann zunächst nur feststellen, daß es sich so verhält: Gewisse Einwirkungen - inputs - haben gewisse Auswirkungen - outputs - zur Folge. Die Einwirkungen heißen in der Psychologie "Reiz" oder "stimulus"; mehrdimensionale Konfigurationen von Reizen nennt man "Situation" oder "Umwelt". Die Auswirkungen heißen in der Psychologie "Reaktion" oder "responsum"; eine mehrdimensionale Konfiguration von Reaktionen nennt man "Verhalten" oder "Benehmen".

Das Fundamentalprinzip, von dem alle Betrachtungen ausgehen, lautet: Variation der Einwirkungen verursacht Variation der Auswirkungen. Wir schreiben dafür:

$$R = f(S) ,$$

wobei wir S für "stimulus" oder "Situation", R für "Reaktion" oder "Verhalten" gesetzt haben.

Das Fundamentalprinzip ist damit ausreichend beschrieben, sofern das Objekt, an dem wir Beobachtungen vornehmen, ohne Einschränkung durch andere Objekte aus der Gesamtheit der relevanten Objekte ersetzbar ist. Das ist in Physik und Chemie häufig der Fall. Wenn dagegen die Objekte eine "Individualität" aufweisen, so daß R sich nicht nur mit S, sondern auch mit den Objekten ändert, so schreiben wir:

$$R = f(S \mid \xi).$$

ξ charakterisiert das Objekt, an dem wir Beobachtungen durchführen.

Das Symbol "f" hat einen doppelten Sinn. Es bedeutet einmal die "Funktion", die anzeigt, wie R sich mit S bzw. mit S und ξ verändert; es hat zum anderen die Bedeutung von "Gesetz der Reaktion" oder "Erklärung der Veränderung von R bei Änderung von S und ξ", welche f in seiner ersten Bedeutung bloß anzeigt.

Kenntnis der "Funktion" erhalten wir durch planmäßiges Beobachten und durch Experimentieren. Die "Funktion" repräsentiert die Tatsachenseite, während das "Gesetz der Reaktion" aus der Erscheinungsform der Funktion unter Heranziehen von Randbedingungen, gesundem Menschenverstand, Plausibilitätsbetrachtungen usw. erschlossen werden muß. Es repräsentiert die "Prinzipienseite", die Erklärung des Verhaltens.

Welche Aussagen können als Erklärungen gelten? Wir werden hier nur solche Erklärungen vorstellen, die von der Mathematischen Psychologie beigesteuert wurden, also jener Sparte der Psychologie, wo versucht wird, den Erklärungen eine mathematische Form zu geben. Die Herstellung einer mathematischen Form nennen wir "Formalisierung".

Formalisierte Gesetze der Reaktion haben die Eigenschaft, sich in Computerprogramme umsetzen zu lassen. Diese Eigenschaft macht die Frage, welche Aussagen als Erklärung von Verhalten gelten können, beantwortbar: Die Computerprogramme müssen "objektähnlich" funktionieren. Wenn die R-Werte, die ein computersimuliertes "Gesetz der Reaktion" bei den verschiedensten S;ξ-Kombinationen anzeigt, mit den R-Werten übereinstimmen, die konkrete Objekte bei den gleichen S;ξ-Kombinationen hervorbringen, so wird man das Gesetz der Reaktion als "nicht falsche" Erklärung gelten lassen. Der Geltungsbereich von f als "Gesetz der Reaktion" ist stets viel größer als der Beobachtungsbereich, in dem f als "Funktion" gewonnen wurde. Der letztere ist ein kleiner Teil des ersteren. Es gibt daher stets eine Fülle von Gelegenheiten, bei denen f sich nicht als Abbild seiner selbst wie im Beobachtungsbereich bestätigen kann. So lange, als es sich auch außerhalb desselben bewährt, d.h. "Verhaltensgültigkeit" im Sinne von Bossel (1989) aufweist, wird man es als Erklärung gelten lassen.

TEIL A

DIE PSYCHOMETRISCHE TRADITION

"Early experimental psychologists considered individual differences as a source of imprecision in the formulation of general laws of human behavior..... Gradually it was recogniced that individual differences are worth of study in their own right. They are not "errors" that could be prevented by improved procedures."

A. Anastasi (1994)

KAPITEL I: PSYCHOPHYSIK

Schon im vorigen Jahrhundert hat man Zusammenhänge zwischen physischen Reizen (z.B. Lautstärken) und Empfindungen untersucht (Fechner 1860, Wundt 1874). Man entdeckte, daß die Reize, welche bewußte Reaktionen auslösen, ein Intervall des Reizkontinuums bilden, mit einer unteren Grenze, die man Reizschwelle nannte, und einer oberen Grenze, die in einzelnen Fällen eine Schmerzgrenze darstellt. Man entdeckte außerdem, daß in diesem Intervall die Empfindungsstärke nicht linear mit der Reizstärke wächst: eine Kerze erhellt einen dunklen Keller; zusätzlich zum Licht der Sonne vermag sie kaum eine wahrnehmbare Vermehrung der Helligkeit zu bewirken.

Abb.I.1: Die Kurve zeigt an, wie sich der durch eine Kerze verursachte Helligkeitszuwachs Δ in Abhängigkeit von der bereits vorhandenen Helligkeit auf die Empfindung auswirkt.

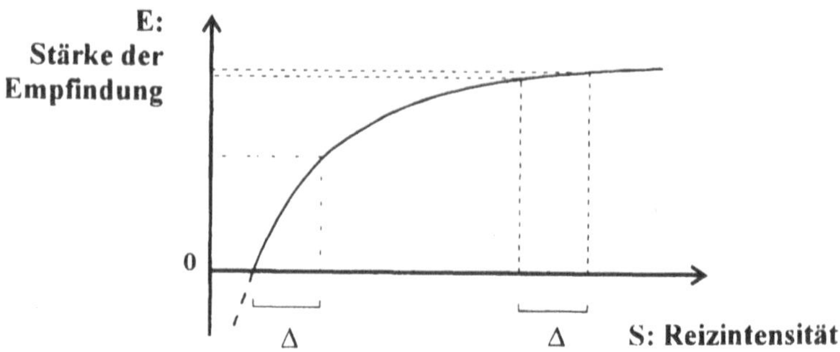

Das nach Fechner benannte "Gesetz der Reaktion" besagt, daß die Empfindungsstärke E proportional dem Logarithmus der Reizstärke wächst:

$$E = k \cdot \ln(S/S_0) \ . \qquad (1)$$

Dabei ist k die Proportionalitätskonstante und S_0 die Schwellenintensität, die eben noch keine Empfindung auslöst.

I.1: Probabilismus in der Psychologie

Man stelle sich eine Reizintensität vor, die von Null gegen S_0 und dann über S_0 hinaus wächst. Solange die Intensität deutlich kleiner als die

Reizschwelle ist, wird sie keine Empfindung auslösen. Ist sie deutlich größer als die Reizschwelle, so wird sie immer eine Empfindung auslösen. Dazwischen befindet sich eine mehr oder weniger breite Übergangszone von "mittleren" Intensitäten. Ist diese Zone schmal wie in Abb.I.2a, so erfolgt der Übergang von "Nichtwahrgenommen" zu "Wahrgenommen" schlagartig bei Überschreiten der Schwellenintensität S_0. Ist die Zone dagegen breit wie in Abb.I.2b, so wächst die Häufigkeit der Wahrnehmung allmählich mit der Intensität des Reizes von 0 gegen 100 %.

Abb.I.2: Abrupter und allmählicher Übergang von "Nichtwahrgenommen" zu "Wahrgenommen".

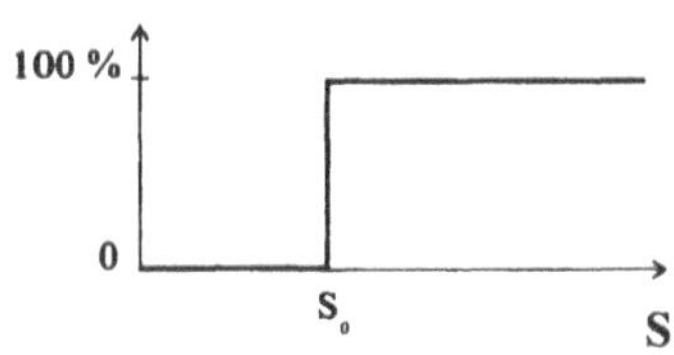

Abb.I.2a

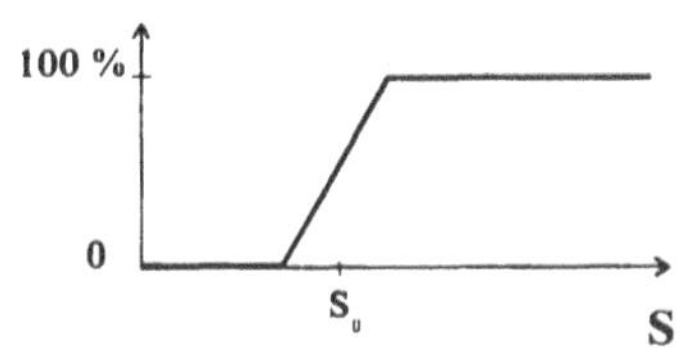

Abb.I.2b

Man kann selbstverständlich mit Hilfe von Experimenten feststellen, ob sich die Wahrnehmungshäufigkeit mit der Reizintensität schlagartig oder allmählich verändert. Dabei ist allerdings darauf zu achten, daß die Reizschwelle möglicherweise ein "Organismusparameter" ist und keine artspezifische Sinneskonstante. Wenn nämlich die Menschen Sinnesorgane von unterschiedlicher Feinheit aufweisen, so zählt ein Experimentator bei jeder Reizintensität so viele Wahrnehmungsreaktionen wie Versuchspersonen, deren Reizschwelle links von der betreffenden Intensität liegt. Er findet also in jedem Fall einen allmählichen Übergang der Wahrnehmungshäufigkeiten. Das Intervall, in welchem der Übergang von 0 nach 100 % stattfindet, ist dabei umso breiter, je breiter gestreut die Wahrnehmungsschwellen der Versuchspersonen sind – auch wenn bei jeder einzelnen Person der Übergang von "Nichtwahrgenommen" zu "Wahrgenommen" schlagartig erfolgen sollte. Die Frage, ob auch die Wahrnehmungshäufigkeiten der einzelnen Person und nicht nur die einer Gruppe von Personen Werte zwischen 0 und 100% annehmen, kann demnach nur dadurch beantwortet werden, daß man Wahrnehmungsexperimente mit ein und derselben Person wiederholt durchführt (N=1-Ansatz nach PETERMANN 1989).

Wir wollen solche Experimente wie folgt beschreiben: Die Intensitäten S_1, S_2,.... wirken auf eine Person ν wiederholt ein. Wir notieren:

$$a_{\nu s} = \begin{cases} 1 & \text{wenn Intensität S von } \nu \text{ wahrgenommen wird} \\ 0 & \text{sonst.} \end{cases}$$

Sobald jede Intensität n-mal angewendet wurde, brechen wir das Experiment ab und werten es aus:

$$p(a_{\nu s} = 1) \qquad (2)$$

ist der relative Anteil von Darbietungen der Intensität S, die von der Person ν wahrgenommen wurden.

Abb.I.3: Ergebnisse eines Wahrnehmungsexperimentes, das mit der Studentin Hedda H. im Rahmen eines Seminars durchgeführt wurde.

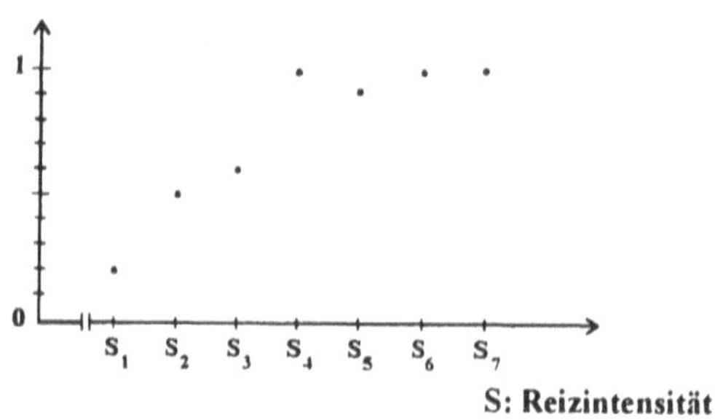

Die Intensitäten S_4, S_6, S_7 wurden jedesmal, die übrigen bei 20, 50, 60 und 90 % der Darbietungen wahrgenommen. Es scheint demnach Intensitäten zu geben, von denen nicht sicher gesagt werden kann, daß sie eine Wahrnehmung hervorrufen.

Derlei Beobachtungen kann man bei beliebigen Personen in den verschiedensten Situationen machen. Sie wurden die Grundlage des Probabilismus in der Psychologie (Brunswik 1934). Wir gehen im folgenden davon aus, daß Wahrnehmungsreaktionen zufällig auftreten, allerdings mit einer Wahrscheinlichkeit, die mit steigender Reizintensität von 0 gegen 1 wächst.

I.2: Psychometrische Funktionen

Es kommt nun darauf an, die Zunahme der Wahrscheinlichkeit bei wachsender Intensität zu erklären. Die relativen Häufigkeiten $p(a_{\nu s} = 1)$ verschaffen uns eine Vorstellung von diesem Vorgang. Sie sind allerdings mit Fehlern behaftet, welche das "wahre Bild" entstellen. Wie ist der Verlauf der Kurve in Abb.I.3, der die relativen Häufigkeiten mehr oder weniger nahe kommen? Zwei Antworten, die in ihren Voraussetzungen sehr verschieden, in ihren Konsequenzen sehr ähnlich sind, haben sich besonders bewährt, so daß wir sie als "nicht falsch" bewerten dürfen. Sie sollen jetzt dargestellt werden.

Die N-Funktion (auch Phifunktion von Gamma)

Wir danken sie THURSTONE (1928, 1948). Eine Sinneszelle kann bei Reizeinwirkung inaktiv bleiben oder sich entladen, depolarisieren. Die Wahrscheinlichkeit der Entladung wächst mit der Reizintensität. Starke Reize werden demgemäß viele Zellen zur Entladung bringen und damit eine starke nervöse Erregung auslösen.
Überschreitet nun die Erregung eine gewisse Größe μ_ν, so löst sie bei der Person eine bewußte Wahrnehmung und damit $a_{\nu S} = 1$ aus. Die Wahrscheinlichkeit des Ereignisses $a_{\nu S} = 1$ ist demnach gleich der Wahrscheinlichkeit, daß die von S ausgelöste Erregung R_S größer ist als μ_ν:

$$\Pr(\mathbf{a}_{\nu S} = 1) = \Pr(\mathbf{R}_S > \mu_\nu) \,. \tag{3}$$

Ein Sinnesorgan besteht aus sehr vielen Zellen. Die Summe ihrer zufälligen Entladungen ist nach den Regeln des Zentralen Grenzwertsatzes (vgl. etwa SIXTL 1993, S.276 f) eine normalverteilte Zufallsvariable:

$$\mathbf{R}_S \sim N(\mu_{\nu S}, \sigma_\nu^2) \,. \tag{4}$$

Dabei bedeutet $\mu_{\nu S}$ den Mittelwert der Erregungen R_S, welche S auslöst, und σ_ν^2 deren Varianz: $E\,\mathbf{R}_S = \mu_{\nu S}$, $\operatorname{Var}\mathbf{R}_S = \sigma_\nu^2$. Es gilt also

$$\Pr(\mathbf{R}_S > \mu_\nu) = 1 - \phi\left[\frac{\mu_\nu - \mu_{\nu S}}{\sigma_\nu}\right] = \phi\left[\frac{\mu_{\nu S} - \mu_\nu}{\sigma_\nu}\right] , \tag{5}$$

wobei ϕ die Verteilungsfunktion der Standardnormalverteilung ist und $1 - \phi(z) = \phi(-z)$ gilt.

Die N-Funktion erklärt also die Wahrscheinlichkeit des Ereignisses $a_{\nu s} = 1$ wie folgt:

$$\boxed{\Pr(\mathbf{a}_{\nu s} = 1) = \phi\left[\frac{\mu_{\nu s} - \mu_{\nu}}{\sigma_{\nu}}\right]} \quad . \tag{6}$$

Es ist nur erforderlich, daß man (3) mit (5) in Beziehung setzt. In der folgenden Abb.I.4 ist dargestellt, wie (3) und (5) zusammenhängen.

Abb.I.4: Die schraffierten Flächen entsprechen der Wahrscheinlichkeit von $a_{\nu s} = 1$. Rechts: Bild der psychometrischen N-Funktion (6).

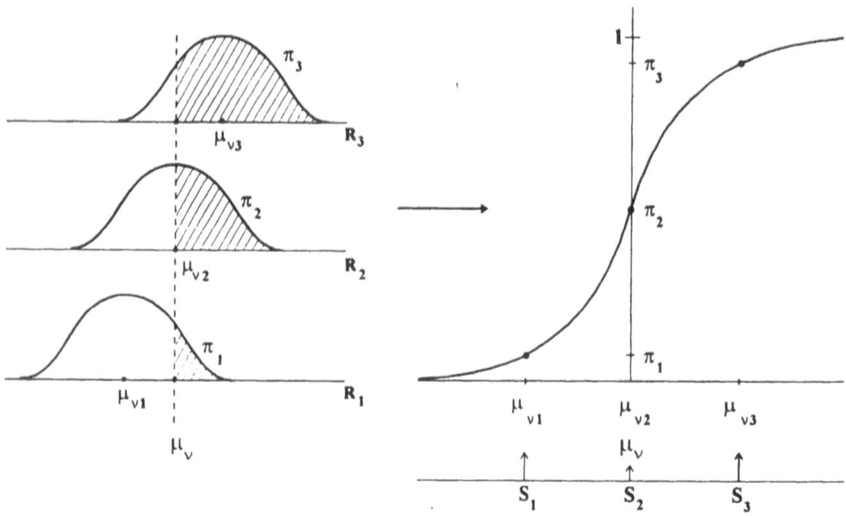

Es gibt eine Intensität S_0, die im Durchschnitt eine Erregung der Stärke μ_ν auslöst: $\mu_{\nu 0} = \mu_\nu$. Für diese Intensität gilt mit (6):

$$\Pr(\mathbf{a}_{\nu s} = 1) = \phi\left[\frac{\mu_{\nu 0} - \mu_{\nu}}{\sigma_{\nu}}\right] = \phi(0) = 0{,}5 \ .$$

Diese Intensität löst mit Wahrscheinlichkeit 0,5 eine Wahrnehmungsreaktion aus. Wir nennen sie Schwellenintensität. In Abb.I.4 ist S_2 die Schwellenintensität.

Die Steilheit der N-Funktion hängt von σ_ν ab: je weniger die Erregungen streuen, die ein Reiz auslöst, desto steiler ist die rechte Kurve in der Abb.I.4. Man hat den Reziprokwert der Streuung, also

$$\frac{1}{\sigma_\nu} = \gamma_\nu ,$$

als "Präzision" bezeichnet. Je kleiner die Streuung, desto größer die Präzision. Ein unendlich präzises Sinnesorgan ist dadurch charakterisiert, daß der Übergang von "Nichtwahrgenommen" zu "Wahrgenommen" schlagartig bei Erreichen der Schwellenintensität erfolgt (vgl. Abb.I.2a und I.2b). γ_ν charakterisiert übrigens die Person, ist also ein Organismusparameter.

••♦••

Wir können messen, wie stark eine nervöse Erregung im Durchschnitt ist, die von einer Intensität S ausgelöst wird. Da ϕ streng monoton wächst, existiert die Umkehrfunktion ϕ^{-1} und man erhält:

$$\mathrm{E}\,\mathbf{R}_s = \mu_{\nu s} = \phi^{-1}\left[\Pr(\mathbf{a}_{\nu s} = 1)\right]\cdot\sigma_\nu + \mu_\nu \ . \tag{7}$$

$\phi^{-1}\left[\Pr(\mathbf{a}_{\nu s} = 1)\right]$ heißt **Probit**.

Es kann nun auch untersucht werden, ob die Erregungsstärken dem Logarithmus der Reizintensitäten proportional sind:

$$\mu_{\nu s} = k\cdot\ln(S/S_0) \ . \tag{8}$$

Wenn (8) zutrifft und die Empfindungsstärke der Erregungsstärke proportional ist, dann dürfen wir das "Fechner'sche Gesetz" (1) als bestätigt ansehen. Wir werden auf diese Frage später eingehen.

Die L-Funktion (auch logistische Funktion)

Sie wurde von Bradley & Terry (1952) sowie Berkson (1953) (vgl. auch Balakrishnan 1992) vorgeschlagen. Gemäß (3) ist nicht sicher, daß eine gewisse Intensität S wahrgenommen wird. Dagegen tritt $a_{\nu s} = 1$ immer auf, wenn die Erregung größer als μ_ν ist. Versuchspersonen berichten, daß sie in vielen Fällen nicht sicher waren, ob sie eine Wahrnehmung hatten, vor allem bei Intensitäten aus der Umgebung der Schwelle. Die Wahrscheinlichkeit, daß man "richtig" reagiert, also mit $a_{\nu s} = 0$, wenn $R_s \leq \mu_\nu$, und mit $a_{\nu s} = 1$, wenn $R_s > \mu_\nu$, ändert sich anscheinend selbst allmählich, und zwar in Übereinstimmung mit der Undeutlichkeit der Wahrnehmung. Diese Undeutlichkeit ist in der Umgebung der Schwelle am ausgeprägtesten; bei abnehmender Intensität werden die Versuchspersonen immer sicherer, daß sie "nichts", bei wachsender Intensität, daß sie "etwas" wahrgenommen haben. Die Undeutlichkeit bei der Wahrnehmung von S erkennen wir an der Häufigkeit, mit der $a_{\nu s} = 0$ und $a_{\nu s} = 1$ einander abwechseln, also an der Varianz der Zufallsvariablen $\mathbf{a}_{\nu s}$. Aus

$$\mathrm{E}\,\mathbf{a}_{\nu s} = 1 \cdot \Pr(\mathbf{a}_{\nu s} = 1) + 0 \cdot \Pr(\mathbf{a}_{\nu s} = 0) = \Pr(\mathbf{a}_{\nu s} = 1),$$

$$\mathrm{E}\,\mathbf{a}^2_{\nu s} = 1^2 \cdot \Pr(\mathbf{a}_{\nu s} = 1) + 0^2 \cdot \Pr(\mathbf{a}_{\nu s} = 0) = \Pr(\mathbf{a}_{\nu s} = 1),$$

folgt

$$\mathrm{Var}\,\mathbf{a}_{\nu s} = \mathrm{E}\,\mathbf{a}^2_{\nu s} - \mathrm{E}^2\mathbf{a}_{\nu s} = \Pr(\mathbf{a}_{\nu s} = 1) \cdot [1 - \Pr(\mathbf{a}_{\nu s} = 1)]. \qquad (9)$$

Diese Varianz erreicht ihren größten Wert, wenn $\Pr(\mathbf{a}_{\nu s} = 1) = \Pr(\mathbf{a}_{\nu s} = 0) = 1 - \Pr(\mathbf{a}_{\nu s} = 1)$. Sie wird umso kleiner, je mehr $\Pr(\mathbf{a}_{\nu s} = 1)$ oder $\Pr(\mathbf{a}_{\nu s} = 0)$ sich Null nähert, also sowohl bei abnehmender als auch bei wachsender Intensität. Die folgende Abb.I.5 veranschaulicht den Sachverhalt.

Abb.I.5:

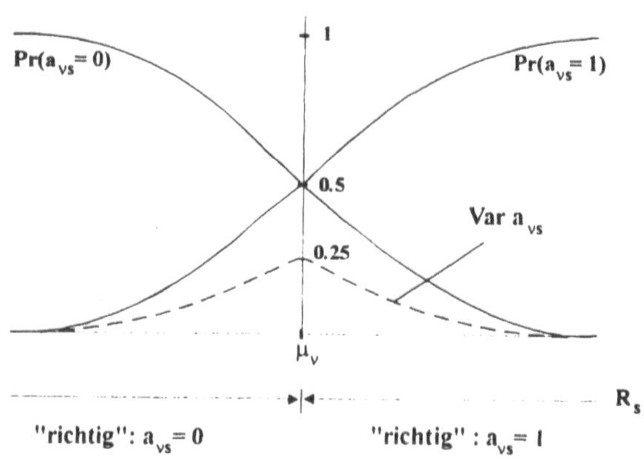

Die Abbildung vermittelt den Eindruck, daß die Kurve der Wahrscheinlichkeiten des Ereignisses $a_{\nu s} = 0$ bzw $a_{\nu s} = 1$ flach bzw. steil ist, je nachdem, ob die Undeutlichkeit der Wahrnehmung, gemessen mit der Varianz von $\mathbf{a}_{\nu s}$, gering bzw. groß ist. Daten von BROWNS (1910), die WOODWORTH & SCHLOSBERG (1962) vorgelegt haben, wurden von SIXTL (1973 b) hinsichtlich dieses Zusammenhanges analysiert. Dabei wurde sichtbar, daß die Differenzenquotienten der Häufigkeiten des Ereignisses $a_{\nu s} = 1$ bzw. $a_{\nu s} = 0$ sich in guter Anpassung linear mit der Varianz von $\mathbf{a}_{\nu s}$ ändern. Es durfte dem–

entsprechend gefolgert werden:

$$\frac{dPr(a_{\nu s}=1)}{dR_s} = \lim_{h\to 0} \frac{Pr(a_{\nu\, s+h}=1) - Pr(a_{\nu s}=1)}{R_{s+h} - R_s}$$

$$= K\cdot Pr(a_{\nu s}=1)[1 - Pr(a_{\nu s}=1)] \quad , \tag{10}$$

dabei ist K der Anstieg der Geraden.

Die Wahrscheinlichkeit der Wahrnehmung der Intensität S, also $Pr(a_{\nu s}= 1)$, hängt von R_s in einer Weise ab, die sich aufgrund von (10) als Lösung der folgenden Integralgleichung ergibt:

$$\int \frac{d\,Pr(a_{\nu s}=1)}{Pr(a_{\nu s}=1)[1-Pr(a_{\nu s}=1)]} = K\cdot \int dR_s \; .$$

Man erhält:

$$\ln \frac{Pr(a_{\nu s}=1)}{1-Pr(a_{\nu s}=1)} = K\cdot R_s + C \, . \tag{11}$$

Die Integrationskonstante C bestimmt man wie folgt: Da $Pr(a_{\nu s}) = 0{,}5$, wenn $R_s = \mu_\nu$, wird (11) zu

$$\ln \frac{Pr(a_{\nu s}=1)}{1-Pr(a_{\nu s}=1)} = \ln 1 = K\cdot\mu_\nu + C = 0 \, ,$$

also $C = -K\cdot\mu_\nu$, und somit weiter zu

$$\ln \frac{Pr(a_{\nu s}=1)}{1-Pr(a_{\nu s}=1)} = K(R_s - \mu_\nu) \, . \tag{12}$$

Jetzt brauchen wir (12) nur noch nach $Pr(a_{\nu s}= 1)$ aufzulösen. Das Ergebnis ist:

$$Pr(a_{\nu s}= 1) = \frac{e^{K(R_s - \mu_\nu)}}{1 + e^{K(R_s - \mu_\nu)}} \, . \tag{13}$$

Dies bezeichnet man als Logistische Funktion (L–Funktion). Multipliziert man Zähler und Nenner von (13) mit

$$e^{-K(R_s - \mu_\nu)}$$

so erhält man zwei äquivalente Darstellungen der psychometrischen L–Funktion, die wir im folgenden aus Gründen der Rechenökonomie anstelle von

(13) verwenden werden. Diese Darstellungen haben folgende Form:

$$\Pr(a_{\nu s}=1) = \begin{cases} \dfrac{1}{e^{-K(R_s-\mu_\nu)}+1} & (14) \\ \dfrac{1}{e^{K(\mu_\nu-R_s)}+1} & (15) \end{cases} .$$

Es hängt von der Konstanten K ab, wie rasch der Übergang von "Nichtwahrgenommen" zu "Wahrgenommen" erfolgt. Ist $K = 0$, so nimmt $\Pr(a_{\nu s}=1)$ den Wert 0,5 an, gleichgültig, welche Größe R_s hat, also auch bei $R_s = 0$. Mit wachsendem K wird auch diese psychometrische Funktion steiler. Im Extremfall ($K \to \infty$) erfolgt der Übergang von "Nichtwahrgenommen" zu "Wahrgenommen" bei Erreichen der Schwellengröße μ_ν schlagartig, d.h. man erhält $\Pr(a_{\nu s}=1) = 0$ für alle $R_s < \mu_\nu$ und $\Pr(a_{\nu s}=1) = 1$ für alle $\mu_\nu \leq R_s$. K erweist sich somit als Präzisionparameter. Zugleich ist K auch Organismusparameter, was wir ab sofort mit der Indizierung K_ν zum Ausdruck bringen werden.

Die Stärke der Reaktion, die eine Intensität S bei Person ν hervorruft, kann gemessen werden. Man löst (14) oder (15) zuerst nach dem Exponenten von e auf:

$$K_\nu(R_s-\mu_\nu) = \ln \frac{\Pr(a_{\nu s}=1)}{1-\Pr(a_{\nu s}=1)} . \tag{16}$$

Die rechte Seite von (16), also der Logarithmus des Quotienten aus Wahrscheinlichkeit $\Pr(a_{\nu s}=1)$ und Gegenwahrscheinlichkeit $1-\Pr(a_{\nu s}=1) = \Pr(a_{\nu s}=0)$, heißt **Logit**.

Aus (16) folgt unmittelbar:

$$R_s-\mu_\nu = \frac{1}{K_\nu} \cdot \ln \frac{\Pr(a_{\nu s}=1)}{1-\Pr(a_{\nu s}=1)} . \tag{17}$$

⬩⬩ ◆ ⬩⬩

Nun wollen wir noch eine andere Art von Experimenten betrachten. Dabei läßt man eine gewisse Intensität S_r mit einer Reihe weiterer Intensitäten

$S_1, S_2, \ldots, S_{r-1}$ vergleichen und notiert:

$$a_{\nu.rj} = \begin{cases} 1 & \text{wenn Person } \nu \text{ urteilt, j sei eine größere Intensität als r} \\ 0 & \text{sonst.} \end{cases}$$

Man nennt ein solches Experiment einen Paarvergleich.

Der psychometrischen N-Funktion entsprechend ist die Wahrscheinlichkeit des Ereignisses $a_{\nu.rj} = 1$ gleich der Wahrscheinlichkeit, daß j eine stärkere Erregung auslöst als r (siehe (3)):

$$\Pr(\mathbf{a}_{\nu.rj} = 1) = \Pr[(\mathbf{R}_j - \mathbf{R}_r) > 0]\,. \tag{18}$$

Nach Voraussetzung sind $\mathbf{R}_j$ und $\mathbf{R}_r$ normalverteilt:

$$\mathbf{R}_j \sim N(\mu_{\nu j}, \sigma_\nu^2) \quad \text{und} \quad \mathbf{R}_r \sim N(\mu_{\nu r}, \sigma_\nu^2)\,,$$

so daß für die Differenz der Erregungen gilt:

$$\mathbf{R}_j - \mathbf{R}_r \sim N(\mu_{\nu j} - \mu_{\nu r}, 2\,\sigma_\nu^2)\,. \tag{19}$$

Dabei ist $E(\mathbf{R}_j - \mathbf{R}_r) = \mu_{\nu j} - \mu_{\nu r}$. Unter der Bedingung, daß die nervösen Erregungen, die verschiedene Intensitäten auslösen, unkorreliert sind, gilt $\mathrm{Var}(\mathbf{R}_j - \mathbf{R}_r) = 2\,\sigma_\nu^2$.

Wir erhalten damit entsprechend (5):

$$\Pr(\mathbf{R}_j - \mathbf{R}_r > 0) = 1 - \phi\left[\frac{0-(\mu_{\nu j} - \mu_{\nu r})}{\sqrt{2\sigma_\nu^2}}\right] = \phi\left[\frac{\mu_{\nu j} - \mu_{\nu r}}{\sqrt{2\sigma_\nu^2}}\right],$$

und durch Gleichsetzen mit (18) die psychometrische N-Funktion:

$$\boxed{\Pr(\mathbf{a}_{\nu.rj} = 1) = \phi\left[\frac{\mu_{\nu j} - \mu_{\nu r}}{\sqrt{2\sigma_\nu^2}}\right]}\,. \tag{20}$$

Lösen beide Intensitäten im Durchschnitt Reaktionen gleicher Stärke aus, so ist $\mu_{\nu j} - \mu_{\nu r} = 0$ und $\Pr(\mathbf{a}_{\nu.rj} = 1) = \phi(0) = 0{,}5$. Die psychometrische N-Funktion ϕ ist eine streng monoton wachsende Funktion der Differenz $\mu_{\nu j} - \mu_{\nu r}$, also eindeutig umkehrbar. Man kann daher die durchschnittliche Differenz der Erregungen, welche die Intensitäten auslösen, messen. Man erhält mit dem Probit:

$$\boxed{\mu_{\nu j} - \mu_{\nu r} = \phi^{-1}\left[\Pr(\mathbf{a}_{\nu.rj} = 1)\right] \cdot \sqrt{2\sigma_\nu^2}} \quad . \tag{21}$$

Der psychometrischen L-Funktion entsprechend, ist die Wahrscheinlichkeit des Ereignisses $a_{\nu.rj} = 1$ mit (15) gegeben durch:

$$\boxed{\Pr(\mathbf{a}_{\nu.rj} = 1) = \frac{1}{e^{K_\nu(R_r - R_j)} + 1}} \quad . \tag{22}$$

Somit erhält man das Logit (16):

$$K_\nu(R_j - R_r) = \ln \frac{\Pr(\mathbf{a}_{\nu.rj} = 1)}{1 - \Pr(\mathbf{a}_{\nu.rj} = 1)} \; , \tag{23}$$

und schließlich die Differenz zwischen den Erregungen, die S_j und S_r auslösen:

$$\boxed{R_j - R_r = \frac{1}{K_\nu} \cdot \ln \frac{\Pr(\mathbf{a}_{\nu.rj} = 1)}{1 - \Pr(\mathbf{a}_{\nu.rj} = 1)}} \quad . \tag{24}$$

⬩⬥ ⧫ ⬥⬩

Nun stelle man sich vor, daß jede der r Intensitäten mit den übrigen r–1 verglichen wird. Es sind daher r(r–1)/2 Vergleiche durchzuführen. Ein solches Experiment nennt man einen vollständigen Paarvergleich.

Man notiert:

$$a_{\nu.ij} = \begin{cases} 1 & \text{wenn Person } \nu \text{ urteilt, j sei die größere Intensität} \\ 0 & \text{sonst.} \end{cases}$$

Die Wahrscheinlichkeit des Ereignisses $a_{\nu.ij} = 1$ erlaubt, die Differenz zu berechnen, welche die Erregungen gemäß der psychometrischen N– und L–Funktion haben. Wir brauchen dazu nur in (21) bzw. (24) die Intensität i an die Stelle von r zu setzen:

$$\delta_{\nu.ij} = \begin{cases} \phi^{-1}\left[\Pr(a_{\nu.ij}=1)\right]\cdot\sqrt{2\sigma_\nu^2} = \mu_{\nu j}-\mu_{\nu i} & (21) \\ \frac{1}{K_\nu}\cdot\ln\frac{\Pr(a_{\nu.ij}=1)}{1-\Pr(a_{\nu.ij}=1)} = R_j-R_i\,. & (24) \end{cases}$$

Die Differenz $\delta_{\nu.ij}$ wird gewonnen, indem man entweder das Probit ϕ^{-1} der Wahrscheinlichkeit $\Pr(a_{\nu.ij} = 1)$ aufsucht (und mit $\sqrt{2\sigma_\nu^2}$ multipliziert) oder indem man das Logit dieser Wahrscheinlichkeit bildet (und durch K_ν dividiert). Beide Transformationen der Wahrscheinlichkeit sind stets durchführbar. Die Gleichheit $\delta_{\nu.ij} = \mu_{\nu j}-\mu_{\nu i}$ bzw. $\delta_{\nu.ij} = R_j-R_i$ ist indessen nur dann erfüllt, wenn die Wahrscheinlichkeit, mit deren Probit bzw. mit deren Logit man $\delta_{\nu.ij}$ bestimmte, auch tatsächlich gemäß (20) durch die Differenz $\mu_{\nu j}-\mu_{\nu i}$ bzw. gemäß (22) durch die Differenz R_j-R_i erzeugt wird.
Die r(r–1)/2 Paardifferenzen bilden eine Matrix Δ, die entweder einer Matrix mit Elementen $\mu_{\nu j}-\mu_{\nu i}$ oder einer Matrix mit Elementen R_j-R_i, jedoch höchstens einer von beiden gleich ist. Die Matrix, welche die Gleichheit erfüllt, läßt sich eindeutig identifizieren. Um das verständlich zu machen, stellen wir die Differenzen als Ergebnis einer Subtraktion dar:

$$\begin{bmatrix} \delta_{11} & \delta_{12} & \cdots & \delta_{1r} \\ \delta_{21} & \delta_{22} & \cdots & \delta_{2r} \\ \vdots & \vdots & & \vdots \\ \delta_{r1} & \delta_{r2} & \cdots & \delta_{rr} \end{bmatrix} = \begin{bmatrix} x_1-x_1 & x_2-x_1 & \cdots & x_r-x_1 \\ x_1-x_2 & x_2-x_2 & \cdots & x_r-x_2 \\ \vdots & \vdots & & \vdots \\ x_1-x_r & x_2-x_r & \cdots & x_r-x_r \end{bmatrix}.$$

Nun bilden wir die Spaltensummen und die Spaltenmittelwerte:

$\sum_i \delta_{i1}$	$\sum_i \delta_{i2}$	.... $\sum_i \delta_{ir}$		$rx_1-\sum_i x_i$	$rx_2-\sum_i x_i$	...... $rx_r-\sum_i x_i$
$\delta_{.1}$	$\delta_{.2}$	.... $\delta_{.r}$		$x_1-\bar{x}$	$x_2-\bar{x}$	...... $x_r-\bar{x}$

Die Paardifferenzen haben ersichtlich folgende Eigenschaften:

$$\delta_{.j}-\delta_{.k} = (x_j-\bar{x})-(x_k-\bar{x}) = (x_j-x_k) = \delta_{kj} \tag{25}$$

und

$$\delta_{ij} + \delta_{jk} = x_j - x_i + x_k - x_j = x_k - x_i = \delta_{ik} \; . \tag{26}$$

Hat man nun δ–Werte mit (21) gebildet, und erfüllen alle Paare (j,k) von Spaltenmittelwerten (25):

$$\delta_{.j} - \delta_{.k} = \delta_{kj} \; ,$$

sowie alle Tripel (i,j,k) (26):

$$\delta_{ij} + \delta_{jk} = \delta_{ik} \; ,$$

so ist $x = \mu$, d.h. $\delta_{\nu.ij} = \mu_{\nu j} - \mu_{\nu i}$.

Andernfalls bestimme man δ–Werte mit (24) und überprüfe diese hinsichtlich der Eigenschaften (25) und (26). Es kann der Fall eintreten, daß auch $x = R$, d.h. $\delta_{\nu.ij} = R_j - R_i$ nicht bestätigt werden kann. Keine der beiden psychometrischen Funktionen (20) und (22) taugt dann als "Erklärung" der Wahrscheinlichkeit des Ereignisses $a_{\nu.ij} = 1$, und man wird nach einem anderen "Gesetz der Reaktion" Umschau halten müssen, das der Überprüfung mit (25) und (26) standhält.

⬩⬥◆⬥⬩

Wir wollen zum Schluß dieses Abschnittes die beiden psychometrischen Funktionen miteinander vergleichen. Zu diesem Zweck tragen wir Punkte mit den Koordinaten

$$x = \ln \frac{Pr}{1-Pr} \; , \quad z = \phi^{-1}(Pr) \tag{27}$$

in ein x;z–Koordinatensystem ein. Abb.I.6 zeigt, daß diese Punkte eine s–förmige Kurve bilden.

Abb.I.6: Logits und Probits, die zu Wahrscheinlichkeiten (Pr) gehören.

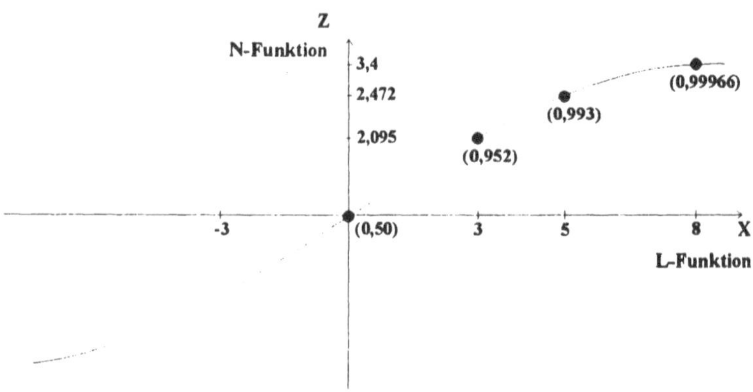

Die in Klammern gesetzten Zahlen sind Wahrscheinlichkeiten, mit denen die x- und z-Koordinaten der hervorgehobenen Punkte gemäß (27) berechnet wurden.

Der Zusammenhang zwischen den beiden Kurven ist, abgesehen von den Randbereichen, die zu extrem niedrigen bzw. hohen Wahrscheinlichkeiten gehören, nahezu linear. Die folgende Tab.I.1 gibt darüber genauer Auskunft.

Tab.I.1:

$\|i\|$	Pr	x	z	$r_{xz\,\|-i<x<i}$	b	$\|e_{max}\|$
1	0,730	0,995	0,613	0,99999	0,620	0,004
2	0,880	1,995	1,176	0,99988	0,603	0,027
3	0,952	2,995	1,668	0,99955	0,581	0,071
4	0,982	3,995	2,095	0,99903	0,556	0,128
5	0,993	4,995	2,472	0,99837	0,533	0,190
6	0,998	5,995	2,809	0,99765	0,511	0,253
7	0,999	6,995	3,117	0,99692	0,491	0,315
8	1	7,995	3,400	0,99621	0,472	0,374
9	1	8,995	3,665	0,99554	0,455	0,431
10	1	9,985	3,914	0,99491	0,440	0,481
11	1	10,995	4,156	0,99434	0,426	0,531
12	1	11,915	4,358	0,99385	0,414	0,572

In den Spalten 'x' und 'z' finden sich die Koordinaten von 12 ausgewählten Punkten der Kurve in Abb.I.6. In der Spalte 'Pr' sind, auf drei Stellen genau, die Wahrscheinlichkeiten angegeben, die der Berechnung der Koordinaten gemäß (27) zugrunde liegen. In der Spalte '$r_{xz\,|-i<x<i}$' findet man die Korrelationen, welche die x- und z-Werte in den Intervallen $-i<x<i$ aufweisen, wobei $|i|$, wie in der ersten Spalte angegeben, die Werte 1 – 12 durchläuft. Man sieht, daß die Korrelationen in dem gesamten, numerisch überhaupt erfaßbaren Bereich außerordentlich hoch sind. Damit ist erwiesen, daß die Punkte der Kurve in Abb.I.6 von einer Geraden nur unwesentlich abweichen. In der mit 'b' überschriebenen Spalte ist der Anstiegsparameter angegeben, den diese Gerade in den 12 Abschnitten aufweist. Man errechnet damit z, wenn x gegeben ist: $\hat{z} = b \cdot x$. Dabei ist zu beachten, daß die Kurve der Abb.I.6 von einer Geraden nur geringfügig abweicht, aber immerhin keine Gerade ist. Aus diesem Grunde wird $\hat{z}$ sich von z mehr oder weniger unterscheiden. In der letzten Spalte ist die größte Differenz $|e_{max}|$ zwischen z und $\hat{z}$ für jeden Abschnitt dem Betrage

nach angegeben. Wenn nun aber $x_{ij} = R_j - R_i$ die Kriterien (25) und (26) erfüllt, dann muß $z_{ij} = \mu_j - \mu_i \approx b \cdot (R_j - R_i)$ sie annähernd auch erfüllen. Das bedeutet, daß die beiden psychometrischen Funktionen sich im Bereich "mittlerer" Wahrscheinlichkeiten kaum unterscheiden lassen. Der "mittlere" Bereich weist etwa die Grenzen $0{,}05 < Pr < 0{,}95$ auf. Außerhalb dieses Bereiches wird die Kurve der Abb.I.6 flacher und fällt damit von der Geraden ab. Offensichtlich strebt die N-Funktion rascher als die L-Funktion gegen die Werte Pr = 0 bzw. Pr = 1. Dieser Unterschied zwischen den beiden Funktionen manifestiert sich in der Größe der Differenzen, die man mit (21) bzw. (24) berechnet: bei extrem kleinen bzw. großen Wahrscheinlichkeiten können diese Differenzen entweder zu klein ausfallen, wenn man sie mit (21), oder zu groß, wenn man sie mit (24) berechnet, und dann das Kriterium (26) nicht erfüllen:

$$\delta_{ij} + \delta_{jk} > \delta_{ik} \quad \text{oder} \quad \delta_{ij} + \delta_{jk} < \delta_{ik} .$$

Man muß allerdings beachten, daß in diesem Bereich der N- bzw. L-Funktion kleine Veränderungen der Wahrscheinlichkeiten bereits riesige Veränderungen der Differenzen (21) bzw. (24) bewirken. Man müßte daher die kleinen bzw. großen Wahrscheinlichkeiten mit außerordentlicher Genauigkeit bestimmen können. Die Genauigkeit relativer Häufigkeiten reicht dazu auch dann nicht, wenn die Zahl n der Versuchswiederholungen sehr groß ist. Man muß sich also damit abfinden, daß wir mit Hilfe relativer Häufigkeiten nicht entscheiden können, welche die "richtige" psychometrische Funktion ist. Aus dem gleichen Grund erscheint es aber zulässig, diejenige mit den günstigeren Eigenschaften zu bevorzugen. Die folgenden Betrachtungen werden zeigen, daß die Entscheidung zugunsten der L-Funktion (14), (15) ausfällt.

I.3: Fechner'sches Gesetz und psychometrische Funktionen

Wie schon erwähnt, soll die Empfindungsstärke E dem Logarithmus der Reizstärke proportional sein (Fechner 1860):

$$E = k \cdot \ln(S/S_0) \; . \tag{1}$$

Dabei ist S_0 die "Schwellenintensität", die "noch keine" Empfindung, also E = 0 hervorruft. Wenn nun E das subjektive Korrelat der nervösen Erregung

R darstellt, so erhält man die folgende Beziehung zwischen der psychometrischen N-Funktion (7), (6) und den Reizgrößen S:

$$\mu_{\nu S} - \mu_\nu = \phi^{-1}\Pr(\mathbf{a}_{\nu S} = 1)\cdot\sigma_\nu = k\cdot\ln(S/S_0) = E ,$$

also

$$\Pr(\mathbf{a}_{\nu S} = 1) = \phi\left[\frac{k}{\sigma_\nu}\ln(S/S_0)\right] . \tag{28}$$

Für eine beliebige Differenz der Empfindungen, also für

$$E_j - E_i = k\cdot[\ln(S_j/S_0) - \ln(S_i/S_0)] = k\cdot\ln(S_j/S_i)$$

erhält man mit (21) und (20):

$$\mu_{\nu j} - \mu_{\nu i} = \phi^{-1}\Pr(a_{\nu.ij} = 1)\cdot\sqrt{2\sigma_\nu^2} = k\cdot\ln(S_j/S_i) = E_j - E_i ,$$

also

$$\Pr(\mathbf{a}_{\nu.ij} = 1) = \phi\left[\frac{k}{\sqrt{2\sigma_\nu^2}}\ln(S_j/S_i)\right] . \tag{29}$$

Die Wahrscheinlichkeit des Ereignisses $a_{\nu S} = 1$ bzw. $a_{\nu.ij} = 1$ hängt jetzt außer von den Reizintensitäten S, die man kennt, nur noch von einer Konstanten ${}_Nc_\nu = k / \sigma_\nu$ ab, die gemessen werden kann. Von (28) erhält man:

$$\frac{\phi^{-1}[\Pr(\mathbf{a}_{\nu S} = 1)]}{\ln(S/S_0)} = \frac{k}{\sigma_\nu} = {}_Nc_\nu \tag{30}$$

für S_0 und beliebige Werte von S.

Hat man ${}_Nc_\nu$ gemessen, so kann man beliebige Paarwahrscheinlichkeiten "berechnen" und mit geeigneten Experimenten prüfen, ob sie sich bestätigen lassen:

$$\Pr(\mathbf{a}_{\nu.ij} = 1) = \phi\left[\frac{{}_Nc_\nu}{\sqrt{2}}\ln(S_j/S_i)\right] . \tag{29}$$

Die entsprechende Beziehung zwischen der psychometrischen L-Funktion (17), (14) und den Reizgrößen wird folgendermaßen gewonnen:

$$R_S - \mu_\nu = \underbrace{\frac{1}{K_\nu}\cdot\ln\frac{\Pr(\mathbf{a}_{\nu S} = 1)}{1 - \Pr(\mathbf{a}_{\nu S} = 1)} = k\cdot\ln(S/S_0)} = E .$$

Die Auflösung nach $\Pr(\mathbf{a}_{\nu S} = 1)$ ergibt:

$$\Pr(\mathbf{a}_{\nu S} = 1) = \frac{1}{e^{(K_\nu k)\ln(S_0/S)} + 1} . \tag{32}$$

Für beliebige Differenzen $R_j - R_i$ erhält man ohne weitere Rechnung

$$\boxed{\Pr(\mathbf{a}_{\nu.ij} = 1) = \frac{1}{e^{(K_\nu k)\ln(S_i/S_j)} + 1} .} \tag{32}$$

Dabei ist jetzt die Konstante ${}_L c_\nu$ wie folgt zu gewinnen:

$$\frac{\ln \Pr(\mathbf{a}_{\nu.ij} = 1) - \ln\,[1 - \Pr(\mathbf{a}_{\nu.ij} = 1)]}{\ln(S_j/S_i)} = (K_\nu \cdot k) = {}_L c_\nu . \tag{33}$$

Dies gilt für S_0 und beliebige Werte S.

Trägt man $\Pr(\mathbf{a}_{\nu.ij} = 1)$ nicht gegen S, sondern gegen ln S ab, so erzielt man unter gewissen Umständen eine "Symmetrisierung" der psychometrischen Funktion, die jetzt erläutert werden soll. Man bilde Paare von Intensitäten (S_i,S_j) so, daß sie S_r als gemeinsames geometrisches Mittel haben:

$$S_r = \sqrt{S_i S_j} .$$

Damit kann man

$$\ln S_j = 2 \ln(S_r/S_i) \tag{34}$$

darstellen.

Gilt nun mit (29):

$$\mu_{\nu j} - \mu_{\nu r} = \frac{{}_N c_\nu}{\sqrt{2}} \ln(S_j/S_r) ,$$

so erhält man durch Einsetzen von (34) in (29):

$$\mu_{\nu j} - \mu_{\nu r} = \frac{{}_N c_\nu}{\sqrt{2}} \ln(S_r/S_i) = - \frac{{}_N c_\nu}{\sqrt{2}} \ln(S_i/S_r) = -(\mu_{\nu i} - \mu_{\nu r}) ,$$

oder entsprechend:

$$\Pr(\mathbf{a}_{\nu.rj} = 1) = 1 - \Pr(\mathbf{a}_{\nu.ri} = 1) . \tag{35}$$

Gilt (29), so erhält man, wenn man die Wahrscheinlichkeiten gegen ln S ab–

trägt, eine "gespiegelt symmetrische" Funktion, d.h. eine Funktion, welche (35) erfüllt.

Auf ähnliche Weise zeigt man: Gilt mit (32):

$$R_j - R_r = {}_Lc_\nu \ln(S_j/S_r)\ ,$$

so erhält man durch Einsetzen von (34) in (32):

$$R_j - R_r = {}_Lc_\nu \ln(S_r/S_i) = -{}_Lc_\nu \ln(S_i/S_r) = -(R_i - R_r)\ ,$$

und damit ebenfalls:

$$\Pr(\mathbf{a}_{\nu.rj} = 1) = 1 - \Pr(\mathbf{a}_{\nu.ri} = 1)\ . \qquad (35)$$

Abb.I.7: Bild einer um den Punkt r "gespiegelt symmetrischen" Funktion.

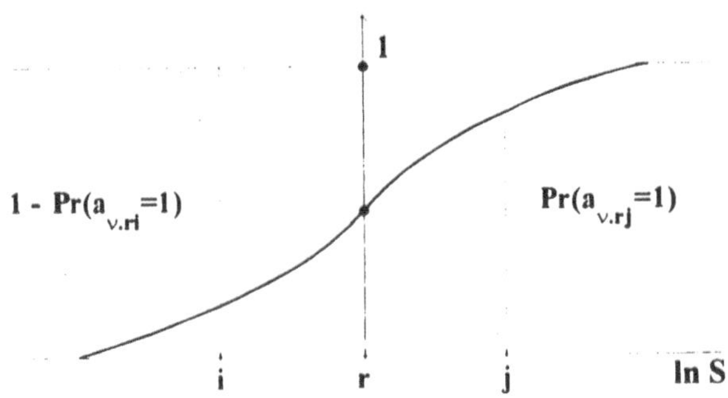

I.4: Die Schätzung der Parameter psychometrischer Funktionen

In den vorangegangenen Abschnitten war von der Wahrscheinlichkeit des Ereignisses $a_{\nu S} = 1$ bzw. $a_{\nu.ij} = 1$ die Rede. Wir wollen diese Wahrscheinlichkeit im folgenden kurz mit π bezeichnen. Bei der Auswertung von Experimenten ersetzt man π durch:

$$p_n = \frac{\text{Anzahl der Versuche mit a=1}}{\text{Anzahl aller Versuche}} = \frac{h}{n}\ , \qquad (36)$$

also durch den Anteil oder die relative Häufigkeit von Versuchen mit a=1. Es ist bekannt, daß p_n folgende Eigenschaften hat:

(1) p_n ist im Mittel π gleich: $E\,\mathbf{p}_n = \pi$. (37)

(2) Der mittlere quadratische Fehler der Messung von π ist $E\,(p_n - \pi)^2 =$

$$= \operatorname{Var} \mathbf{p}_n = \frac{\pi(1-\pi)}{n} \, . \tag{38}$$

(3) Ist die Zahl der Versuche, also n, so groß, daß $n\,\pi\,(1-\pi) \geq 10$, so ist $h = n\,p_n$ annähernd normalverteilt:

$$\mathbf{h} \sim N\left[n\pi,\, n\pi(1-\pi)\right] \, . \tag{39}$$

(4) Die Wahrscheinlichkeit, daß p_n sich von π höchstens um einen (beliebig) kleinen Wert ε unterscheidet, ist, wenn (39) zutrifft, gegeben durch:

$$\Pr\left[\pi - \varepsilon < \mathbf{p}_n < \pi + \varepsilon\right] = \phi\left[\frac{\varepsilon\sqrt{n}}{\sqrt{\pi(1-\pi)}}\right] - \phi\left[-\frac{\varepsilon\sqrt{n}}{\sqrt{\pi(1-\pi)}}\right] =$$

$$= 2\,\phi\left[\frac{\varepsilon\sqrt{n}}{\sqrt{\pi(1-\pi)}}\right] - 1 \, . \tag{40}$$

(5) Je mehr Versuche man durchführt, desto sicherer kann man sein, daß p_n sich von π wenig unterscheidet:

$$\lim_{n\to\infty} \Pr\left[\pi - \varepsilon < \mathbf{p}_n < \pi + \varepsilon\right] = 2\,\phi(\infty) - 1 = 1 \, . \tag{41}$$

Die Größe p_n hat also günstige Eigenschaften. Bleiben diese erhalten, wenn wir mit ihr die Transformationen

$$(21)\text{: } \phi^{-1} \quad \text{bzw.} \quad (24)\text{: } \frac{1}{K_\nu} \ln \frac{p_n}{1-p_n}$$

durchführen, um Schätzer der Reaktionsdifferenzen $\mu_{\nu s} - \mu_\nu$, $\mu_{\nu j} - \mu_{\nu i}$ bzw. $R_s - \mu_\nu$, $R_j - R_i$ zu gewinnen? Weder die Probit-Transformation (21) noch die Logit-Transformation (24) ist eine lineare Transformation. Das bedeutet, daß der Erwartungswert der Abbilder von p_n im allgemeinen nicht gleich ist dem Abbild des Erwartungswertes $E\,\mathbf{p}_n = \pi$:

$$E\,\phi^{-1}[\mathbf{p}_n] \neq \phi^{-1}[\pi] \quad \text{und} \quad E \ln \frac{\mathbf{p}_n}{1-\mathbf{p}_n} \neq \ln \frac{\pi}{1-\pi} \, .$$

Die Abbilder von p_n sind also in beiden Fällen keine erwartungstreuen oder unverzerrten Schätzer des Abbildes von π, sie weisen eine Verzerrung auf, die wir wie folgt darstellen:

$$\text{Verzerrung: } \begin{cases} V_N = E\,\phi^{-1}[\mathbf{p}_n] - \phi^{-1}[\pi] \, , \\ V_L = E \ln \dfrac{\mathbf{p}_n}{1-\mathbf{p}_n} - \ln \dfrac{\pi}{1-\pi} \, . \end{cases} \tag{42}$$

Nun verläuft aber sowohl die psychometrische N-Funktion (6), (20) als auch die psychometrische L-Funktion (13), (22) im Bereich mittlerer Wahrscheinlichkeiten nahe einer Geraden. Die Verzerrung (42) wird dort gering sein. Im Bereich der extrem kleinen bzw. großen Wahrscheinlichkeiten wächst die Verzerrung, mit der die Meßwerte der Reaktionsdifferenzen behaftet sind, aber zu erheblicher Größe an. Die Beantwortung der Frage, ob die Reaktionsdifferenzen die Kriterien (25) und (26) erfüllen, wird dadurch zusätzlich erschwert. Sie wird überhaupt erst möglich, wenn man die Schätzer von der Verzerrung befreit.

Die Messung der extrem kleinen bzw. großen Wahrscheinlichkeiten ist mit einem weiteren Problem belastet: es werden dort nicht selten relative Häufigkeiten von 0 bzw. 1 auftreten, so daß die Transformationen (21) bzw. (24) nicht einmal ausgeführt werden können. Diese Behinderung kann man vermeiden, wenn man anstelle von (36) einen Bayes-Schätzer der relativen Häufigkeiten verwendet: Vor der Durchführung der Experimente hat man keine Ahnung, welchen Wert π annehmen wird. Wir wollen daher a priori festlegen, daß jeder Wert aus dem Intervall [0, 1] gleicherweise in Frage kommt. Unter dieser Voraussetzung erhalten wir anstelle von (36) für π den Schätzer

$$\tilde{p}_n = \frac{h+1}{n+2} \,. \tag{43}$$

(siehe Anhang **A-1**).

Ist $h = 0$ bzw. $h = n$ eingetreten, so erhalten wir anstelle von $p_n = 0$ bzw. $p_n = 1$ die Schätzungen

$$\tilde{p}_n = \frac{1}{n+2} > 0 \quad \text{bzw.} \quad \tilde{p}_n = \frac{n+1}{n+2} < 1 \,,$$

die Transformationen (21) bzw. (24) können also in jedem Falle ausgeführt werden. Mit (43) schätzt man die Wahrscheinlichkeit π zum Unterschied von (36) nicht erwartungstreu, es sei denn, π ist 0,5. Der Schätzer (43) ist allerdings "asymptotisch erwartungstreu".

In den folgenden zwei Tabellen sind die Verzerrungen angegeben, welche die Transformationen (21) bzw. (24) des Bayes-Schätzers (43) aufweisen.

Tab.I.2: Verzerrung $V_N = E\,\phi^{-1}[\tilde{p}_n] - \phi^{-1}[\pi]$ in Abhängigkeit von π (Zeilen) und Anzahl der Versuche (Spalten).

	1	2	5	10	15	20	30	50	100	200
0,001	2,660	2,417	2,025	1,711	1,531	1,407	1,237	1,035	0,783	0,559
0,002	2,449	2,206	1,816	1,503	1,325	1,202	1,035	0,838	0,597	0,392
0,005	2,149	1,908	1,521	1,213	1,039	0,920	0,761	0,578	0,367	0,207
0,010	1,904	1,665	1,284	0,984	0,817	0,705	0,558	0,395	0,223	0,112
0,020	1,640	1,406	1,036	0,752	0,598	0,497	0,371	0,241	0,122	0,058
0,050	1,257	1,038	0,700	0,457	0,336	0,262	0,179	0,106	0,051	0,025
0,100	0,937	0,742	0,454	0,267	0,184	0,138	0,091	0,054	0,027	0,013
0,200	0,583	0,437	0,236	0,126	0,084	0,063	0,042	0,025	0,013	0,006
0,300	0,352	0,255	0,128	0,066	0,045	0,034	0,023	0,014	0,007	0,003
0,400	0,167	0,118	0,057	0,030	0,020	0,015	0,010	0,006	0,003	0,001
0,500	0,000	0,000	0,000	0,000	0,000	0,000	0,000	0,000	0,000	0,000

Tab.I.3: Verzerrung $V_L = E \ln \frac{\tilde{p}_n}{1-\tilde{p}_n} - \ln \frac{\pi}{1-\pi}$ in Abhängigkeit von π (Zeilen) und Anzahl der Versuche (Spalten).

	1	2	5	10	15	20	30	50	100	200
0,001	6,215	5,810	5,119	4,517	4,146	3,877	3,494	3,010	2,361	1,738
0,002	5,522	5,118	4,430	3,830	3,463	3,198	2,822	2,351	1,733	1,167
0,005	4,607	4,206	3,523	2,935	2,577	2,322	1,965	1,531	0,997	0,569
0,010	3,916	3,518	2,847	2,275	1,933	1,694	1,367	0,988	0,564	0,281
0,020	3,226	2,837	2,187	1,647	1,335	1,124	0,894	0,555	0,277	0,130
0,050	2,321	1,956	1,366	0,912	0,675	0,527	0,357	0,208	0,098	0,048
0,100	1,643	1,318	0,820	0,481	0,328	0,243	0,157	0,091	0,045	0,022
0,200	0,970	0,727	0,386	0,198	0,129	0,096	0,063	0,038	0,019	0,009
0,300	0,570	0,408	0,196	0,096	0,063	0,047	0,032	0,019	0,010	0,005
0,400	0,267	0,186	0,084	0,041	0,027	0,021	0,014	0,008	0,004	0,002
0,500	0,000	0,000	0,000	0,000	0,000	0,000	0,000	0,000	0,000	0,000

Die Erwartungswerte der Transformierten waren dabei wie folgt zu be– rechnen:

$$E\,\phi^{-1}[\tilde{p}_n] = \sum_{h=0}^{n} \phi^{-1}\left[\frac{h+1}{n+2}\right] \cdot \binom{n}{h}\ \pi^h (1-\pi)^{n-h} \quad \text{bzw.}$$

$$E \ln \frac{\tilde{p}_n}{1-\tilde{p}_n} = \sum_{h=0}^{n} \ln \frac{h+1}{n-h+1} \cdot \binom{n}{h} \pi^h (1-\pi)^{n-h},$$

wobei

$\tilde{p}_n = \frac{h+1}{n+2}$, und Verzerrung bei $1-\pi$ = $(-1)\cdot$Verzerrung bei π.

Man erzielt sicher eine Verbesserung, wenn man statt $\phi^{-1}[\tilde{p}_n]$ bzw. $\ln \frac{\tilde{p}_n}{1-\tilde{p}_n}$ als Schätzer für $\phi^{-1}[\pi]$ bzw. $\ln \frac{\pi}{1-\pi}$ die um V_N bzw. V_L korrigierten Größen verwendet:

$$\phi^{-1}[\pi] \approx \phi^{-1}[\tilde{p}_n] - V_N \qquad \text{bzw.} \qquad \ln \frac{\pi}{1-\pi} \approx \ln \frac{\tilde{p}_n}{1-\tilde{p}_n} - V_L\,, \tag{44}$$

wobei man den Tabellen I.2 und I.3 die Größen V_N und V_L entnimmt, welche die Verzerrung an der Stelle $\pi = \tilde{p}_n$ hat.

•♦ ♦ ♦•

Mit (44) gewinnen wir also Schätzungen der Erregungsdifferenzen, die wir ähnlich wie in (21), (24) darstellen:

$$d = \begin{cases} \phi^{-1}[\tilde{p}(a=1)] - V_N = d_N \\ \ln \dfrac{\tilde{p}(a=1)}{1-\tilde{p}(a=1)} - V_L = d_L\,. \end{cases} \tag{45}$$

Nun wollen wir die Varianz dieser Schätzer bestimmen, um eine Vorstellung von ihrer Ungenauigkeit zu haben. Der Schätzer (43):

$$\tilde{p}_n = \frac{h+1}{n+2}$$

hat den Erwartungswert und die Varianz

$$E\,\tilde{\mathbf{p}}_n = \frac{n}{n+2}\cdot\pi + \frac{1}{n+2}\,, \quad \operatorname{Var}\tilde{\mathbf{p}}_n = \frac{n}{(n+2)^2}\cdot\pi\,(1-\pi)\,. \tag{46}$$

Es ist nämlich

$(n+2)\,E\,\tilde{\mathbf{p}}_n = E\,\mathbf{h} + 1 = n\cdot\pi + 1$, also $E\,\tilde{\mathbf{p}}_n$ wie oben, und

$(n+2)^2 \operatorname{Var}\tilde{\mathbf{p}}_n = \operatorname{Var}\mathbf{h} = n\cdot\pi\,(1-\pi)$, also $\operatorname{Var}\tilde{\mathbf{p}}_n$ wie oben.

(1) Bestimmung von $\operatorname{Var}\mathbf{d}$, wenn $\pi = \Pr(\mathbf{a}=1) = \phi(\delta)$ (20). Aus (45) ergibt sich

$$\tilde{p}_n = \phi(d_N + V_N)\,,$$

dabei ist $E\,(\mathbf{d}_N + \mathbf{V}_N) = \delta$, die "wahre Differenz". Mittels Taylor-Reihen-entwicklung schätzt man die Varianz der $\tilde{\mathbf{p}}_n$ annähernd mit

$$\operatorname{Var}\tilde{\mathbf{p}}_n = \left[\phi'(\delta)\right]^2 \cdot \operatorname{Var}\mathbf{d}_N \tag{47}$$

(siehe etwa STANGE 1970, S.166 f).

Aus (46) und (47) ergibt sich die Identität:

$$\frac{n}{(n+2)^2}\,\phi(\delta)\left[1-\phi(\delta)\right] = \left[\phi'(\delta)\right]^2\cdot \operatorname{Var} \mathbf{d}_N \;.$$

Da ϕ das Integral der Standardnormalverteilung ist, gilt

$$\left[\phi'(\delta)\right]^2 = \left[\frac{1}{\sqrt{2\pi}}\,e^{-\delta^2/2}\right]^2 = \frac{1}{2\pi}\,e^{-\delta^2} ,$$

so daß

$$\boxed{\operatorname{Var} \mathbf{d}_N = 2\,\pi\cdot\frac{n}{(n+2)^2}\cdot\frac{\phi(\delta)\,\left[1-\phi(\delta)\right]}{e^{-\delta^2}}} \;. \qquad (48)$$

(2) Bestimmung von Var **d**, wenn $\pi = \Pr(\mathbf{a}=1) = L(\delta)$, wobei mit (22) gilt:

$$L(\delta) = \frac{1}{e^{\delta}+1} .$$

Aus (45) ergibt sich jetzt:

$$\tilde{p}_n = \frac{1}{e^{d_L+V_L}+1} .$$

Sinngemäße Anwendung von (47) führt in Verbindung mit (46) zu

$$\frac{n}{(n+2)^2}\,L(\delta)\left[1-L(\delta)\right] = \left[L'(\delta)\right]^2\cdot \operatorname{Var} \mathbf{d}_L .$$

Die erste Ableitung von $L(\delta)$ ist im Zusammenhang mit der Herleitung der psychometrischen L–Funktion (10) aufgetreten. Man weiß also, daß

$$[L'(\delta)]^2 = \{L(\delta)\;[1 - L(\delta)]\}^2 \;.$$

Man erhält damit:

$$\boxed{\operatorname{Var} \mathbf{d}_L = \frac{n}{(n+2)^2}\cdot\frac{1}{L(\delta)[1-L(\delta)]}} \;. \qquad (49)$$

⬩⬧ ◆ ⬧⬩

Wir werden nun an zwei Beispielen die Bestimmung der Parameter demonstrieren.

Beisp.I.1: Es soll untersucht werden (1): wie genau Person ν beurteilen kann, ob ein Gewicht sich von einem Standardgewicht der Größe S = 100 g unterscheidet und (2): ob R = ln S verifiziert werden kann. Jeder Paarvergleich soll 20 mal durchgeführt werden. Es können also 21 verschiedene relative Häufigkeiten h/20 auftreten. Die Zahl der Intensitäten, die mit S = 100 g verglichen werden, sollte dementsprechend erheblich kleiner als 21 sein. Es wurden r = 9 Reizgrößen gewählt.

Tab.I.4: Ergebnisse des Paarvergleiches S_5 mit S_j, j = 1,...,9.

j	S	h	$\tilde{p}$	d_L	$\hat{d}_L$	$\hat{Pr}$	$\hat{e}$	verm.	unverm.
1	94,0	4	0,227	-1,153	-1,296	0,215	-0,013	0,000	-0,013
2	96,0	5	0,273	-0,929	-0,841	0,301	-0,046	-0,045	-0,001
3	98,0	7	0,364	-0,533	-0,396	0,402	-0,047	-0,045	-0,002
4	99,5	10	0,500	0,000	-0,068	0,483	0,015	0,000	0,015
5	100,0	10	0,500	0,000	0,041	0,510	-0,009	0,000	-0,009
6	100,5	12	0,591	0,351	0,148	0,537	0,057	0,045	0,012
7	102,0	11	0,545	0,174	0,468	0,615	-0,059	-0,091	0,032
8	104,0	15	0,727	0,929	0,888	0,708	0,038	0,000	0,038
9	106,0	17	0,818	1,405	1,300	0,786	0,064	0,051	0,013

Varianzen: Var $\tilde{p}$ = 0,0384527; Var $\hat{e}$ = 0,0020662;
Var(**verm.**) = 0,0003086

In Spalte "S" sind die Gewichte der Reize in Gramm angegeben. h bedeutet die Anzahl der Versuche mit $a_{\nu.5j} = 1$ (also "j schwerer als 5"). $\tilde{p}$ bedeutet den Bayes–Schätzer (43) der Wahrscheinlichkeit $Pr(a_{\nu.5j} = 1)$:

$$\tilde{p} = \frac{h+1}{n+2} = \frac{h+1}{22}.$$

In der Spalte "d_L" stehen die mit Hilfe von (45) von der Verzerrung bereinigten Schätzungen der Abstände $d_{L_j} = R_j - R_5$, welche durch Interpolieren auch aus Tab.I.3 gewonnen werden können:

$$d_L = \ln \frac{\tilde{p}}{1-\tilde{p}} - V_L \approx \ln \frac{Pr(a=1)}{1-Pr(a=1)}.$$

Es soll nun die Konstante ${}_Lc_\nu$ von (33) bestimmt werden:

$${}_Lc_\nu (\ln S_j - \ln S_5) = d_{L_j}.$$

Solche Aufgaben löst man erfolgreich mittels der Methode der Kleinsten

Quadrate (SIXTL 1993, S.149). Man sucht das Minimum der Funktion:

$$Q({}_Lc_\nu, a_5) = \sum_{j=1}^{9} \left[{}_Lc_\nu (\ln S_j - a_5) - d_{L_j} \right]^2 \text{.....Min !}$$

Es wurde anstelle von $\ln S_5$ die zweite Unbekannte a_5 eingeführt. Die Rechnung müßte bestätigen, daß $a_5 = \ln 100$. Man gewinnt die Kleinstquadratschätzer für ${}_Lc_\nu$ und a_5 durch Lösen des Gleichungssystems:

$$\frac{\delta\, Q({}_Lc_\nu, a_5)}{\delta\, {}_Lc_\nu} = 0, \quad \frac{\delta\, Q({}_Lc_\nu, a_5)}{\delta\, a_5} = 0\,.$$

Mit den Lösungen ${}_L\hat{c}_\nu = 21{,}608$ und $\hat{a}_5 = \ln 99{,}812$ berechnet man verbesserte Schätzungen der Logits (16):

$$\hat{d}_{L_j} = {}_L\hat{c}_\nu (\ln S - \ln \hat{a}_5) \approx \ln \frac{\hat{P}r(a = 1)}{1 - \hat{P}r(a = 1)}\,.$$

Mit (32) bestimmt man die gegenüber $\tilde{p}$ verbesserten Schätzungen der Wahrscheinlichkeiten $\hat{P}r(a = 1)$ für $j = 1, \ldots, 9$. Die Ergebnisse sind in den entsprechend überschriebenen Spalten der Tab.I.4 angegeben.

Nun ist zu prüfen, wie gut die Bayes-Schätzer mit den gemäß (43) transformierten Wahrscheinlichkeiten $\hat{P}r$ übereinstimmen, bzw. wie "klein" die Residuen sind:

$$\hat{e} = \tilde{p} - \frac{n \cdot \hat{P}r + 1}{n + 2}\,.$$

Diese Werte sind in der Spalte "$\hat{e}$" der Tab.I.4 angegeben.

Bei der Beurteilung der Größe der Residuen ist zu berücksichtigen, daß $\tilde{p}$ nur 21 verschiedene Werte annehmen und daher gar nicht jedem beliebigen Punkt beliebig nahe kommen kann. Man muß das Residuum zerlegen in einen "vermeidbaren" und einen "unvermeidbaren" Bestandteil:

$$\tilde{p} - \pi = \underbrace{(\tilde{p} - \tilde{p}_e)}_{\text{vermeidbar}} + \underbrace{(\tilde{p}_e - \pi)}_{\text{unvermeidbar}}\,. \tag{50}$$

Dabei ist $\tilde{p} = \frac{h+1}{n+2}$; $\pi = \frac{n \cdot \hat{P}r + 1}{n+2}$ und $\tilde{p}_e$ ist derjenige von den 21 Werten von $\tilde{p}$, der π am nächsten kommt.

Die Zerlegung (50) ist in den entsprechend überschriebenen Spalten der Tab.I.4 angeführt.

Mit den in Tab.I.4 angegebenen Varianzen errechnet man folgende Bestimmtheitsmaße (vgl. hiezu SIXTL 1993, S.159):

$$B_1 = 1 - \frac{\mathrm{Var}\ \hat{\mathbf{e}}}{\mathrm{Var}\ \tilde{\mathbf{p}}} = 0,9462652; \quad B_2 = 1 - \frac{\mathrm{Var(\mathbf{verm.})}}{\mathrm{Var}\ \tilde{\mathbf{p}}} = 0,9919739\ .$$

Eliminiert man von den Residuen die "unvermeidbaren" Bestandteile $(\tilde{p}_e - \pi)$, so erzielt man ein Bestimmtheitsmaß B_2, das sich kaum von 1 unterscheidet. ${}_Lc_\nu$ ist der Wert, den der Präzisionparameter bei der Person ν annimmt (33). Er ist erheblich größer als Null, die Person unterscheidet also relativ genau zwischen Reizen, die leichter und solchen, die schwerer als S = 100 g sind.

Über die Verteilung der Präzisionparameter verschiedener Personen ist den Psychologen so gut wie nichts bekannt. Gilt (7):

$$\mathbf{R} \sim N(\mu_\nu, \sigma_\nu^2)$$

mit μ_ν und σ_ν^2 als Organismusparametern, so kann man über die Verteilung dieser Größen gewisse Aussagen machen, wenn man weiß, wie sie zusammenhängen (vgl. SIXTL 1993, S.433).

Bei der Schätzung der Parameter des vorigen Beispiels wurde die ungleichmäßige Genauigkeit der Meßwerte d_N (45) bzw. d_L (45), wie sie in den Formeln für ihre Varianz (48), (49) zum Ausdruck kommt, nicht berücksichtigt. Es liegt aber nahe, daß man den Einfluß ungenauer Meßwerte auf die Kleinstquadratschätzer durch geeignete Gewichte vermindert. Wie dies geschehen kann, sei im folgenden Beispiel anhand eines vollständigen Paarvergleiches demonstriert.

⬩⬧ ⧫ ⬧⬩

Beisp.I.2: Die r(r−1)/2 Differenzen (21),(24) eines vollständigen Paarvergleiches können berechnet werden, wenn man nur die r−1 Abstände der aufeinanderfolgenden Punkte μ_1, μ_2, ..., μ_r bzw. R_1, R_2, ..., R_r kennt.

Für r = 4 Punkte erhält man dafür das folgende Gleichungssystem:

$$\begin{bmatrix} d_{12} \\ d_{23} \\ d_{34} \\ d_{13} \\ d_{24} \\ d_{14} \end{bmatrix} = \begin{bmatrix} 1 & 0 & 0 \\ 0 & 1 & 0 \\ 0 & 0 & 1 \\ 1 & 1 & 0 \\ 0 & 1 & 1 \\ 1 & 1 & 1 \end{bmatrix} \cdot \begin{bmatrix} \delta_{12} \\ \delta_{23} \\ \delta_{34} \end{bmatrix} + \begin{bmatrix} e_{12} \\ e_{23} \\ e_{34} \\ e_{13} \\ e_{24} \\ e_{14} \end{bmatrix} . \tag{51}$$

$$\mathbf{d} = \mathbf{A} \cdot \delta + \mathbf{V}$$

Die Fehler e, mit denen die Meßwerte d behaftet sind, dürfen als voneinander unabhängig gelten, sie sind allerdings verschieden groß. Wir werden jetzt Kleinstquadratschätzer der Unbekannten unter Berücksichtigung der unterschiedlichen Genauigkeit der Messungen entwickeln.

Die Momentenmatrix der Differenzen d und die Koeffizientenmatrix **A** haben unter der Bedingung "unkorrelierter Fehler ungleicher Varianz" den Bau:

$$\mathbf{M}_d = \begin{bmatrix} \sigma^2_{12} & & 0 \\ & \ddots & \\ 0 & & \sigma^2_{14} \end{bmatrix}$$

$$\mathbf{M}_d^{-1/2} = \begin{bmatrix} \frac{1}{\sigma_{12}} & & 0 \\ & \ddots & \\ 0 & & \frac{1}{\sigma_{14}} \end{bmatrix}$$

$$\tilde{\mathbf{A}} = \begin{bmatrix} \frac{1}{\sigma_{12}} & 0 & 0 \\ 0 & \frac{1}{\sigma_{23}} & 0 \\ 0 & 0 & \frac{1}{\sigma_{34}} \\ \frac{1}{\sigma_{13}} & \frac{1}{\sigma_{13}} & 0 \\ 0 & \frac{1}{\sigma_{24}} & \frac{1}{\sigma_{24}} \\ \frac{1}{\sigma_{14}} & \frac{1}{\sigma_{14}} & \frac{1}{\sigma_{14}} \end{bmatrix} .$$

Dabei ist $\sigma^2_{ij} = \text{Var}\,\mathbf{d}_N$ (48) bzw. $\sigma^2_{ij} = \text{Var}\,\mathbf{d}_L$ (49).

Mit der folgenden Transformation verwandelt man (51) in ein System von "unkorrelierten Fehlern gleicher Varianz" (SCHEFFÉ 1959):

$$\underbrace{\sigma\cdot\mathbf{M}_d^{-1/2}\cdot\mathbf{d}}_{\tilde{\mathbf{d}}} = \underbrace{\sigma\cdot\mathbf{M}_d^{-1/2}\mathbf{A}}_{\tilde{\mathbf{A}}}\cdot\delta + \underbrace{\sigma\cdot\mathbf{M}_d^{-1/2}\cdot\mathbf{V}}_{\tilde{\mathbf{V}}} . \qquad (52)$$

Dabei ist σ^2 die sog. "Modellvarianz". - Man verwendet also anstelle von d_{ij}:

$$\tilde{d}_{ij} = \frac{\sigma}{\sigma_{ij}} \cdot d_{ij} ,$$

und erhält für δ die Kleinstquadratschätzer:

$$\hat{\delta} = (\tilde{\mathbf{A}}'\tilde{\mathbf{A}})^{-1} \cdot \tilde{\mathbf{A}} \cdot \tilde{\mathbf{d}} . \qquad (53)$$

Diese Kleinstquadratschätzer haben folgende Varianz-Kovarianz-Matrix:

$$\mathbf{M}_{\hat{\delta}} = \sigma^2 \cdot (\tilde{\mathbf{A}}'\tilde{\mathbf{A}})^{-1} . \qquad (54)$$

Die Modellvarianz schätzt man mit:

$$s^2 = \frac{1}{n-p} \sum_{i,j} (\tilde{d}_{ij} - \hat{\delta}_{ij})^2 . \qquad (55)$$

Dabei ist $n = r(r-1)/2$, also 6, und $p = r-1$, also 3.

Es empfiehlt sich, die Werte von σ_{ij} mit den Kleinstquadratschätzern $\hat{\delta}$ neu zu berechnen und die Rechnung mit diesen Werten zu wiederholen.

KAPITEL II: DIE MESSUNG VON MEINUNGEN

Im ersten Kapitel werden Zusammenhänge zwischen physischen Reizen und Urteilshäufigkeiten untersucht. Die Probittransformation (6.I) bzw. die Logittransformation (17.I) ist allerdings stets durchführbar, auch wenn die Reizintensität nicht gemessen werden kann, und liefert Meßwerte der Reaktionsdifferenzen (21.I) bzw. (24.I).

Beisp.II.1: Es soll der "Abscheu" gemessen werden, den verschiedene Verbrechen bei Person ν hervorrufen. Wir legen die beiden Verbrechen "Kindesentführung" (i) und "Unterschlagung" (j) der Person vor und notieren:

$$\mathbf{a}_{\nu.ij} = \begin{cases} 1 & \text{wenn die Person j als das abscheulichere Verbrechen bezeichnet} \\ 0 & \text{sonst.} \end{cases}$$

Kann man die Person wiederholt urteilen lassen, so ist es möglich, einen Schätzer für $\Pr(\mathbf{a}_{\nu.ij} = 1)$ zu gewinnen und den Abscheulichkeitsunterschied zwischen i und j mit (21.I) bzw. (24.I) zu messen. - Verwendet man verschiedene Personen je einmal, so ist auf die bereits in I.1 erörterte Problematik des Probabilismus zu achten. Angenommen, ein Teil der Personen habe nicht den mindesten Zweifel daran, daß j (Unterschlagung) das abscheulichere Verbrechen ist, während für den anderen Teil ebenso unzweifelhaft i (Kindesentführung) das abscheulichere Verbrechen darstellt. Dann erzielen wir folgende relative Häufigkeit des Urteils "Unterschlagung ist abscheulicher als Kindesentführung":

$$p(\mathbf{a}_{.ij} = 1) = \Pr(\mathbf{a}_{\nu.ij} = 1)\cdot\frac{a}{n} + \Pr(\mathbf{a}_{\alpha.ij} = 1)\cdot\frac{n-a}{n} \qquad (1)$$

$$= 1\cdot\frac{a}{n} + 0\cdot\frac{n-a}{n} = \frac{a}{n}\,.$$

Dabei ist a/n der Anteil von Personen, welche j für das abscheulichere Verbrechen halten.

Die Wahrscheinlichkeit des Urteils $\mathbf{a}_{\nu.ij} = 1$ ist also entweder 1 oder 0. Die relative Häufigkeit ist aber weder 1 noch 0, sondern a/n und somit kein Schätzer von $\Pr(\mathbf{a}_{\nu.ij} = 1)$. Es handelt sich bei $p(\mathbf{a}_{\nu.ij} = 1)$ um eine "Pseudowahrscheinlichkeit" (Sixtl 1993, S.247). Wie abwegig es ist, Pseudowahrscheinlichkeiten für Wahrscheinlichkeiten auszugeben, zeigt folgende Überlegung: Man stelle sich vor, die Hälfte der Personen halte j für ab–

scheulicher. Dann bekommmt man mit (1): $p(\mathbf{a}_{.ij} = 1) = 0{,}5$ und – als Folge der Verwechslung – $\phi^{-1}[p] = 0$ (7.I), also die Feststellung, daß zwischen i und j kein Abscheuunterschied besteht, während in Wahrheit doch 50 % der Personen vollständig sicher sind, daß j abscheulicher ist als i, und das auch in wiederholten Versuchen bestätigen, da bei ihnen ja $Pr(\mathbf{a}_{\nu.ij} = 1)$ den Wert 1 hat. Man muß also sicherstellen, daß die Häufigkeit von $\mathbf{a}_{.ij} = 1$ in n Versuchen die Unsicherheit des Urteils und nur diese Unsicherheit als Funktion der Abscheudifferenz $\mu_j - \mu_i$ widerspiegelt und jedenfalls nicht die Häufigkeit von Personen, die sicher sind, daß j abscheulicher ist als i. Die Eindeutigkeit der relativen Häufigkeit $p(\mathbf{a}_{.ij} = 1)$ als Schätzer einer Wahrscheinlichkeit läßt sich nur durch Wiederholung des Experimentes mit ein und derselben Person sichern.

Wir haben schon bei psychophysischen Wahrnehmungsexperimenten mit interindividuellen Sensibilitätsunterschieden rechnen müssen. Meinungen sind nun geradezu dadurch charakterisiert, daß sie sich von Person zu Person ändern. Die je einmalige Durchführung von Experimenten mit verschiedenen Personen wird daher zwangsläufig Pseudowahrscheinlichkeiten einbringen. Mit Hilfe einer geeigneten Versuchsanordnung lassen sich allerdings Daten gewinnen, die sich trotz interindividueller Variation der Meinungen zu Schätzern von Wahrscheinlichkeiten umformen lassen. Darüber ist in den folgenden Abschnitten zu berichten.

II.1: Die Charakterisierung von Meinungen durch Prädikate

Gesprächspartner führen einander ihre Meinungen häufig durch folgende Aussagen vor Augen: Student α sagt, das Speiseangebot der Mensa sei wieder einmal schlecht. Schlecht sei es eben nicht, erwidert Student ν, gut sei es allerdings auch nicht. Die Qualität des Speiseangebotes läßt sich offensichtlich Prädikaten zuordnen. Da außerdem die Prädikate eine Rangordnung aufweisen, die den beiden Studenten ebenso geläufig ist wie jedem beliebigen Zuhörer, kann man erkennen, daß Student α eine schlechtere Meinung vom Speiseangebot der Mensa hat als Student ν:

$$\sigma_{\text{gut}} > \xi_\nu > \sigma_{\text{schlecht}} = \xi_\alpha ,$$

wobei das Ungleichzeichen soviel bedeutet wie "ist positiver als ....", und das Gleichzeichen die Stelle in der Rangordnung der Prädikate markiert, an der die Person α hinsichtlich ihrer Meinung von der Qualität einzufügen ist. Um auch noch die Stelle von ν kennenzulernen, müßte man diesem Studenten weitere Prädikate vorlegen, z.B. "mäßig". Noch genauer lernt man seine Stelle auf dem Meinungskontinuum kennen, wenn man ihm Prädikate paarweise vorlegt und ihn jeweils entscheiden läßt, welches Prädikat die Qualität des Speiseangebotes eher charakterisiert. Die Auswertung seiner Urteile ergibt eine "geordnete Metrik" (ordered metric, Coombs 1950). Wir notieren:

$$\mathbf{a}_{\nu.ij} = \begin{cases} 1 & \text{wenn } \nu \text{ urteilt, die Qualität sei i näher als j} \\ 0 & \text{sonst.} \end{cases}$$

Dabei setzen wir voraus, daß die Prädikate sich klar unterscheiden, so daß eine Konfusion ihrer Rangordnung ausgeschlossen ist.

II.2: Probabilistic unfolding

Wenn Personen entscheiden können, ob ihre Meinung eher durch Prädikat i oder durch Prädikat j repräsentiert wird, dann haben sie eine Vorstellung vom Abstand der Prädikate voneinander und vom Abstand zwischen den Prädikaten und ihrer Meinung.

Wir bezeichnen mit σ_i, σ_j die Skalenparameter der Prädikate und mit ξ_ν die "Meinung" (den Organismusparameter) der Person ν. Ist

$$\sigma_{ij} = \frac{1}{2}(\sigma_i + \sigma_j) \tag{2}$$

die "Mitte" zwischen den Prädikatspunkten i und j und gilt $\sigma_i < \sigma_j$, so darf man erwarten:

$$\Pr(\mathbf{a}_{\nu.ij} = 1) \begin{cases} > \frac{1}{2} & \text{wenn } \xi_\nu < \sigma_{ij} \\ = \frac{1}{2} & \text{wenn } \xi_\nu = \sigma_{ij} \\ < \frac{1}{2} & \text{wenn } \xi_\nu > \sigma_{ij}\,. \end{cases} \tag{3}$$

In der folgenden Abb.II.1 sind zwei psychometrische L–Funktionen unterschiedlicher Präzision wiedergegeben, die (3) erfüllen. Ist der Präzisionsparameter (17.I) sehr groß, so erfolgt der Übergang von $\mathbf{a}_{\nu.ij} = 1$ zu

$a_{\nu.ij} = 0$ bei $\xi_\nu = \sigma_{ij}$ schlagartig, d.h. wenn die Einstellung der Person ν mit dem Mittelpunkt σ_{ij} zusammenfällt. Diese Vorstellung liegt dem Meßverfahren von Coombs (1950) zugrunde. Man bezeichnet es als ein "deterministisches Verfahren".

Abb.II.1:

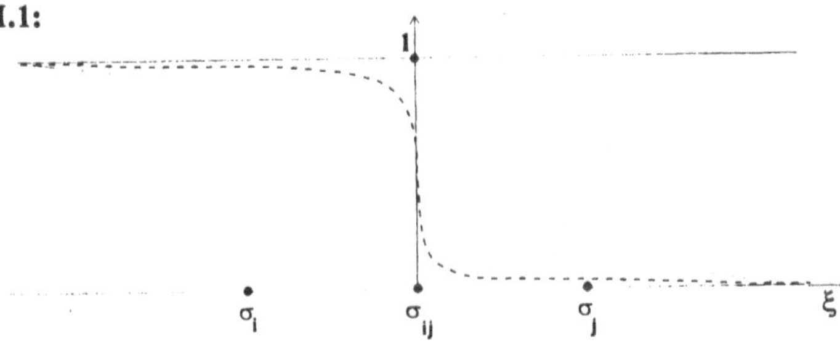

Trifft indessen zu, daß die Unsicherheit der Entscheidung mit der Entfernung von σ_{ij} kontinuierlich und nicht sprunghaft abnimmt, so ist ein "probabilistisches Verfahren" anzuwenden. Trifft außerdem zu, daß der Abfall der Funktion in Abb.II.1 der Urteilsunsicherheit, gemessen mit der Varianz, proportional ist, so muß es sich bei der Funktion in Abb.II.1 um die psychometrische L-Funktion (15.I) handeln. Die Wahrscheinlichkeiten (3) sind dementsprechend wie folgt durch die Skalenparameter der Prädikate und den Organismusparameter bestimmt (Sixtl 1973 a):

$$\boxed{\Pr(a_{\nu.ij} = 1) = \frac{1}{1 + e^{K(\xi_\nu - \sigma_{ij})}}, \quad \sigma_i < \sigma_j} \; . \tag{4}$$

Der Abstand zwischen Organismusparameter ξ_ν und Prädikatenmittelpunkt σ_{ij} wird gewonnen, indem man das Logit (16.I) von (4) bestimmt:

$$\boxed{\ln \frac{\Pr(a_{\nu.ij} = 0)}{\Pr(a_{\nu.ij} = 1)} = \ln e^{K(\xi_\nu - \sigma_{ij})} = K(\xi_\nu - \sigma_{ij})} \; , \tag{5}$$

wobei $\Pr(a_{\nu.ij} = 0) = 1 - \Pr(a_{\nu.ij} = 1)$.

◆ ◆ ◆

Wir werden jetzt zeigen, wie sich mit (5) eine Wahrscheinlichkeitsfunktion gewinnen läßt, die von der interindividuellen Variation der Meinungen nicht mehr abhängt. Dazu bilden wir die Differenz der Logits zweier Prädikatenpaare i,j und k,l mit $\sigma_i < \sigma_j$ und $\sigma_k < \sigma_l$:

$$\ln \frac{\Pr(a_{\nu.ij} = 0)}{\Pr(a_{\nu.ij} = 1)} - \ln \frac{\Pr(a_{\nu.kl} = 0)}{\Pr(a_{\nu.kl} = 1)} = K(\xi_\nu - \sigma_{ij}) - K(\xi_\nu - \sigma_{kl}) = K(\sigma_{kl} - \sigma_{ij}) \; . \tag{6}$$

Dies ist das Logit einer psychometrischen L-Funktion, in der ξ_ν nicht mehr vorkommt. Man kann offensichtlich mit den Logits verschiedener Personen den Abstand der Prädikatenmittelpunkte messen, der von den Meinungen dieser Personen nicht abhängt.

Wir dürfen dementsprechend auch folgern, daß die Präzision K eine die Prädikate charakterisierende, von den Personen und ihren Meinungen unabhängige Konstante ist. Aus diesem Grunde setzen wir die Bezeichnungen

$$K \cdot \xi_\nu = x_\nu \; , \quad K \cdot \sigma_{ij} = s_{ij} \; , \quad K \cdot \sigma_{kl} = s_{kl}$$

ein und erhalten damit:

$$\ln \frac{\Pr(a_{\nu.ij} = 0)}{\Pr(a_{\nu.ij} = 1)} - \ln \frac{\Pr(a_{\nu.kl} = 0)}{\Pr(a_{\nu.kl} = 1)} = s_{kl} - s_{ij} \; .$$

Wir formen die linke Seite der Gleichung wie folgt um:

$$\boxed{\ln \frac{\Pr(a_{\nu.ij} = 0) \cdot \Pr(a_{\nu.kl} = 1)}{\Pr(a_{\nu.ij} = 1) \cdot \Pr(a_{\nu.kl} = 0)} = s_{kl} - s_{ij}} \; . \tag{7}$$

Man darf annehmen, daß die Entscheidung, welche Person ν bei dem Prädikatenpaar k,l trifft, gemäß (4) von ξ_ν und σ_{kl} abhängt, jedoch nicht von der Entscheidung, welche diese Person bei dem Prädikatenpaar i,j getroffen hat, die ihrerseits von ξ_ν und σ_{ij} abhängen soll. Unter diesen Umständen ist die Wahrscheinlichkeit, daß Person ν bei i,j sich für j und bei k,l sich für k entscheidet, als Produkt der Wahrscheinlichkeiten (4) darstellbar:

$$\begin{cases} \Pr(a_{\nu.ij} = 0 \text{ und } a_{\nu.kl} = 1) = \Pr(a_{\nu.ij} = 0) \cdot \Pr(a_{\nu.kl} = 1) \; , \\ \Pr(a_{\nu.ij} = 1 \text{ und } a_{\nu.kl} = 0) = \Pr(a_{\nu.ij} = 1) \cdot \Pr(a_{\nu.kl} = 0) \; . \end{cases} \tag{8}$$

Man bezeichnet dies als "lokale Unabhängigkeit" der Entscheidungen bei verschiedenen Paaren (vgl. Lazarsfeld u. Henry 1968). Setzt man (8) in (7) ein, so erhält man:

$$\ln \frac{\Pr(\mathbf{a}_{\nu.ij} = 0\ ,\ \mathbf{a}_{\nu.kl} = 1)}{\Pr(\mathbf{a}_{\nu.ij} = 1\ ,\ \mathbf{a}_{\nu.kl} = 0)} = s_{kl} - s_{ij}\ ,$$

oder abgekürzt:

$$\ln \frac{\Pr(0,1\,|\,\nu)}{\Pr(1,0\,|\,\nu)} = s_{kl} - s_{ij} \tag{9}$$

für beliebige Personen ν.

•♦ ♦ ♦•

Wir zeigen nun, daß (9) das Logit der folgenden psychometrischen L-Funktion ist:

$$\boxed{q = \frac{1}{1 + e^{s_{kl} - s_{ij}}}}\ , \tag{10}$$

wobei

$$q = \frac{\Pr(1,0\,|\,\nu)}{\Pr(1,0\,|\,\nu) + \Pr(0,1\,|\,\nu)} = \Pr(\mathbf{a}_{\nu.ij} = 1\,|\,\mathbf{a}_{\nu.ij} + \mathbf{a}_{\nu.kl} = 1)\ . \tag{11}$$

Dies ist die "bedingte Wahrscheinlichkeit" dafür, daß es das "linke" Prädikat i ist, wenn Person ν in den beiden Paaren i,j und k,l sich nur einmal für ein "linkes" Prädikat entschieden hat.

Nach Voraussetzung ist $\sigma_i < \sigma_j$ und $\sigma_k < \sigma_l$. Aus (10) folgt in Verbindung mit (9):

$$\ln \frac{1-q}{q} = s_{kl} - s_{ij} = \ln \frac{\Pr(0,1\,|\,\nu)}{\Pr(1,0\,|\,\nu)}\ .$$

Aus (11) folgt:

$$\frac{1-q}{q} = \frac{\Pr(0,1\,|\,\nu)}{\Pr(1,0\,|\,\nu)}\ .$$

Damit ist (10) bewiesen.

•♦ ♦ ♦•

Hat man erst einmal die Skalenparameter der Prädikatenmittelpunkte

$$s_{ij} = \tfrac{1}{2}\,(s_i + s_j) \tag{2}$$

gewonnen, so berechnet man ohne Schwierigkeiten auch die Skalenparameter der Prädikate, also s_i und s_j, und in der Folge auch den Organismusparameter ξ_ν (die Meinung) beliebiger Personen.

Aus r Prädikaten bildet man r(r–1)/2 Mittelpunkte. Man hat also, soferne r größer als 3 ist, mehr Mittelpunkte als Prädikate und somit ein überbestimmtes Gleichungssystem. Deshalb wird man die Prädikatenparameter mit der Methode der Kleinsten Quadrate bestimmen: Wir suchen Skalenparameter $s_1, s_2, \ldots, s_r$ so, daß

$$Q(s_1, \ldots, s_r) = \sum_i \sum_{j \neq i} \left[s_{ij} - \tfrac{1}{2}(s_i + s_j) \right]^2 \ldots\ldots \text{Min !} \qquad (12)$$

Man bezeichnet die Werte $s_i = \hat{s}_i$, $i=1,\ldots,r$, welche die Minimumsforderung (12) erfüllen, als Kleinstquadratschätzer. Im Hinblick darauf, daß s_i gerade in (r–1) Summanden von (12) aufscheint, ergibt die Ableitung von Q nach s_i:

$$\frac{\delta\, Q(s_1, \ldots, s_r)}{\delta\, s_i} = 2 \sum_{j \neq i} \left[s_{ij} - \tfrac{1}{2}(\hat{s}_i - \hat{s}_j) \right] (-\tfrac{1}{2}) = 0.$$

Dies führt nach kurzer Rechnung zu:

$$\hat{s}_i = \frac{2}{r-2} \sum_{j \neq i} s_{ij} - \frac{1}{r-2} \sum_{j=1}^{r} \hat{s}_j \, . \qquad (13)$$

In diesem Ausdruck ist die Summe der Kleinstquadratschätzer noch unbestimmt. Summiert man (13) über alle i, so erhält man, da $\sum_j \hat{s}_j = \sum_i \hat{s}_i$ ist, unmittelbar:

$$\sum_i \hat{s}_i = \frac{2}{r-2} \sum_i \sum_{j \neq i} s_{ij} - \frac{r}{r-2} \sum_i \hat{s}_i$$

und damit:

$$\sum_i \hat{s}_i = \frac{1}{r-1} \sum_i \sum_{j \neq i} s_{ij} \, .$$

Setzt man dies in (13) ein, so findet man folgende Berechnungsvorschrift der Prädikatenparameter:

$$\boxed{\hat{s}_i = \frac{2}{r-2} \sum_{j \neq i} s_{ij} - \frac{1}{(r-2)(r-1)} \sum_i \sum_{j \neq i} s_{ij}} \, . \qquad (14)$$

Sind die Meßwerte der s_{ij} mit keinen Fehlern behaftet, so ist selbstverständlich:

$$s_{ij} - \tfrac{1}{2}(\hat{s}_i + \hat{s}_j) = 0 \, ,$$

und $Q(s_1,\ldots,s_r)$ (12) hat selbst den Wert Null.

◆ ◆ ◆

Wir bestimmen nun den Organismusparameter der Person ν. Die Zufallsvariable:

$$\mathbf{a}_{\nu.ij} = \begin{cases} 1 & \text{wenn die Meinung der Person i näher ist als j} \\ 0 & \text{sonst .} \end{cases}$$

hat den Erwartungswert:

$$\mathrm{E}\,\mathbf{a}_{\nu.ij} = 1\cdot\Pr(\mathbf{a}_{\nu.ij} = 1) + 0\cdot\Pr(\mathbf{a}_{\nu.ij} = 0) = \Pr(\mathbf{a}_{\nu.ij} = 1)\ .$$

Es ist daher mit (4):

$$\mathrm{E}\,\mathbf{a}_{\nu.ij} = \Pr(\mathbf{a}_{\nu.ij} = 1) = \frac{1}{1 + e^{x_\nu - s_{ij}}}\ .$$

Im Hinblick auf die Vereinbarung $s_i < s_j$ ist $\sum_{i,j} a_{\nu.ij} = r_\nu$ die Anzahl der Paare, bei denen Person ν sich für das "linke" Prädikat entschieden hat. Es gilt:

$$\mathrm{E}\,\mathbf{r}_\nu = \mathrm{E} \sum_{i,j} \mathbf{a}_{\nu.ij} = \sum_{i,j} \mathrm{E}\,\mathbf{a}_{\nu.ij} = \sum_{i,j} \Pr(\mathbf{a}_{\nu.ij} = 1)$$

und damit

$$\boxed{\mathrm{E}\,\mathbf{r}_\nu = \sum_{i,j} \frac{1}{1 + e^{x_\nu - s_{ij}}}}\ .$$

Diese Gleichung ist nach x_ν aufzulösen.

II.3: Die Schätzung der Wahrscheinlichkeit q

Die beiden Zufallsvariablen $\mathbf{a}_{\nu.ij}$, $\mathbf{a}_{\nu.kl}$ nehmen bei jeder Person einen der vier möglichen Werte 11, 10, 01, 00 an. Haben n Personen ihre Meinung mit Prädikatenpaaren i,j und k,l verglichen, so ergibt die Auswertung ihrer

Urteile die folgende Häufigkeitstabelle:

		$a_{\nu.kl}$ 1	$a_{\nu.kl}$ 0
$a_{\nu.ij}$	1	h_{11}	h_{10}
	0	h_{01}	h_{00}

Die Zahl der Personen, bei denen $\mathbf{a}_{\nu.ij} + \mathbf{a}_{\nu.kl} = 1$ eingetreten ist, beziffert sich auf $n_1 = h_{10} + h_{01}$. Darunter befinden sich h_{10} Personen, welche i bevorzugt haben, so daß sich als Schätzer von q (11) der folgende Quotient anbietet:

$$\boxed{\hat{q} = \frac{h_{10}}{h_{10} + h_{01}}} \quad . \tag{16}$$

Man beachte aber, daß dies keine gewöhnliche relative Häufigkeit ist, mit der wir in Kapitel I Wahrscheinlichkeiten schätzten. Während für $p = h/n$ der Erwartungswert

$$E\,\mathbf{p} = \frac{1}{n} E\,\mathbf{h}$$

im Nenner eine feste Zahl enthält, stellt der Nenner von (16) selbst eine Zufallsvariable dar. Außerdem sind Zähler und Nenner von (16) abhängig voneinander, da sie beide h_{10} aufweisen.

Aufgrund von (8) (lokale Unabhängigkeit der Urteile) und (4) erhält man für die Wahrscheinlichkeit, daß Person ν bei i,j sich für i und bei k,l sich für l entscheidet, den Ausdruck:

$$Pr(1,0 \mid \nu) = \frac{1}{1 + e^{x_\nu - s_{ij}}} \cdot \frac{e^{x_\nu - s_{kl}}}{1 + e^{x_\nu - s_{kl}}} .$$

Einen entsprechenden Ausdruck entwickelt man für $Pr(0,1 \mid \nu)$ und weist damit nach, daß gilt:

$$Pr(\mathbf{a}_{\nu.ij} + \mathbf{a}_{\nu.kl} = 1) = Pr(1,0 \mid \nu) + Pr(0,1 \mid \nu)$$

$$= \frac{e^{x_\nu - s_{kl}} + e^{x_\nu - s_{ij}}}{(1 + e^{x_\nu - s_{ij}}) \cdot (1 + e^{x_\nu - s_{kl}})} , \tag{17}$$

sowie

$$q = \frac{Pr(1,0 \mid \nu)}{Pr(1,0 \mid \nu) + Pr(0,1 \mid \nu)} = \frac{1}{1 + e^{s_{kl} - s_{ij}}} \tag{18}$$

$$= Pr(\mathbf{a}_{\nu.ij} = 1 \mid \mathbf{a}_{\nu.ij} + \mathbf{a}_{\nu.kl} = 1).$$

Die Wahrscheinlichkeit des Ereignisses $\mathbf{a}_{\nu.ij} + \mathbf{a}_{\nu.kl} = 1$ hängt, wie (17) erkennen läßt, vom Organismusparameter x_ν ab. Wieviele Personen also $\mathbf{a}_{\nu.ij} + \mathbf{a}_{\nu.kl} = 1$ aufweisen bzw. wie groß $n_1 = h_{10} + h_{01}$ ist, das hängt von der Verteilung der Organismenparameter ab. Dagegen tritt, wie (18) zeigt, bei jeder Person, die $\mathbf{a}_{\nu.ij} + \mathbf{a}_{\nu.kl} = 1$ aufweist, $\mathbf{a}_{\nu.ij} = 1$ ohne Rücksicht auf den Wert x_ν mit Wahrscheinlichkeit q ein.

Wir bezeichnen die Verteilung der Organismenparameter mit f_ν. Die Wahrscheinlichkeit P, daß eine wahllos herausgegriffene Person $\mathbf{a}_{\nu.ij} + \mathbf{a}_{\nu.kl} = 1$ aufweist, errechnet sich mit:

$$\int \Big[(Pr(1,0 \mid \nu) + Pr(0,1 \mid \nu) \Big] f_\nu(x)\, dx = P\,.$$

Nun führen wir mit jeder von n Personen das Experiment durch, das entscheidet, ob die Person in die Stichprobe gelangt, mit der wir q (16) schätzen: Wir legen der Person die Paare i,j und k,l vor. Entscheidet sie sich für i ($\mathbf{a}_{\nu.ij} = 1$), so kommt sie in die Stichprobe, soferne sie sich außerdem für l ($\mathbf{a}_{\nu.kl} = 0$) entscheidet. Ergibt sich indessen $\mathbf{a}_{\nu.ij} = 0$, so kommt sie in die Stichprobe, soferne sie sich außerdem für k ($\mathbf{a}_{\nu.kl} = 1$) entscheidet. In jedem anderen Fall bleibt sie "draußen".
Der Anteil von Personen in der Stichprobe, die $\mathbf{a}_{\nu.ij} = 1$ aufweisen, ist somit erwartungsgemäß $P \cdot q$.
Führt man das Experiment mit n Personen durch, so wird

$$E\,\mathbf{h}_{10} = n \cdot P \cdot q, \qquad E\,\mathbf{h}_{01} = n \cdot P \cdot (1-q)$$

und

$$E\,(\mathbf{h}_{10} + \mathbf{h}_{01}) = E\,\mathbf{n}_1 = n \cdot P\,.$$

Die Zufallsvariable $\mathbf{n}_1$ ist dabei binomisch verteilt mit Parametern n und P, d.h. es gilt:

$$Pr(\mathbf{h}_{10} + \mathbf{h}_{01} = n_1) = \binom{n}{n_1} \cdot P^{n_1} \cdot (1-P)^{n-n_1}, \qquad n_1 = 0,1,\ldots,n\,.$$

Die Wahrscheinlichkeit, daß von den n_1 Personen sich h_{10} für i entscheiden ($\mathbf{a}_{\nu.ij} = 1$), ist gegeben durch:

$$\Pr(\mathbf{h}_{10} \mid n_1) = \binom{n_1}{h_{10}} \cdot q^{h_{10}} \cdot (1-q)^{h_{01}} , \quad h_{10} = 0,1,\ldots,n . \tag{19}$$

$\mathbf{h}_{10}$ ist also ebenfalls binomisch verteilt und hat somit den Erwartungswert und die Varianz:

$$E(\mathbf{h}_{10} \mid n_1) = n_1 \cdot q, \qquad Var(\mathbf{h}_{10} \mid n_1) = n_1 \cdot q \cdot (1-q) .$$

Damit ist erwiesen, daß der Quotient $\hat{q}$ (16) die Wahrscheinlichkeit q (10) erwartungstreu schätzt: $E\,\hat{\mathbf{q}} = q$. Der Schätzer hat die Varianz:

$$Var\,\hat{\mathbf{q}} = \frac{q \cdot (1-q)}{n_1} = \frac{q \cdot (1-q)}{h_{10} + h_{01}} , \tag{20}$$

die man erwartungstreu schätzt mit:

$$s_q^2 = \frac{\hat{q} \cdot (1-\hat{q})}{h_{10} + h_{01} - 1} = \frac{h_{10} \cdot h_{01}}{(h_{10} + h_{01})^2 (h_{10} + h_{01} - 1)} . \tag{21}$$

(vgl. hiezu SIXTL 1993, S.323).

II.4: Die Eichung von Prädikaten und die Bestimmung der Organismenparameter

SIXTL (1973 a) ermittelte die Meinung der Studenten von der Mensa der Universität, der Sozialistischen Partei Österreichs (SPÖ) und der Österreichischen Volkspartei (ÖVP), indem er Prädikate bewertenden Charakters paarweise darbot und die Studenten entscheiden ließ, welches Prädikat die Mensa (die SPÖ, die ÖVP) eher charakterisiert. Folgende Prädikate wurden verwendet:

sehr gut (1); gut (2); mäßig (3); schlecht (4); sehr schlecht (5).

Diese fünf Prädikate bilden eine eindeutige Rangordnung. Da nach (6) die bedingte Wahrscheinlichkeit von $\mathbf{a}_{\nu.ij} = 1$ nur vom Abstand $s_{kl} - s_{ij}$ und nicht vom Organismusparameter, also auch nicht vom beurteilten Gegenstand abhängt, wurden die Datenmatrizen der Paarvergleiche von Mensa und Parteien addiert. Das Ergebnis ist in Tab.II.1 wiedergegeben.

Tab.II.1: Häufigkeiten h_{10} und h_{01}: $\mathbf{a}_{\nu.23} = 1$ und $\mathbf{a}_{\nu.45} = 0$ trat in $\mathbf{h}_{10} = 4$ Fällen auf. $\mathbf{a}_{\nu.23} = 0$ und $\mathbf{a}_{\nu.45} = 1$ trat in $\mathbf{h}_{01} = 223$ Fällen auf.

	3vor2	5vor4	3vor1	4vor2	5vor2	4vor3	5vor1	4vor1	5vor3	2vor1
2vor3	-	4	89	10	6	10	22	38	4	105
4vor5	223	-	300	139	59	47	151	224	25	323
1vor3	13	5	-	4	2	4	5	7	4	32
2vor4	98	8	168	-	9	8	43	90	11	190
2vor5	178	12	250	93	-	25	108	174	10	271
3vor4	171	7	259	99	32	-	115	184	13	283
1vor5	95	5	154	28	9	9	-	79	6	176
1vor4	41	8	86	5	5	8	9	-	5	104
3vor5	209	11	285	128	43	39	138	207	-	306
1vor2	8	7	11	5	2	7	6	4	4	-

Mit den Zahlen dieser Tabelle wurden nun gemäß (9) die Abstände zwischen den Prädikatenmittelpunkten geschätzt und anschließend mit (14) die Skalenparameter der Prädikate bestimmt. Dabei wurde der Nullpunkt der Prädikatenskala so festgelegt, daß $\Sigma \hat{s}_i = 0$. (14) kann damit unmittelbar angewendet werden, da ja $\Sigma \Sigma s_{ij} = \Sigma \hat{s}_i = 0$ gilt. Nun wurde:

$$\hat{s}_{ij} = \frac{1}{2} (\hat{s}_i + \hat{s}_j) \ , \ i,j = 1,\ldots,5$$

bestimmt und mit s_{ij} verglichen. Es zeigte sich, daß die Residualvarianz (12):

$$\sum_i \sum_{j \neq i} \left(s_{ij} - \hat{s}_{ij} \right)^2$$

nur 3,65 % der Varianz der s_{ij} ausmacht. Daher erscheint es gerechtfertigt, die Schätzwerte der Prädikatenparameter der Öffentlichkeit zu präsentieren.

Tab.II.2: Eichwerte der 5 Prädikate aus der Untersuchung 1973 und einer Wiederholung im Jahre 1994:

	sehr gut	gut	mäßig	schlecht	sehr schlecht
1973	-4,87	-1,55	-0,11	2,12	4,41
1994	-4,74	-1,67	0,30	2,18	3,93

1994 wurde die Meinung erhoben, die 11 Studenten eines Seminars zu folgenden Gegenständen hatten: ÖVP, SPÖ, Freiheitliche Partei Österreichs (FPÖ), Liberales Forum (LF), Europäische Union (EU) und Mensa. Die Skalenparameter der 5 Prädikate wurden auf die gleiche Weise wie eben beschrieben von dem Seminarteilnehmer Thomas St. berechnet. Sie sind in der 2. Zeile der Tab.II.2 angeführt. In der nachfolgenden Abbildung ist das Streudiagramm der 5 Skalenparameter zusammen mit den 10 Prädikatenmittelpunkten aus beiden Untersuchungen dargestellt. Die leichte Abflachung an den Enden ist damit zu erklären, daß die zweite Untersuchung auf einem kleineren Stichprobenumfang beruht, wodurch die Verzerrung (44.I) der Schätzer sich auswirken konnte. Tab.I.3 läßt die Bedeutung des Stichprobenumfanges für die Schätzgenauigkeit erkennen.

Abb.II.2: Streudiagramm der Skalenparameter und Prädikatenmittelpunkte aus zwei Untersuchungen.

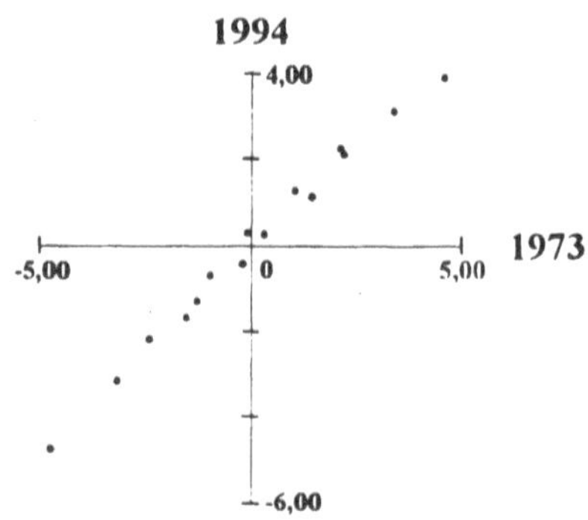

	1973	1994
S1	-4,87	-4,74
S2	-1,55	-1,67
S3	-0,11	0,30
S4	2,12	2,18
S5	4,41	3,93
S12	-3,21	-3,21
S13	-2,49	-2,22
S14	-1,37	-1,28
S15	-0,23	-0,40
S23	-0,83	-0,69
S24	0,29	0,25
S25	1,43	1,13
S34	1,01	1,24
S35	2,15	2,12
S45	3,27	3,06

Die Übereinstimmung der Schätzungen ist beachtenswert hoch. Offensichtlich beurteilen verschiedene Menschen zu verschiedenen Zeiten verschiedene Gegenstände mit Hilfe von Prädikaten, deren Skalenparameter von all diesen Unterschieden nicht verändert werden. Erst dadurch erweist sich die Eignung der Prädikate, Meinungen verschiedener Menschen miteinander vergleichbar zu machen.

Zuletzt bestimmen wir die Organismenparameter x_ν mit (15). Im nächsten Kapitel werden wir ein Maximum-Likelihood-Verfahren vorstellen, mit dem x_ν berechnet werden kann. Hier wollen wir uns mit einem graphischen Näherungsverfahren begnügen. Man kann in (15) verschiedene Werte für x sowie die $\hat{s}_i$ der Tab.II.2 einsetzen und bestimmt damit Punkte einer Kurve, die in Abb.II.3 dargestellt ist.

Abb.II.3: Die erwartete Anzahl E(r) von Bevorzugungen "linker" Prädikate in Abhängigkeit vom Organismusparameter x_ν.

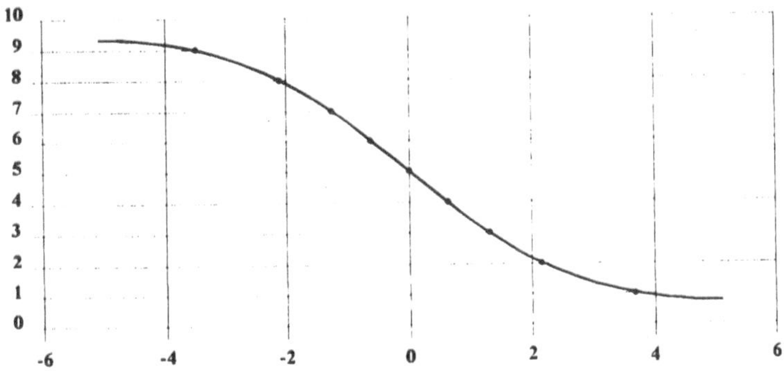

Nun ziehe man Parallelen im Abstand r = 1,2,....,9 von der Abszisse, welche die Kurve schneiden. Die x-Koordinate des Schnittpunktes ist jener Wert von x, der in (15) eingesetzt gerade r ergibt. Damit kann man also den Organismusparameter x_ν bestimmen, soferne r_ν eine brauchbare Näherung an $E\,\mathbf{r}_\nu$ darstellt. Der Organismusparameter von Personen, die r = 0 bzw. r = 10 erzielen, kann auf diese Weise nicht bestimmt werden. Diesen Personen wurden x-Werte zugeordnet, denen in (15) 0,5 statt 0 bzw. 9,5 statt 10 entsprechen. Alle Werte sind in der nachfolgenden Tabelle angeführt.

Tab.II.4: Anzahl der Bevorzugungen "linker" Prädikate und zugehöriger Wert x des Organismusparameters.

	sehr gut					mäßig				sehr schlecht	
r	9.5	9	8	7	6	5	4	3	2	1	0.5
x	-4,25	-3,45	-2,27	-1,41	-0,73	0	0,73	1,41	2,27	3,45	4,25

Die Messung von Meinungen gestaltet sich mithin überaus einfach: Man legt einer Person die 5 Prädikate paarweise vor und läßt sie entscheiden, welches Prädikat die betreffende Sache eher charakterisiert. Anschließend ermittelt man die Anzahl von Paaren, bei denen die Person sich für das "linke" Prädikat entschieden hat. In Tab.II.4 findet man den dieser Anzahl entsprechenden Wert des "Organismusparameters" dieser Person.

KAPITEL III: PROBABILISTISCHE (STOCHASTISCHE) INTELLIGENZ-TESTS

Ein psychologischer Test ist kein Meßinstrument mit stetig verschiebbarem Zeigerstand wie etwa ein Thermometer oder eine Waage, die einem unmittelbar den Ort eines Objektes auf dem Merkmalskontinuum, d.h. also seinen Meßwert, anzeigen. Ein psychologischer Test besteht vielmehr aus einer Reihe von Meßelementen – man nennt sie auch "Aufgaben" oder "items" –, die nur alternativ entscheiden: Eine Person kann eine gewisse Aufgabe lösen oder kann es nicht; sie stimmt einer gewissen Behauptung zu oder lehnt dieselbe ab. Wir notieren:

$$a_{\nu i} = \begin{cases} 1 & \text{wenn Person } \nu \text{ die Aufgabe löst} \\ 0 & \text{sonst.} \end{cases}$$

Will man den Ort der Person auf dem "Intelligenzkontinuum" genauer kennenlernen, so muß man ihr eine größere Zahl von Aufgaben zur Bearbeitung vorlegen.

Die Person wird einen Teil der Aufgaben richtig lösen, einen Teil nicht. Man erklärt das damit, daß die Aufgaben verschieden "schwer" sind, d.h. man stellt eine Beziehung zwischen Person und Aufgabe her, die an eine Gleichgewichtswaage erinnert: $a_{\nu i} = 1$ bedeutet, daß die Fähigkeit der Person ν mindestens das Ausmaß besitzt, welches Aufgabe i zu ihrer Lösung erfordert; $a_{\nu i} = 0$ bedeutet, daß der Person die Aufgabe "zu schwer" ist. Wir bezeichnen mit s_i die "Schwere" oder Schwierigkeit der Aufgabe i und mit x_ν das Ausmaß der Fähigkeit einer Person, Aufgaben der gegebenen Art zu lösen. Es gilt:

$$a_{\nu i} = 1 \iff s_i \le x_\nu \,. \tag{1}$$

Dabei bedeutet das Ungleichzeichen, daß die "Schwere" von i nicht größer ist als die Fähigkeit der Person ν. Die Relation (1) erlaubt es, anhand der Lösungen $a_{\nu i}$, welche Personen unterschiedlicher Fähigkeit bei Aufgaben unterschiedlicher Schwierigkeit erzielen, die Aufgaben nach wachsender Schwierigkeit und die Personen nach wachsender Fähigkeit zu ordnen.

Tab.III.1: Fünf Personen erzielten bei der Bearbeitung von vier Aufgaben folgende Lösungen:

Aufgaben:		1	2	3	4	$\sum_i a_{\nu i}$
	I	1	0	1	0	2
	II	0	0	0	0	0
Personen:	III	1	1	1	1	4
	IV	1	1	1	0	3
	V	0	0	1	0	1
	$\sum_\nu a_{\nu i}$	3	2	4	1	10

Die Spaltensummen der Tab.III.1 geben an, wieviele Personen die Relation $s_i \leq x$, $i=1,\ldots,4$ erfüllen. Ist $\sum_\nu a_{\nu i} > \sum_\nu a_{\nu j}$, so gibt es wenigstens eine Person bei der $s_i \leq x_\nu$ und $x_\nu < s_j$ zutrifft, sodaß $s_i < s_j$ folgt. Je leichter die Aufgabe, desto größer die Anzahl richtiger Lösungen, desto größer die Spaltensumme. Ordnet man die Aufgaben nach fallenden Spaltensummen, so ist diese Ordnung identisch mit der Ordnung der Aufgaben nach steigender Schwierigkeit.

In diese Ordnung der Aufgaben lassen sich die Personen einfügen: Ist $\sum_i a_{\nu i} < \sum_i a_{\mu i}$, so gibt es mindestens eine Aufgabe, welche von Person μ, aber nicht von Person ν gelöst wird. Diese Aufgabe trennt die beiden: $x_\nu < s_i \leq x_\mu$. Je fähiger eine Person ist, desto mehr Lösungen erzielt sie. Die Ordnung der Personen nach wachsenden Zeilensummen ist identisch mit ihrer Ordnung nach wachsender Fähigkeit.

Tab.III.2: Die Aufgaben und Personen der Tab.III.1, nach steigender Schwierigkeit (fallender Spaltensumme) und wachsender Fähigkeit (steigender Zeilensumme) geordnet.

Aufgaben:		3	1	2	4	$\sum_i a_{\nu i}$
	II	0	0	0	0	0
	V	1	0	0	0	1
Personen:	I	1	1	0	0	2
	IV	1	1	1	0	3
	III	1	1	1	1	4
	$\sum_\nu a_{\nu i}$	4	3	2	1	10

Nun läßt sich eine gemeinsame Ordnung der Personen und der Aufgaben herstellen. Da $i = 3$ die leichteste Aufgabe ist und $\nu = II$ diese Aufgabe nicht gelöst hat, gilt aufgrund der Relation (1): $x_{II} < s_3$. Person V hat die leichteste Aufgabe gelöst, die Aufgabe $i = 1$ jedoch nicht, folglich gilt: $s_3 \leq x_V < s_1$ usw.

Tab.III.3: Die gemeinsame Ordnung der Personen und Aufgaben der Tab.III.2:

Aufgaben:		3		1		2		4	
Personen:	II		V		I		IV		III

Es gilt: m Aufgaben unterschiedlicher Schwierigkeit zerlegen die Gesamtheit der Personen in m + 1 Fähigkeitsklassen.

Wenn die Fähigkeit einer Person mindestens so groß ist wie Aufgabe i dies erfordert, dann kommt entsprechend den vorangegangenen Überlegungen mit Sicherheit die richtige Lösung zustande, d.h.

$$\Pr(a_{\nu i} = 1 \mid s_i \leq x_\nu) = 1 \; . \tag{2}$$

Dies widerspricht der Erfahrung. Leistungsfähigkeit und Konzentration sind ständigen Schwankungen unterworfen; daher besteht jederzeit die Möglichkeit, daß eine Person eine Aufgabe nicht löst, der sie "normalerweise" gewachsen ist, bzw. löst, obwohl sie "normalerweise" von der Aufgabe überfordert ist. Aus diesem Grunde soll (2) durch die folgenden - schwächeren - Aussagen ersetzt werden:

$$\Pr(a_{\nu i} = 1 \mid s_i, x_\nu) \begin{cases} < \frac{1}{2} & \text{wenn } x_\nu < s_i \\ = \frac{1}{2} & \text{wenn } x_\nu = s_i \\ > \frac{1}{2} & \text{wenn } x_\nu > s_i \,. \end{cases} \tag{3}$$

III.1: Lösungsanzahl und Fähigkeitsparameter

Entsprechend der Relation (1) erzielt eine Person soviele Lösungen als der Test Aufgaben enthält, denen gegenüber die Person die Relation $s \leq x_\nu$ erfüllt. Erzielt sie r Lösungen, d.h. ist

$$\sum_{i=1}^{m} a_{\nu i} = r ,$$

so sind es die r "leichtesten" Aufgaben, bei denen sie erfolgreich war. Ersetzt man (2) durch (3), so bleibt zwar weiterhin plausibel, daß eine Person umso mehr Lösungen erzielt, je höher ihre Fähigkeit entwickelt ist. Es ist dann aber nicht mehr sicher, sondern nur wahrscheinlich, daß sie bei den leichtesten Aufgaben erfolgreich ist. Darf aber auch unter diesen Umständen erwartet werden, daß die Anzahl von Lösungen erschöpfend Auskunft über die Fähigkeit der Person gibt?

Man bezeichnet die Anzahl r als **erschöpfende Statistik** des Fähigkeitsparameters x, wenn es nur darauf ankommt, wieviele und nicht welche Aufgaben eine Person gelöst hat.

Wir bezeichnen mit **A**' den Lösungsvektor einer Person:

$$\mathbf{A}' = \{ a_{\nu 1}, \ldots, a_{\nu i}, \ldots, a_{\nu m} \} .$$

Damit ist $\mathbf{A}'\mathbf{A} = r$. Bei gegebener Fähigkeit x treten r und **A** gemeinsam auf mit einer Wahrscheinlichkeit, die bestimmt ist durch

$$\Pr(r \cap \mathbf{A} \mid x) = \Pr(r \mid x) \cdot \Pr(\mathbf{A} \mid r,x) . \tag{4}$$

Da

$$r \cap \mathbf{A} = \begin{cases} \mathbf{A} & \text{wenn } \mathbf{A}'\mathbf{A} = r \\ \mathbf{0} & \text{sonst} \end{cases} ,$$

wird (4) zu

$$\Pr(\mathbf{A} \mid x) = \Pr(r \mid x) \cdot \Pr(\mathbf{A} \mid r,x) . \tag{5}$$

Hängt nun die Wahrscheinlichkeit eines Lösungsvektors von r und x genauso ab wie von r allein, so vereinfacht (5) sich zu

$$\Pr(\mathbf{A} \mid x) = \Pr(r \mid x) \cdot \Pr(\mathbf{A} \mid r) ,$$

und man erhält:

$$\boxed{\frac{\Pr(\mathbf{A} \mid x)}{\Pr(r \mid x)} = \Pr(\mathbf{A} \mid r) = k} \quad . \tag{6}$$

Ein Lösungsvektor hat also bei jedem Wert, den x annimmt, dieselbe Wahrscheinlichkeit k, die nur von r abhängt. Die Berücksichtigung von **A**, zusätzlich zu r, kann also nichts zur Identifizierung von x beitragen: Wenn überhaupt etwas, so ist es die Anzahl r, die erschöpfend Auskunft über x gibt (vgl. PFANZAGL 1994, S.4f).

Wir suchen nun psychometrische Funktionen

$$f_i = \Pr(a_{\nu i} = 1 \mid x, s_i), \quad i = 1,2,\ldots \quad , \tag{7}$$

bei denen x erschöpfend mit der Anzahl r bestimmt werden kann. Bei der weiteren Darstellung folgen wir FISCHER (1974).

(1) Ein Test bestehe aus m = 2 Aufgaben. Wir können uns auf die Lösungsvektoren **A** = {1,0} und **A** = {0,1} mit r = 1 beschränken. Bei **A** ={0,0} und **A** = {1,1}, also r = 0 bzw. r = 2 kann der Fähigkeitsparameter nicht bestimmt werden. Es gilt nun mit (6):

$$\frac{\Pr(1\ ,0 \mid x)}{\Pr(r = 1 \mid x)} = \Pr(1\ ,0 \mid r{=}1) = k\ .$$

Wenn die Wahrscheinlichkeit einer Lösung bei Aufgabe 1 bzw. 2 nur von der Schwierigkeit der Aufgabe und der Fähigkeit der Person abhängt, jedoch nicht von dem Erfolg, den die Person bei der jeweils anderen Aufgabe hatte, wenn also die lokale Unabhängigkeit der Lösungen im Sinne von (8.II) vorausgesetzt werden darf, so wird mit (7) aus (6):

$$\frac{\Pr(1\ ,0 \mid x)}{\Pr(r = 1 \mid x)} = \frac{f_1(1-f_2)}{f_1(1-f_2)+(1-f_1)f_2} = k\ . \tag{8}$$

Der mit den psychometrischen Funktionen f_1, f_2 gebildete Quotient soll von dem jeweiligen Fähigkeitsparameter x gar nicht abhängen. Dividiert man

Zähler und Nenner von (8) durch $f_1(1-f_2)$, so erhält man

$$\frac{1}{1+\frac{(1-f_1)f_2}{f_1(1-f_2)}} = k \ ,$$

wobei

$$c = \frac{(1-f_1)f_2}{f_1(1-f_2)} \tag{9}$$

ebenfalls nicht von x abhängen kann.

Nun läßt sich zeigen, daß die psychometrischen L-Funktionen (13.I) bzw. (15.I) eine Klasse von Funktionen bilden, die (8) bzw. (9) erfüllen. Sei

$$f_1 = \Pr(a_{\nu 1} = 1 \mid x, s_1) = \frac{e^{x-s_1}}{1+e^{x-s_1}} \ .$$

Dann wird aus (9):

$$c = \frac{(1-f_1)f_2}{f_1(1-f_2)} = \frac{1}{e^{x-s_1}} \cdot \frac{f_2}{1-f_2} \ ,$$

und c ist unabhängig von x. Aus diesem Grunde muß x im Exponenten des Nenners verschwinden. Das ist der Fall, wenn

$$\frac{f_2}{1-f_2} = e^{x-s_2} \ , \tag{10}$$

so daß

$$c = \frac{1}{e^{x-s_1}} \cdot e^{x-s_2} = e^{s_1-s_2} \ .$$

c hängt nur von der Schwierigkeitsdifferenz der beiden Aufgaben ab. Ist also f_1 aus der Klasse der psychometrischen L-Funktionen, so muß auch f_2 aus dieser Klasse stammen.

(2) Wir betrachten nun einen Test aus m Aufgaben, für die

$$f_i = \frac{e^{x-s_i}}{1+e^{x-s_i}} \ , \quad i = 1, \ldots\ldots, m \tag{11}$$

gelten soll. Mit

$$\mathbf{B}'_j = \{a_{j1}, \ldots\ldots, a_{jm}\} \quad \text{und} \quad \mathbf{A}'_k = \{a_{k1}, \ldots\ldots, a_{km}\}$$

bezeichnen wir Lösungsvektoren, die r bzw. r+1 Lösungen aufweisen:

$$\mathbf{B}_j' \mathbf{B}_j = \sum_i a_{ji} = r \quad \text{und} \quad \mathbf{A}_k' \mathbf{A}_k = \sum_i a_{ki} = r + 1 \, .$$

Ferner bezeichne f_{m+1} die noch unbekannte psychometrische Funktion, die zu einer (m+1)-ten Aufgabe gehört. Nun wird (6):

$$\frac{\Pr(\mathbf{B}_j \text{ und } a_{j,m+1} = 1 \mid x)}{\Pr(r+1 \mid x)} = \Pr(\mathbf{B}_j \text{ und } a_{j,m+1} = 1 \mid r+1) = k \, .$$

Sind die Lösungen bei der (m+1)-ten Aufgabe lokal unabhängig vom Erfolg bei den übrigen Aufgaben, so wird aus (6):

$$\frac{f_{m+1} \cdot \Pr(\mathbf{B}_j \mid x)}{f_{m+1} \cdot \sum_j \Pr(\mathbf{B}_j \mid x) + (1-f_{m+1}) \cdot \sum_k \Pr(\mathbf{A}_k \mid x)} = k \, ,$$

wobei die erste Summe im Nenner sich über alle $\binom{m}{r}$ Lösungsvektoren, die r Lösungen (Einsen) aufweisen, und die zweite Summe sich über alle $\binom{m}{r+1}$ Vektoren erstreckt, die r+1 Lösungen (Einsen) aufweisen.

Ersetzt man nun die Wahrscheinlichkeiten der Lösungsvektoren unter Beachtung der lokalen Unabhängigkeit der Lösungen durch (11), so erhält man für (6):

$$\frac{f_{m+1} \cdot e^{\sum (x-s_i) a_{\nu i}}}{f_{m+1} \cdot \sum e^{\sum (x-s_i) a_{ji}} + (1-f_{m+1}) \cdot \sum e^{\sum (x-s_i) a_{ki}}} = k \, ,$$

und unter Beachtung der jeweiligen Anzahl von Lösungen:

$$\frac{f_{m+1} \cdot e^{rx - \sum s_i a_{\nu i}}}{f_{m+1} \cdot \sum e^{rx - \sum s_i a_{ji}} + (1-f_{m+1}) \cdot \sum e^{(r+1)x - \sum s_i a_{ki}}} = k \, .$$

Nun dividiere man Zähler und Nenner von (6) durch

$$f_{m+1} \cdot e^{rx - \sum s_i a_{\nu i}} \, .$$

Man erhält:

$$\frac{1}{\sum_j e^{\Sigma s_i(a_{\nu i}-a_{ji})} + \frac{1-f_{m+1}}{f_{m+1}} \cdot \sum_k e^{x-\Sigma s_i(a_{\nu i}-a_{ki})}} = k \, .$$

Die erste Summe im Nenner ist bereits frei von x. Die zweite wird es, wenn (10) auch für die (m+1)-te Aufgabe zutrifft, d.h. wenn

$$\frac{1-f_{m+1}}{f_{m+1}} = e^{-x+s_{m+1}} \, ,$$

also auch die (m+1)-te Aufgabe der Klasse der psychometrischen L-Funktionen angehört.

Wir haben folgendes Ergebnis gewonnen: Gehören die psychometrischen Funktionen aller Aufgaben eines Tests zur Klasse der psychometrischen L-Funktionen (11), dann gibt die Anzahl der Lösungen, welche eine Person mit dem Fähigkeitsparameter x erzielt, erschöpfend Auskunft über x. Es ist dabei irrelevant, welche Aufgaben die Person gelöst hat.

III.2: Die Messung des Fähigkeitsparameters mit dem Maximum-Likelihood-Verfahren

Die Person ν weise den Fähigkeitsparameter x auf. Dann ist die Wahrscheinlichkeit, daß diese Person den Lösungsvektor $\mathbf{A}' = \{a_{\nu 1}, \ldots, a_{\nu m}\}$ mit $\sum_i a_{\nu i} = r$ "produziert", unter Voraussetzung der lokalen Unabhängigkeit der Lösungen, gegeben durch:

$$\Pr(\mathbf{A} \mid x) = \frac{e^{\sum_i (x-s_i) a_{\nu i}}}{\prod_i (1+e^{x-s_i})} = \frac{e^{rx - \Sigma s_i a_{\nu i}}}{\prod_i (1+e^{x-s_i})} \, . \tag{12}$$

Diese Wahrscheinlichkeit hängt von x ab. Der Wert $\hat{x}$, für den gilt:

$$\Pr(\mathbf{A} \mid \hat{x}) \geq \Pr(\mathbf{A} \mid x) \, , \tag{13}$$

heißt Maximum-Likelihood-Schätzer von x. Diesen Wert wollen wir jetzt aufsuchen. Dazu logarithmieren wir (12):

$$\ln \Pr(A|x) = rx - \sum_i s_i a_{\nu i} - \sum_i \ln(1 + e^{x-s_i}) ,$$

leiten den Logarithmus nach x ab und setzen die Ableitung null:

$$\frac{d \ln \Pr(A|x)}{dx} = r - \sum_i \frac{1}{1+e^{x-s_i}} \cdot e^{x-s_i} = 0.$$

Man erkennt, daß die Summanden psychometrische L–Funktionen darstellen wie in (11):

$$\frac{e^{x-s_i}}{1+e^{x-s_i}} = f_i = \Pr(a_{\nu i} = 1 \mid x, s_i) .$$

Der Wert des Fähigkeitsparameters, der (13) erfüllt, muß demnach folgender Gleichung genügen:

$$\boxed{\sum_{i=1}^{m} f_i = r} \quad . \qquad (14)$$

Es zeigt sich, daß das Verfahren, mit welchem im Zusammenhang mit (15.II) die Einstellungen von Personen gemessen werden, dem ML–Verfahren äquivalent ist.

⬩⬥ ◆ ⬥⬩

Wir setzen $e^{-s_i} = \alpha_i$ und $e^{-x} = \beta$. Aus (11) folgt nach Multiplikation mit e^{-x}/e^{-x}:

$$f_i = \frac{e^{x-s_i}}{1+e^{x-s_i}} \cdot \frac{e^{-x}}{e^{-x}} = \frac{e^{-s_i}}{e^{-x}+e^{-s_i}} = \frac{\alpha_i}{\beta+\alpha_i} ,$$

so daß (14) die Gestalt annimmt:

$$\sum_{i=1}^{m} \frac{\alpha_i}{\beta+\alpha_i} = r . \qquad (15)$$

Nun bringe man die m Summanden auf gleichen Nenner:

$$\frac{\sum_i \alpha_i \cdot \prod_{j \neq i} (\beta+\alpha_j)}{\prod_i (\beta+\alpha_i)} = r ,$$

und forme daraus die Gleichung:

$$r \cdot \prod_i (\beta+\alpha_i) - \sum_i \alpha_i \cdot \prod_{j \neq i} (\beta+\alpha_j) = 0 . \qquad (16)$$

Durch Ausmultiplizieren der beiden Produkte erhält man:

$$r\cdot\prod_i(\beta+\alpha_i) = r\cdot\sum_{\mu=0}^{m} \beta^{m-\mu}\cdot A_\mu,$$

$$\sum_i \alpha_i\cdot\prod_{j\neq i}(\beta+\alpha_j) = \sum_{\mu=0}^{m} \mu\cdot\beta^{m-\mu}\cdot A_\mu .$$

Dabei ist

$$A_\mu = \sum_{i=1}^{\binom{m}{\mu}} (\alpha_{i1}\cdot \;.....\; \cdot\alpha_{i\mu})$$

eine Summe, die sich über alle $\binom{m}{\mu}$ Produkte erstreckt, die aus den Zahlen α_1 bis α_m gebildet werden können. Damit erhalten wir für (16) die Darstellung:

$$\sum_{\mu=0}^{m} (r-\mu)\,\beta^{m-\mu}\cdot A_\mu = r\,\beta^m + (r-1)\,\beta^{m-1}A_1 + \;.....\; + (r-m)\,A_m = 0\ .$$

(16) erweist sich als Polynom vom Grade m in β. Es seien $\beta_1, \beta_2, ..., \beta_m$ Lösungen dieses Polynoms, also Werte, bei denen (16) null wird. Aufgrund des Wurzelsatzes von Vieta (1540 - 1603) hängt das Produkt dieser Lösungen von r, m und den Zahlen $\alpha_1, ..., \alpha_m$ wie folgt ab:

$$\beta_1\cdot\beta_2\cdot.....\cdot\beta_m = (-1)^m\cdot\frac{r-m}{r}\cdot(\alpha_1\cdot.....\cdot a_m),\ r\neq 0,m\ .$$

Daraus ergibt sich, daß stets m–1 der m Lösungen des Polynoms (16) negatives Vorzeichen haben. Dieses besitzt daher nur eine einzige positive Lösung für $\beta = e^{-x}$. Es gibt also nur einen Maximum-Likelihood-Schätzer, der die Ungleichung (13) erfüllt; der Fähigkeitsparameter kann eindeutig bestimmt werden.

Wir betrachten jetzt zwei Polynome:

$$f(\beta) = \sum_{\mu=0}^{m} (r-\mu)\cdot\beta^{m-\mu}\cdot A_\mu\ ,\quad f(-\beta) = \sum_{\mu=0}^{m} (r-\mu)\cdot(-\beta)^{m-\mu}\cdot A_\mu\ .$$

Die Anzahl von Lösungen mit negativem Vorzeichen ist nach einem Satz von Descartes (1596 – 1650) stets gleich der Anzahl der Vorzeichenwechsel in der Folge der Koeffizienten des Polynoms f(–β).

Von den m+1 Koeffizienten des Polynoms $f(\beta)$ ist einer null. Die r Koeffizienten davor haben positives, die m−r Koeffizienten danach negatives Vorzeichen. Damit kann man auch schon die Vorzeichen der Koeffizienten von $f(-\beta)$ untersuchen. Nachfolgendes Tableau erleichtert die Arbeit.

Tab.III.4: Tableau zur Bestimmung der Koeffizientenvorzeichen von $f(-\beta)$.

μ	0	1	...	r - 1	r	r+1	...	m	
r - μ sign(r - μ) $(-\beta)^{m-é}$	r + $(-\beta)^{m}$	r - 1 + $(-\beta)^{m-1}$		r- r +1 + $(-\beta)^{m-r+1}$	r-r	r- r - 1 - $(-\beta)^{m-r-1}$		r - m - $(-\beta)^{0}=1$	
m gerade	+	-	...	-		+	...	-	r gerade
m gerade	+	-	...	+		-	...	-	r unger.
m ungerade	-	+	...	+		-	...	-	r gerade
m ungerade	-	+	...	-		+	...	-	r unger.

Da die A_μ stets positiv sind, haben wir nur auf das Vorzeichen der Produkte $(r-\mu)\cdot(-\beta)^{m-\mu}$ zu achten. Ist m gerade, so beginnt die Folge mit +. Der nächste Koeffizient ist negativ usw. Sind m und r gerade, so hat der Koeffizient vor dem Nullkoeffizienten negatives, der danach aber positives Vorzeichen. Der auf diesen folgende hat negatives Vorzeichen usw. Da m gerade ist, endet die mit + beginnende Folge mit −. Sie hat also die Form + − + − ..., in welcher stets m−1 Vorzeichenwechsel stattfinden. Ist m ungerade, so entsteht, ob nun r gerade oder ungerade ist, eine Folge − + − + −, in welcher ebenfalls m−1 Vorzeichenwechsel stattfinden. Damit ist bewiesen, daß stets m−1 Lösungen negatives Vorzeichen haben. Mit der einzigen Lösung, die positives Vorzeichen aufweist, errechnen wir den Maximum-Likelihood-Schätzer von x:

$$\boxed{\hat{x} = -\ln \beta_{+}} \quad . \tag{17}$$

III.3: Spezifische Objektivität nach RASCH

Es sei die Verteilung h der Fähigkeitsparameter irgendeiner Gruppe von Personen gegeben. Dann läßt sich der Anteil von Personen, welche die Aufgabe i lösen, wie folgt bestimmen:

$$P(a_{.i} = 1) = \sum_x Pr(a_{\nu i} = 1 \mid x, s_i) \cdot h(x) \; . \tag{18}$$

Dieser Anteil ist durch die Verteilung h fremdbestimmt (vgl. SIXTL 1993). Dessenungeachtet wird er in der sog. Klassischen Testtheorie (vgl. etwa LIENERT 1969 a) als "Schwierigkeit" der Aufgabe i bezeichnet. Ersetzt man nämlich in (18) h durch die Verteilung h^0 einer anderen Personengruppe, in der mehr fähige Personen vorkommen, so wird $P^0(a_{.i} = 1)$ größer als $P(a_{.i} = 1)$, ohne daß die Aufgabe i deshalb leichter geworden wäre. Der Anteil von Personen, welche eine Aufgabe lösen, kann aus diesem Grunde mit der Schwierigkeit dieser Aufgabe nicht in einer einfachen Beziehung stehen.

Betrachtet man neben der Aufgabe i noch eine andere Aufgabe j, welche schwieriger ist als i, so erzielt man folgende Beziehung zwischen den Lösungsanteilen:

$$P(a_{.i} = 1) - P(a_{.j} = 1) = \sum_x \left[Pr(a_{\nu i} = 1 \mid x, s_i) - Pr(a_{\nu j} = 1 \mid x, s_i) \right] \cdot h(x) > 0,$$

da ja $s_i < s_j \Rightarrow Pr(a_{\nu i} = 1 \mid x, s_i) > Pr(a_{\nu j} = 1 \mid x, s_j)$. Die leichtere der beiden Aufgaben wird in jeder Personengruppe öfter gelöst als die schwerere. Die Anordnung der Aufgaben nach fallender Lösungshäufigkeit ist daher im Sinne des Wortes ein objektives Abbild ihrer Anordnung nach der Schwierigkeit. Die Messung des Fähigkeitsparameters erfordert allerdings, daß nicht bloß die Anordnung $s_i < s_j$, sondern auch die quantitative Differenz $s_j - s_i$ "objektiv" gemessen wird.

Die Wahrscheinlichkeit, daß eine Person die Aufgabe i löst, wenn sie nur eine von beiden Aufgaben löst, ist gegeben durch (8):

$$\frac{Pr(a_{\nu i} = 1 \, , \, a_{\nu j} = 0 \mid x)}{Pr(\, r = 1 \mid x \,)} = \frac{f_i(1 - f_j)}{f_i(1 - f_j) + (1 - f_i)f_j} \; .$$

Diese Wahrscheinlichkeit hat, wie wir bereits wissen, einen festen Wert, der unabhängig von x ist, soferne die psychometrischen Funktionen f_i, f_j

der Klasse der psychometrischen L–Funktionen angehören. In diesem Fall erhalten wir mit (11):

$$\frac{\Pr(a_{\nu i}=1\,,\,a_{\nu j}=0\mid x)}{\Pr(\,r=1\mid x\,)} = \frac{e^{-s_i}}{e^{-s_i}+e^{-s_j}}\,. \tag{19}$$

Die Wahrscheinlichkeit (8) hängt also nur vom Verhältnis der Schwierigkeit beider Aufgaben ab. Wir können sie daher messen, ohne daß die Fähigkeit der Person, die wir dazu verwenden, einen Einfluß auf das Ergebnis der Messung hätte. Man nennt eine solche Messung **spezifisch objektiv** nach RASCH (1960; vgl. auch FISCHER 1988).
Der feste Wert, den die Wahrscheinlichkeit (19) hat, sei mit π_{ij} bezeichnet. Nun überzeugen wir uns, daß wir den Unterschied der Schwierigkeit beider Aufgaben berechnen können:

$$\pi_{ij} = \frac{e^{-s_i}}{e^{-s_i}+e^{-s_j}} \Rightarrow \ln\frac{\pi_{ij}}{1-\pi_{ij}} = s_j - s_i\,. \tag{20}$$

Die Differenz $s_j - s_i$ ist also gleich dem aus der psychometrischen L–Funktion (19) gebildeten Logit (16.I), (5.II).

III.4: Die Entwicklung probabilistischer Intelligenztests

Ein psychologischer Test zur Messung einer Fähigkeit besteht aus einer Reihe von Aufgaben. Wenn jede dieser Aufgaben durch eine psychometrische L–Funktion (11) zur Identifizierung der Fähigkeitsparameter entsprechend (14) beiträgt, so wollen wir von einem probabilistischen Test sprechen. Man hat zunächst aber nur eine Sammlung von Aufgaben vorliegen, denen man zutraut, daß sie (11) und (14) erfüllen. Ob das auch tatsächlich zutrifft, das muß die Analyse der Lösungsvektoren einer großen Menge von Personen ergeben.

Man betrachtet die Aufgaben zunächst paarweise. Sei n_{10} die Zahl der Personen, die bei dem Paar i,j die Lösungen $a_{\nu i}=1$ und $a_{\nu j}=0$ erzielten. Dementsprechend ist n_{01} die Zahl von Personen mit $a_{\nu i}=0$ und $a_{\nu j}=1$ und $n_{10}+n_{01}=n_{ij}$ ist die Zahl der Personen, bei denen $r=a_{\nu i}+a_{\nu j}=1$ angetroffen wird. Wie bereits in II.3 ausgeführt, sind n_{10} bzw. n_{01} bi–

nomisch verteilte Zufallsvariablen, so daß

$$E\frac{n_{10}}{n_{ij}} = \pi_{ij}, \quad E\frac{n_{01}}{n_{ij}} = 1-\pi_{ij}, \quad \text{Var}\, n_{10} = \text{Var}\, n_{01} = \frac{1}{n_{ij}}\pi_{ij}(1-\pi_{ij}) .$$

Man kann also mit den Häufigkeiten n_{10}, n_{01} und n_{ij} die Schwierigkeitsdifferenz (20) messen:

$$\ln \frac{n_{10} / n_{ij}}{n_{01} / n_{ij}} = d_{ij} ; \quad d_{ij} = s_j - s_i + \varepsilon_{ij} . \tag{21}$$

Dabei ist ε_{ij} der Stichprobenfehler, der umso kleiner ausfällt, je größer n_{ij} ist (vgl. die Erörterungen im Zusammenhang mit Tab.I.3).
Das Ergebnis der Analyse aller Paare von Aufgaben ist in der folgenden Tabelle zusammengestellt.

Tab.III.5: Matrix der paarweisen Schwierigkeitsdifferenzen von m Aufgaben

$$\begin{bmatrix} d_{11} & d_{12} & \dots & d_{1m} \\ d_{21} & d_{22} & \dots & d_{2m} \\ \cdot & \cdot & & \cdot \\ \cdot & \cdot & & \cdot \\ \cdot & \cdot & & \cdot \\ d_{m1} & d_{m2} & \dots & d_{mm} \end{bmatrix} = \begin{bmatrix} s_1-s_1 & s_2-s_1+\varepsilon_{12} & \dots & s_m-s_1+\varepsilon_{1m} \\ s_1-s_2+\varepsilon_{21} & s_2-s_2 & \dots & s_m-s_2+\varepsilon_{2m} \\ \cdot & & & \cdot \\ \cdot & & & \cdot \\ \cdot & & & \cdot \\ s_1-s_m+\varepsilon_{m1} & s_2-s_m+\varepsilon_{m2} & \dots & s_m-s_m \end{bmatrix}$$

Man erkennt, daß die beiden Matrizen der Tab.III.5 die Eigenschaften (25.I) und (26.I) aufweisen müssen, wenn das Gleichzeichen zwischen ihnen zurecht besteht. Man bilde daher wie oben die Spaltenmittelwerte:

$$\frac{1}{m}\sum_{i=1}^{m} d_{ij} = s_j - \frac{1}{m}\sum_{i=1}^{m} s_i + \frac{1}{m}\sum_{i=1}^{m} \varepsilon_{ij}, \quad j = 1, \dots, m$$

und deren Differenzen

$$\hat{\Delta}_{kj} = \frac{1}{m}\sum_i d_{ij} - \frac{1}{m}\sum_i d_{ik} = s_j - s_k + \frac{1}{m}\sum_i (\varepsilon_{ij}-\varepsilon_{ik}) . \tag{22}$$

Entsprechend (25.I) muß – abgesehen vom Stichprobenfehler

$$d_{kj} = \hat{\Delta}_{kj}$$

für alle Paare k,j gelten. Ist diese Eigenschaft vorhanden, so wird auch

(26.I) nachzuweisen sein:

$$d_{kj} + d_{lk} = d_{lj}$$

für alle Tripel j,k,l.

Die Stichprobenfehler können dann geschätzt werden. Da der Mittelwert der Fehlerdifferenzen in (22) sich nur wenig von Null unterscheidet, ist nämlich

$$\hat{\Delta}_{kj} \approx s_j - s_k \quad \text{und} \quad d_{kj} - \hat{\Delta}_{kj} = \hat{\varepsilon}_{kj} \, , \qquad (23)$$

wobei wir $\hat{\varepsilon}_{kj}$ als "wahrscheinlichen Fehler" bezeichnen.

Es ist möglich, die Wahrscheinlichkeit eines Fehlers der Größe $\hat{\varepsilon}_{kj}$ zu berechnen. Man löse zuerst (20) nach π_{kj} auf:

$$\hat{\Delta}_{kj} = \ln \frac{\tilde{\pi}_{kj}}{1 - \tilde{\pi}_{kj}} \quad \Rightarrow \quad \frac{e^{\hat{\Delta}_{kj}}}{1 + e^{\hat{\Delta}_{kj}}} = \tilde{\pi}_{kj} \, .$$

Nun kann man die Wahrscheinlichkeit von n_{10} ausrechnen, wenn n_{kj} und $\tilde{\pi}_{kj}$ die Parameter der Binomialverteilung in (19.II) sind:

$$\Pr(n_{10} | n_{kj}, \tilde{\pi}_{kj}) = \binom{n_{kj}}{n_{10}} \tilde{\pi}_{kj}^{\,n_{10}} (1-\tilde{\pi}_{kj})^{n_{01}} \, .$$

Die Differenz d_{kj}, die man mit (21) gewinnt, und n_{10} sind einander umkehrbar eindeutig zugeordnet. Es gilt aus diesem Grunde für ihre Wahrscheinlichkeiten:

$$\Pr(\hat{\varepsilon}_{kj}) = \Pr(d_{kj} - \hat{\Delta}_{kj}) = \Pr(n_{10} | n_{kj}, \tilde{\pi}_{kj}) \, . \qquad (24)$$

Man kann nun eine Schranke ε bestimmen, die der Stichprobenfehler $\hat{\varepsilon}$ mit vorgegebener Wahrscheinlichkeit $1-\alpha$ nicht überschreitet, wenn d bis auf Stichprobenfehler der Differenz der Aufgabenparameter gleich ist:

$$\Pr(|\hat{\varepsilon}_{kj}| \leq \varepsilon_{kj}) = 1 - \alpha \, , \quad k,j = 1, \ldots, m \, .$$

"Unpassende Aufgaben" werden aufgrund der unwahrscheinlichen Größe ihrer Stichprobenfehler identifiziert und können eliminiert werden.

⬩⬥◆⬥⬩

Hat man eine passende Auswahl von Aufgaben gefunden, die einen probabilistischen Test verkörpern, so wird man die Aufgaben eichen, d.h. ihre Schwierigkeitsparameter bestimmen und die den Lösungsanzahlen r ent-

sprechenden Werte des Fähigkeitsparameters x berechnen.
Man lernt mit (22) bzw. (23) nur die Differenzen der Aufgabenparameter, nicht diese selbst kennen. Da (20) nur von diesen Differenzen abhängt, darf man den Nullpunkt der "Aufgabenskala" willkürlich festsetzen. Man kann etwa den Parameter der leichtesten Aufgabe gleich Null setzen oder festlegen, daß $\Sigma s_i = 0$ gelte. In diesem Fall werden die Aufgabenparameter den Spaltenmittelwerten der Tab.III.5 gleich:

$$\frac{1}{m}\sum_{i=1}^{m} d_{ij} = s_j \;, \quad j = 1,\ldots, m \;. \tag{25}$$

Die Wahrscheinlichkeit, daß eine Person mit Fähigkeit x eine Aufgabe mit Schwierigkeit s löst, hängt gemäß (11) nur von der Differenz $x - s$ ab. Durch (25) werden die Fähigkeitsparameter so justiert, daß $x - s$ den Wert behält, der in (11) eingesetzt zur Lösungswahrscheinlichkeit führt.

⬩⬥◆⬥⬩

Es sind eine Reihe von Maximum-Likelihood-Verfahren entwickelt worden, bei denen man die Parameter aller Aufgaben in einem Rechengang ermittelt. Man berücksichtigt dabei nicht je zwei Aufgaben und die Personen, die von den beiden nur eine lösten, sondern alle m Aufgaben des Tests und alle Personen, die r Lösungen erzielten. Die Entwicklung des Verfahrens beginnt mit (12). Es ist als "bedingtes Maximum-Likelihood-Verfahren" bekannt und mit vielen anderen Methoden bei Baker (1992) in gut lesbarer Form dargestellt sowie mit einem Rechenprogramm in BASIC versehen. Pfanzagl (1992) konnte zeigen, daß diese "bedingten Maximum-Likelihood-Schätzer" der Aufgabenparameter konsistent und asymptotisch effizient sind, wenn die Verteilung der Fähigkeitsparameter gewissen Bedingungen genügt: Diese müssen sich auf alle durch die Aufgaben gebildeten Intervalle der Tab.III.3 verteilen, wie groß auch immer die Zahl der Personen und der Aufgaben ist. Die Schätzungen der Parameter werden unter diesen Umständen immer genauer, es verschwindet auch die Verzerrung der Logits (Tab.I.3), und es gibt in großen Personenstichproben dann auch keine anderen Schätzer, die genauer wären. Man vergleiche hierzu auch Fischer et al. (1995).

⬩⬥◆⬥⬩

Sehr viel Aufmerksamkeit ist der "spezifischen Objektivität" der Aufgabenparameter gewidmet worden. Man untersuchte, ob die mit verschiedenen Stichproben von Personen gewonnenen Aufgabenparameter auch tatsächlich gleich sind, was wir in Kap.II für die Parameter von Prädikaten bewiesen haben. Vergleiche von Aufgabenparametern wurden u.a. von ANDERSEN (1983) und von GUTHKE et al. (1990) vorgelegt. Die Stichproben der Personen wurden dabei nach den verschiedensten Gesichtspunkten gebildet: nach der Anzahl der Lösungen, nach dem Geschlecht, dem Lebensalter, der Schulbildung, der sozialen Schicht usw. Darüber hinaus hat GUTJAHR (1971) die Aufgaben- bzw. Personenparameter eines probabilistischen Tests mit den Parametern verglichen, die man erhält, wenn man die Lösungsvektoren nach den Regeln der klassischen Testtheorie auswertet. Er erzielte "praktisch dieselben Ergebnisse" (GUTJAHR 1971, S.234). Ordnet man die Aufgaben bzw. Personen nach der Lösungsanzahl (Tab.III.2), so erhält man ein Abbild von der Rangordnung der Aufgaben nach Schwierigkeit bzw. der Personen nach Fähigkeit. Dies erklärt aber nicht die Ergebnisse GUTJAHRS. Wenn die Parameter, die man bei klassischer Auswertung mit der "Probittransformation" (7.I) gewinnt, mit den Parametern des probabilistischen Test übereinstimmen, so bedeutet das, daß die der Probittransformation zugrundeliegende "Normalverteilungsannahme" der klassischen Testtheorie (vgl. LIENERT 1969 a), die dort nicht beweisbar ist, durch die Übereinstimmung mit den Parametern des probabilistischen Tests bestätigt wird.

⬩♦ ♦ ♦⬩

Die Bedeutung der spezifischen Objektivität der Aufgabenparameter kann gar nicht überschätzt werden: Wenn zwei Personen, für welche die Aufgaben des Tests gleiche Schwierigkeit haben, verschieden viele Lösungen erzielen, dann ist erwiesen, daß die Fähigkeit der beiden Personen unterschiedlich hoch entwickelt ist. Alle Fragen nach Unterschieden zwischen den Geschlechtern, sozialen Schichten, Rassen werden mit Tests objektiv beantwortet, deren Aufgaben die Personen spezifisch objektiv klassifizieren. Daß gewisse Antworten, die uns solche probabilistischen Tests auf diese Fragen geben, Stürme der Empörung auslösen, liegt auf der Hand. Löst es doch bereits Entrüstung aus, diese Fragen zu stellen. Man vergleiche hiezu die Reaktionen auf die Arbeiten von JENSEN (1972, 1973, 1980, 1981) bei MOGDIL et al. (1987) sowie HERRNSTEIN & MURRAY (1994). Derlei darf die

Wissenschaftler allerdings nicht von der vorurteilslosen Erforschung der Wirklichkeit abhalten. Die Frage, ob sich nicht doch die Erde bewege, wurde von GALILEI (1564 - 1642) schließlich auch zu einer Zeit beantwortet, als es noch verboten war, sie zu stellen. "Die Aufeinanderfolge von Autoritäten im modernen Staat ändert die Argumente, nicht aber die Praxis der Gewalt", sagt uns E. JÜNGER (1988, S.18).

TEIL B

PSYCHOLOGISCHE RÄUME

"The scientist is usually looking for invariance whether he knows it or not"

S.S.Stevens 1951, S.20

KAPITEL IV: MATHEMATISCHE GRUNDZÜGE EINER GANZHEITLICHEN DIAGNOSTIK

Im vorigen Kapitel hatten wir festzustellen, wieviele Aufgaben unterschiedlicher Schwierigkeit eine Person lösen kann, um daraus ein Maß der Intelligenz dieser Person zu gewinnen. Wir wurden dabei von der Auffassung geleitet, daß ein Mensch mit hoch entwickelter Intelligenz schwierigere und damit mehr Aufgaben lösen kann als ein weniger intelligenter Mitmensch. In diesem Kapitel wollen wir uns mit der Frage beschäftigen, ob man diese Auffassung auch von anderen psychologischen Merkmalen haben kann: Weist etwa ein Mensch mit stark ausgeprägter Neurose auch "neuroseträchtigere" und damit mehr Symptome der Neurose auf als ein vergleichsweise gesunder Mitmensch? Die Anleitungen zur Entwicklung von "Persönlichkeitstests" unterscheiden sich jedenfalls in nichts von denen der Intelligenztests (vgl. hiezu LIENERT 1969 a). Daher muß man annehmen, daß die Psychologen von der universellen Verbreitung der Relation (1.III) überzeugt sind: $a_{\nu j} = 1$ bedeutet, daß Person ν mindestens den Neurosegrad aufweist, den Symptom j verkörpert; oder mindestens den Introversionsgrad hat, den j repräsentiert; oder mindestens so depressiv ist, wie j anzeigt usw. Die Psychologen sind uns allerdings den Beweis schuldig geblieben, daß Symptome verschiedene "Schwierigkeitsgrade" eines Merkmales repräsentieren, so wie die Aufgaben von Intelligenztests. Wir denken im Gegensatz zu den Testpsychologen, daß Symptome nur durch ihr Vorhandensein oder Fehlen im Verein mit anderen Anzeichen uns ein Bild vom Zustand einer Person vermitteln. Es ist jedenfalls auffallend, daß die Qualität der nach den Regeln der klassischen Testtheorie konzipierten Persönlichkeitstests weit hinter der Qualität der nach denselben Regeln konzipierten Intelligenztests zurückbleibt. LIENERT vermutet zu Recht, es handle sich "ganz allgemein nur [um] ein tradiertes, aber unrealistisches Modell, das lediglich mangels geeigneter Modelle zur .... Verknüpfung mehrerer Variablen noch Geltung beansprucht." (LIENERT 1969 b, S.245). Nicht die Anzahl, sondern die Konfiguration der Symptome ist bei der Diagnose einer Persönlichkeit zu beachten. LIENERT schlug deshalb vor, die Frequenz von Konfigurationen gewisser Symptome zu analysieren. Die Ausarbeitung der **Konfigurationsfrequenzanalyse** lese man bei KRAUTH & LIENERT (1973), VON EYE (1990), KIESER (1993), KRAUTH (1993) nach. Wir wollen hier untersuchen, wie man die Sicherheit der Klassifikation einer Persönlichkeit anhand ihrer Symptomkonfiguration messen kann.

IV.1: Bezeichnungen

Wir notieren

$$a_j = \begin{cases} 1 & \text{wenn die Person das Symptom j aufweist} \\ 0 & \text{sonst .} \end{cases}$$

Wir achten auf m verschiedene Symptome. Der Vektor

$$S_m = (a_1, \ldots\ldots, a_m)$$

soll Symptomvektor ν heißen. Es gibt 2^m verschiedene Symptomvektoren. Sind bei einer Person alle Symptome, in manchen Fällen alle bis auf eines, vorhanden, so sagen wir, die Person "weise das **Syndrom** S_m auf".

So wählte beispielsweise LIENERT (1969 b) aus der "Hamburger Depressionsskala" m = 5 Symptome aus:
1:"qualvolles Erleben"; 2:"Grübelsucht"; 3:"Arbeitsunfähigkeit"; 4:"Nicht Aufstehen-Mögen"; 5:"Denkstörung".
Personen mit dem Symptomvektor $S_5 = (1,1,1,1,1)$ weisen das "Depressionssyndrom" auf. LIENERT untersuchte, ob dies auch von Personen mit (0,1,1,1,1) oder (1,0,1,1,1) gesagt werden könne.

Wir notieren außerdem:

$$K_\nu = \begin{cases} 1 & \text{wenn Person } \nu \text{ sich im Zustand K befindet} \\ 0 & \text{sonst.} \end{cases}$$

Die Person kann sich beispielsweise im "Zustand der Neurose" befinden oder eine "introvertierte Person" sein.

◆◆◆

Es ist in vielen Fällen gar nicht möglich, an ein und derselben Person die Ausprägung von **K** und **S** festzustellen. Ein Selbstmörder kann beispielsweise nicht mehr den Fragebogen ausfüllen, mit dem man das Vorliegen eines "Selbstmordsyndroms" feststellt. Es ist aber immerhin möglich, in einer gegebenen Untersuchungsgesamtheit die Rate der Selbstmörder sowie die Verbreitung von Selbstmordsyndromen zu ermitteln, d.h. also die Rand–

häufigkeiten der Matrix der Kombinationshäufigkeiten. In anderen Fällen wiederum läßt sich von jeder Person feststellen, ob sie S=(1) aufweist – etwa weiblichen Geschlechtes ist –, während die Ermittlung ihres Zustandes nicht gestattet oder nicht möglich ist, etwa wenn es sich bei dem "Zustand" um die Entscheidung für eine bestimmte Partei anläßlich einer Wahl handelt. Auch in diesem Fall können der Stimmanteil der Partei sowie die Verbreitung von S=(1) ermittelt werden, also die Randhäufigkeiten der Matrix der Kombinationshäufigkeiten.

DAWES & MEEHL (1966, vgl. auch SIXTL 1973 c) haben versucht, mit den Randhäufigkeiten zweier Untersuchungsgesamtheiten die "Validität" eines Symptoms zu berechnen. Während die Feststellung der Validität mit Hilfe von "Kriteriengruppen" erfolgt, bei denen entweder P=1 (nur Selbstmörder) oder P=0 (keine Selbstmörder) sein muß, waren P(1), P(2) in den Untersuchungen von DAWES & MEEHL weder 0 noch 1, weshalb die Autoren von "Messung der Validität ohne Verwendung von Kriteriengruppen" sprechen. Einen Zugang ähnlicher Art sucht wohl auch LIENERT (1969) mit seiner "Klassifikation a posteriori", wenn er die Verbreitung des "Depressionssyndroms" bei Patienten einer Klinik, unter denen sich überproportional viele Depressive befinden, mit dessen Verbreitung in einer "unausgelesenen" Normalpopulation" vergleicht.

Den Wahlforschern liegen die Stimmanteile vor, welche eine Partei bei der jüngsten und bei der vorigen Wahl in den Gemeinden, Wahlkreisen, Bundesländern erhielt. Mit solchen Daten wollen die Wahlforscher herausfinden, wieviele der Personen, die bei der vorigen Wahl für die Partei stimmten, diese auch jetzt wieder wählten. Der Personenanteil scheint mit Hilfe der Korrelation der Stimmanteile berechnet werden zu können. Diese von ROBINSON (1950) als "ökologische Korrelation", von GOODMAN (1953) als "ökologische Regression", von BOUDON (1963) als "analyse écologique" bezeichnete Verfahrensweise bringt meistens eine hohe Korrelation zum Vorschein und veranlaßt folgende Interpretation: Personen, welche die Partei seinerzeit wählten bzw. nicht wählten, haben sie auch diesmal gewählt bzw. nicht gewählt. ROBINSON (1950) hat allerdings bewiesen, daß diese Interpretation auch bei hoher Korrelation der Stimmanteile ein "ökologischer Fehlschluß" sein kann. Die Korrelation der Randhäufigkeiten, also die ökologische, und die "Individualkorrelation" – damit ist der Phikoeffizient der Matrix der Kombinationshäufigkeiten gemeint – können sich sogar in ihren Vorzeichen unterscheiden. Es dürfte GOODMAN (1953, 1958/59) gewesen sein, der als erster die Bedingung aufzeigte, unter der von der ökologischen Korrelation gültig auf die Individualkorrelation geschlossen werden kann (vgl. hiezu auch SIXTL 1983). Wir wollen diese Bedingung zunächst am Beispiel eines eindimensionalen Symptomvektors darstellen.

IV.2: Die Rekonstruktion der Matrix der Kombinationshäufigkeiten aus den Randhäufigkeiten

Wir schreiben **a**=1, wenn eine Person das Symptom aufweist, sonst **a**=0. Es sollen N verschiedene Untersuchungsgesamtheiten, z.B. Kliniken, Gemeinden, Wahlkreise, zur Verfügung stehen. Die Matrix **M** hat in der i-ten Gesamtheit folgende Beschaffenheit:

$\mathbf{M}_i$: **a** (K)

		K = 1	K = 0	
a	1	P(11 | i)	P(10 | i)	P(1. | i)
	0	P(01 | i)	P(00 | i)	P(0. | i)
		P(.1 | i)	P(.0 | i)	1

(1)

Die Häufigkeiten von **K**=1 und **a**=1 in i sind Randhäufigkeiten der Matrix $\mathbf{M}_i$:

$$P(\mathbf{K}=1 \mid i) \equiv P(.1 \mid i) \quad \text{und} \quad P(\mathbf{a}=1 \mid i) \equiv P(1. \mid i) \ .$$

Das "Innere" der Matrix kann erschlossen werden, wenn die Personen der i-ten Untersuchungsgesamtheit, welche **a**=1 bzw. **a**=0 aufweisen, sich auf **K** genauso verteilen wie die Personen aller anderen Untersuchungsgesamtheiten. Für i=1,2,...,N soll gelten:

$$P(\mathbf{K} \mid i,a) = \pi(\mathbf{K} \mid a) \ , \tag{2}$$

wobei $\pi(\mathbf{K} \mid a)$ die Wahrscheinlichkeiten von **K** bezeichnet, wenn **a** gegeben ist.

Die einzelne Untersuchungsgesamtheit darf selbst keinen eigenen Einfluß auf die Verteilung ausüben. Bedeutet etwa i eine Gemeinde, **a**=1 die Ausprägung "weiblich" und **K**=1 die Entscheidung für eine bestimmte Partei, so besagt (2), daß der Anteil, den die Partei bei den Frauen der Gemeinde i hat, genauso groß ist wie der Anteil der Partei bei den Frauen überhaupt. Unter dieser Bedingung gilt:

$$\frac{P(i\mathbf{a}\mathbf{K})}{P(i)} = P(\mathbf{a}\mathbf{K} \mid i) = P(\mathbf{a} \mid i) \cdot \pi(\mathbf{K} \mid \mathbf{a}). \tag{3}$$

Dabei ist P(i) die (relative) Größe von i; $P(\mathbf{a} \mid i)$ die Verbreitung von **a**=1 bzw. **a**=0 in i und $\pi(\mathbf{K} \mid \mathbf{a})$ die Wahrscheinlichkeit von **K** bei gegebenem **a**.

Die Matrix $\mathbf{M}_i$ kann mit (3) nun wie folgt dargestellt werden:

$$\begin{bmatrix} P(11|i) & P(10|i) \\ P(01|i) & P(00|i) \end{bmatrix} = \begin{bmatrix} P(1.|i) & 0 \\ 0 & P(0.|i) \end{bmatrix} \cdot \begin{bmatrix} \pi(1|1) & \pi(0|1) \\ \pi(1|0) & \pi(0|0) \end{bmatrix} . \quad (4)$$

Die Randsumme $P(\mathbf{K}=1|i) = P(.1|i)$ ergibt sich daraus wie folgt:

$$\begin{aligned} P(.1|i) &= P(11|i) + P(01|i) \\ &= P(1.|i)\cdot\pi(1|1) + P(0.|i)\cdot\pi(1|0). \end{aligned}$$

Da $P(0.|i)=1-P(1.|i)$ (siehe (1)), wird

$$P(.1|i) = \underbrace{\pi(1|0)} + \underbrace{[\pi(1|1) - \pi(1|0)]} \cdot P(1.|i).$$

Man setze $\pi(1|0) = \beta_0$ und $\pi(1|1) - \pi(1|0) = \beta_1$, so daß

$$\boxed{P(\mathbf{K}=1|i) = P(.1|i) = \beta_0 + \beta_1 \cdot P(1.|i)} . \quad (5)$$

Es ist also der Anteil von $\mathbf{K}=1$ in Gemeinde i eine lineare Funktion des Anteils von $\mathbf{a}=1$ in dieser Gemeinde.

Abb.IV.1: N=9 Untersuchungsgesamtheiten ordnen sich entlang einer Geraden an.

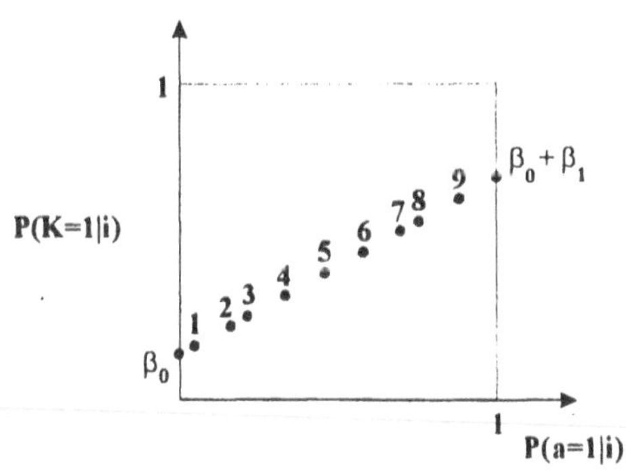

Die Untersuchungsgesamtheiten sind mit den Koordinaten $P(\mathbf{K}=1|i)$; $P(a=1|i)$ als Punkte der Geraden gegeben. Daher können die Konstanten β_0, β_1 bestimmt werden. Mit diesen errechnet man:

$$\begin{aligned} \pi(1|0) &= \beta_0 , & \pi(0|0) &= 1-\beta_0 , \\ \pi(1|1) &= \beta_0+\beta_1, & \pi(0|1) &= 1-\beta_0-\beta_1 . \end{aligned} \quad (6)$$

Nun verfügt man über alle Werte der rechten Seite von (4) und kann $\mathbf{M}_i$ rekonstruieren:

$$\begin{bmatrix} P(1.|i) & 0 \\ 0 & P(0.|i) \end{bmatrix} \cdot \begin{bmatrix} \beta_0+\beta_1 & 1-\beta_0-\beta_1 \\ \beta_0 & 1-\beta_0 \end{bmatrix} = \mathbf{M}_i \,. \tag{7}$$

Wir können nun auf den Zusammenhang zwischen ökologischer Korrelation und Individualkorrelation eingehen. Wird die Zustandsvariable **K** von **a** nicht beeinflußt, so ist $\pi(1|0)=\pi(1|1)$ bzw. $\beta_0=\beta_0+\beta_1$, also $\beta_1=0$. Das bedeutet, daß die Gerade der Abb.IV.1 in diesem Fall parallel im Abstand β_0 zur Abszisse verläuft. - Wenn die Häufigkeit von **K**=1 sich gleichsinning mit der von **a**=1 ändert, so ist $\beta_0<\beta_1+\beta_0$ bzw. $\beta_1=\pi(1|1)-\pi(1|0)>0$, also $\pi(1|1)>\pi(1|0)$. Der Zustand **K**=1 tritt bei **a**=1 mit größerer Wahrscheinlichkeit ein als bei **a**=0. Der kleinste Wert, den β_1 erreichen kann, ist -1. Aus $\beta_1=-1$ folgt $\pi(1|1)-\pi(1|0)=-1$, also $\pi(1|1)=0$ und $\pi(1|0)=\beta_0=1$.

Wir bestimmen nun die Individualkorrelation, d.h. den Phikoeffizienten der Matrix $\mathbf{M}_i$ (1):

$$\phi_i = \frac{P(11|i)P(00|i)-P(10|i)P(01|i)}{\sqrt{P(1.|i)P(0.|i)P(.1|i)P(.0|i)}} \,.$$

Mit den Bezeichnungen von (7) erhält man nach kurzer Rechnung:

$$\phi_i = \beta_1 \cdot \sqrt{\frac{P(1.|i)P(0.|i)}{P(.1|i)P(.0|i)}} \,. \tag{8}$$

Wegen $-1 \le \beta_1 \le 1$ erhält man die folgende Übereinstimmung zwischen ϕ_i und β_1:

$$\phi_i \begin{cases} >0 & \\ =0 & \text{wenn} \\ <0 & \end{cases} \begin{matrix} \beta_1>0 \\ \beta_1=0 \\ \beta_1<0 \,. \end{matrix}$$

Der Koeffizient der ökologischen Regression und die Individualkorrelation, also β_1 und ϕ_i stimmen hinsichtlich ihrer Vorzeichen überein, wenn (2) gilt. Der Phikoeffizient hat allerdings den Nachteil, daß er von der Verteilung der Personen auf das Merkmal **aK** fremdbestimmt wird. Dies folgt unmittelbar aus dem Wurzelausdruck in (8). Siehe dazu auch Kap.V.3.

•♦ ♦ ♦•

Man kann nun die Häufigkeit, mit der i zusammen mit einer Ausprägung von S_m und **K** auftritt, wie folgt "faktorisieren":

$$P(i,S_m,\mathbf{K}) = P(i)\cdot P(S_m|i)\cdot P(\mathbf{K}|i,S_m).$$

Entsprechend (2) fordern wir, daß

$$P(\mathbf{K}|i,S_m) = \pi(\mathbf{K}|S_m) \qquad (2)$$

gelte: Die Untersuchungsgesamtheit i soll neben S_m keinen eigenen Einfluß auf **K** haben. Unter diesen Umständen erhalten wir:

$$\boxed{\frac{P(i,S_m,\mathbf{K})}{P(i)} = P(S_m,\mathbf{K}\,|\,i) = P(S_m\,|\,i)\cdot\pi(\mathbf{K}\,|\,S_m)} \;. \qquad (9)$$

Dabei ist $P(S_m|i)$ die Verbreitung einer gewissen Ausprägung von $\mathbf{S}_m$ in der Untersuchungsgesamtheit i und $\pi(\mathbf{K}|S_m)$ die Wahrscheinlichkeit von **K** bei gegebenem Symptomvektor S_m.

⬩◆ ◆ ◆⬩

Wir betrachten zuerst $S_2=(a_1,a_2)$. Die Verteilung der Personen von i auf S_2 hat folgende Beschaffenheit:

		a_2: 1	0	
a_1	1	P(11 | i)	P(10 | i)	P(1. | i)
	0	P(01 | i)	P(00 | i)	P(0. | i)
		P(. 1 | i)	P(. 0 | i)	1

(10)

Diese Verteilung wird als bekannt vorausgesetzt. Damit können wir unter Verwendung von (9) die Matrix $\mathbf{M}_i$ rekonstruieren:

$$\begin{aligned}
P(11,\mathbf{K}|i) &= P(11|i) \cdot \pi(\mathbf{K}|11)\,,\\
P(10,\mathbf{K}|i) &= [P(1.|i) - P(11|i)] \cdot \pi(\mathbf{K}|10)\,,\\
P(01,\mathbf{K}|i) &= [P(.1|i) - P(11|i)] \cdot \pi(\mathbf{K}|01)\,,\\
P(00,\mathbf{K}|i) &= [1-P(1.|i) - P(.1|i) + P(11|i)] \cdot \pi(\mathbf{K}|00)\,.
\end{aligned}$$

Die vier Häufigkeiten links vom Gleichzeichen ergeben summiert die Randhäufigkeiten von **K** in i: $P(..\mathbf{K}|i)$, die wir kurz mit $P(\mathbf{K}\,|\,i)$ anschreiben. Die Ausdrücke rechts vom Gleichzeichen werden nach Summation wie folgt zusammengefaßt:

$$\begin{aligned}
P(\mathbf{K}|i) = \;& \pi(\mathbf{K}|00)\\
&+ [\pi(\mathbf{K}|10) - \pi(\mathbf{K}|00)] \cdot P(1.|i) \qquad (11)\\
&+ [\pi(\mathbf{K}|01) - \pi(\mathbf{K}|00)] \cdot P(.1|i)\\
&+ [\pi(\mathbf{K}|11) - \pi(\mathbf{K}|10) - \pi(\mathbf{K}|01) + \pi(\mathbf{K}|00)] \cdot P(11|i).
\end{aligned}$$

Wir entwickeln nun für **K**=1 die Koeffizienten:

$$\begin{aligned}&\pi(1|00) = ß_0;\\ &\pi(1|10) - \pi(1|00) = ß_{10};\ \pi(1|01) - \pi(1|00) = ß_{01};\\ &\pi(1|11) - \pi(1|10) - \pi(1|01) + \pi(1|00) = ß_{11}.\end{aligned} \tag{12}$$

Mit diesen stellen wir die Häufigkeit von **K**=1 in i wie folgt dar:

$$\boxed{P(\mathbf{K}=1\,|\,i)=ß_0+ß_{10}\cdot P(1.\,|\,i)+ß_{01}\cdot P(.1\,|\,i)+ß_{11}\cdot P(11\,|\,i)}\ . \tag{13}$$

Die Untersuchungsgesamtheiten sind als Punkte einer Ebene mit den Koordinaten $P(\mathbf{K}=1|i)$; $P(1.|i)$; $P(.1|i)$; $P(11|i)$ gegeben. Man kann deren Konstanten $ß_0, ß_{10}, ß_{01}, ß_{11}$ bestimmen, wenn N, die Anzahl der Untersuchungsgesamtheiten, nicht kleiner als 4 ist. Kennt man einmal die Konstanten, so löst man (12) nach den Wahrscheinlichkeiten $\pi(1|S_2)$ auf, und kann anschließend mit (10) die Matrix $\mathbf{M}_i$ rekonstruieren. Man erhält mit (12):

$$\begin{aligned}&\pi(1|00) = ß_0;\\ &\pi(1|10) = ß_0 + ß_{10};\ \pi(1|01) = ß_0 + ß_{01};\\ &\pi(1|11) = ß_0 + ß_{10} + ß_{01} + ß_{11}.\end{aligned} \tag{14}$$

Nun können wir feststellen, mit welcher Wahrscheinlichkeit die Person ν den Zustand **K**=1 aufweist, also eine "Klassifikation a posteriori" vornehmen. Die Person stellt eine Untersuchungsgesamtheit dar, die nur aus ihr allein besteht und eine, aber auch nur eine der vier Ausprägungen des Symptomvektors aufweist. Sei etwa $S=(1,0)$ diese Ausprägung. Dann ist im Hinblick auf (10): $P(10|\nu)=1$, $P(1.|\nu)=1$, $P(.1|\nu)=0$ und $P(11|\nu)=0$. Setzt man dies in (13) ein und beachtet (14), so erhält man:

$$\begin{aligned}P(\mathbf{K}=1|\nu) &= ß_0 + ß_{10}\cdot 1 + ß_{01}\cdot 0 + ß_{11}\cdot 0\\ &= ß_0 + ß_{10} = \pi(1|10).\end{aligned} \tag{15}$$

Die Wahrscheinlichkeit, mit der Person ν sich im Zustand **K**=1 befindet, ist gleich der Wahrscheinlichkeit, mit welcher **K**=1 bei Personen mit diesem Symptomvektor auftritt.

Ehe wir die Klassifikation mit beliebigem $\mathbf{S}_m$ durchführen, betrachten wir noch $S_3=(a_1,a_2,a_3)$ und **K**. Wir setzen (2) voraus:

$$P(\mathbf{K}|i,S_3) = \pi(\mathbf{K}|S_3),$$

und entwickeln ohne weitere Rechnung mit (11) und (12) die Häufigkeiten von **K**=1 in i:

$$\begin{aligned} P(\mathbf{K}=1|i) = {} & \beta_0 + \\ & + \beta_{100}\cdot P(1..|i) + \beta_{010}\cdot P(.1.|i) + \beta_{001}\cdot P(..1|i) + \\ & + \beta_{110}\cdot P(11.|i) + \beta_{101}\cdot P(1.1|i) + \beta_{011}\cdot P(.11|i) + \\ & + \beta_{111}\cdot P(111|i). \end{aligned} \tag{13}$$

Dabei ist P(111|i) die Verbreitung der Ausprägung S=(1,1,1) in i; alle anderen P stellen Randhäufigkeiten des dreidimensionalen Symptomvektors dar. - Aus (12) gewinnt man die Darstellung der Koeffizienten:

$$\pi(1|000) = \beta_0;$$

$$\pi(1|100) - \pi(1|000) = \beta_{100}; \quad \pi(1|010) - \pi(1|000) = \beta_{010};$$
$$- \pi(1|001) - \pi(1|000) = \beta_{001};$$

$$\pi(1|110) - \pi(1|010) - \pi(1|100) + \pi(1|000) = \beta_{110};\ \beta_{101}, \beta_{011} \text{ entsprechend;}$$

$$\begin{aligned} & \pi(1|111) - \pi(1|011) - \pi(1|101) - \pi(1|110) + \\ & + \pi(1|001) + \pi(1|010) + \pi(1|100) - \\ & - \pi(1|000) = \beta_{111}. \end{aligned}$$

Die Untersuchungsgesamtheiten sind jetzt mit den Koordinaten P(**K**=1|i); P(1..|i); P(.1.|i); P(..1|i); P(11.|i); P(1.1|i); P(.11|i); P(111|i) als Punkte einer Ebene gegeben. Ist N mindestens 8, so kann man deren Koeffizienten $\beta_0,\dots,\beta_{111}$ bestimmen und mit (10) die Matrix $\mathbf{M}_i$ rekonstruieren. Die Auflösung von (12) nach den Wahrscheinlichkeiten ergibt:

$$\begin{aligned} & \pi(1|000)=\beta_0; \\ & \pi(1|100)=\beta_0+\beta_{100};\ \pi(1|010)=\beta_0+\beta_{010};\ \pi(1|001)=\beta_0+\beta_{001}; \\ & \pi(1|110)=\beta_0+\beta_{100}+\beta_{010}+\beta_{110};\ \pi(1|101) \text{ und } \pi(1|011) \text{ entsprechend;} \\ & \pi(1|111)=\beta_0+\beta_{100}+\beta_{010}+\beta_{001}+\beta_{110}+\beta_{101}+\beta_{011}+\beta_{111}. \end{aligned} \tag{14}$$

Nun kann man auch schon Klassifikationen a posteriori mit S_3 vornehmen: Person ν weise die Ausprägung des Symptomvektors S=(1,1,0) auf. Dann ist $P(110|\nu)=1$; $P(1..|\nu)=P(.1.|\nu)=1$. Man erhält mit (13), und im Hinblick auf (14):

$$P(K=1|\nu) = \text{ß}_0 + \text{ß}_{100} \cdot 1 + \text{ß}_{010} \cdot 1 + \text{ß}_{110} \cdot 1$$
$$= \text{ß}_0 + \text{ß}_{100} + \text{ß}_{010} + \text{ß}_{110} = \pi(1|110). \tag{15}$$

•♦ ♦ ♦•

Beisp.IV.1: Es soll die Wahrscheinlichkeit von Herz–Kreislaufbeschwerden in Verbindung mit drei Symptomen untersucht werden. Wir betrachten das vierdimensionale Merkmal $a_1a_2a_3K$, wobei

$$a_1 = \begin{cases} 1 \text{ wenn der Cholesterinspiegel einer Person überhöht ist} \\ 0 \text{ sonst;} \end{cases}$$

$$a_2 = \begin{cases} 1 \text{ wenn ihr diastolischer Blutdruck überhöht ist} \\ 0 \text{ sonst;} \end{cases}$$

$$a_3 = \begin{cases} 1 \text{ wenn sie den Persönlichkeitstyp A aufweist} \\ 0 \text{ wenn sie B aufweist;} \end{cases}$$

Typ A: Verspannte, schwernehmende, hyperaktive Persönlichkeit,

Typ B: Gelöste, leichtlebige, normalaktive Persönlichkeit.

$$K = \begin{cases} 1 \text{ wenn die Person während der letzten vier Jahre unter} \\ \quad \text{Herz–Kreislaufbeschwerden litt} \\ 0 \text{ sonst.} \end{cases}$$

In der nachfolgenden Tabelle sind alle 16 Konfigurationen des Merkmales zusammen mit ihrer Häufigkeit (in Klammern) angeführt, die von CHRISTENSEN (1990) mitgeteilt wurden:

1111 (298)	1011 (4)	1110 (25)	1010 (207)
0111 (47)	0011 (208)	0110 (79)	0010 (716)
1101 (205)	1001 (46)	1100 (22)	1000 (186)
0101 (18)	0001 (235)	0100 (67)	0000 (819)
(1061)		(2121)	
(3182)			

Damit ermittelt man:

$$\pi(1\,|\,000) = \frac{235}{235 + 819} = 0{,}223.$$

Der Leser prüfe die folgenden Wahrscheinlichkeiten nach:

$\pi(1\,|\,100) = 0{,}198$; $\pi(1\,|\,010) = 0{,}212$; $\pi(1\,|\,001) = 0{,}225$.
$\pi(1\,|\,110) = 0{,}903$; $\pi(1\,|\,101) = 0{,}019$; $\pi(1\,|\,011) = 0{,}373$.
$\pi(1\,|\,111) = 0{,}923$.

Gemäß (14) erhält man:

$$\beta_0 = \pi(1\mid 000) = 0{,}223.$$

$$\beta_{100} = \pi(1\mid 100) - \pi(1\mid 000) = -0{,}025;$$
$$\beta_{010} = \pi(1\mid 010) - \pi(1\mid 000) = -0{,}011;$$
$$\beta_{001} = \pi(1\mid 001) - \pi(1\mid 000) = 0{,}002.$$

$$\beta_{110} = \pi(1\mid 110) - \pi(1\mid 010) - \pi(1\mid 100) + \pi(1\mid 000) = 0{,}716;$$
$$\beta_{101} = \pi(1\mid 101) - \pi(1\mid 001) - \pi(1\mid 100) + \pi(1\mid 000) = -0{,}181;$$
$$\beta_{011} = \pi(1\mid 011) - \pi(1\mid 001) - \pi(1\mid 010) + \pi(1\mid 000) = 0{,}159.$$

$$\begin{aligned}\beta_{111} = {} & \pi(1\mid 111) - \\ & - \pi(1\mid 011) - \pi(1\mid 101) - \pi(1\mid 110) + \\ & + \pi(1\mid 001) + \pi(1\mid 010) + \pi(1\mid 100) - \\ & - \pi(1\mid 000) = 0{,}040.\end{aligned}$$

Eine Person ν weist Herz–Kreislaufbeschwerden auf mit Wahrscheinlichkeit:

$$\begin{aligned}P(K=1\mid \nu) = {} & 0{,}223 - \\ & - 0{,}025\ P(1..\mid \nu) - 0{,}011\ P(.1.\mid \nu) + 0{,}002\ P(..1\mid \nu) + \\ & + 0{,}716\ p(11.\mid \nu) - 0{,}181\ P(1.1\mid \nu) + 0{,}159\ P(.11\mid \nu) + \\ & + 0{,}040\ P(111\mid \nu).\end{aligned}$$

Bei einem Symptomvektor (1,1,0) erhält man die Wahrscheinlichkeit:

$$P(K=1\mid \nu) = 0{,}223 - 0{,}025 - 0{,}011 + 0{,}716 = 0{,}903 = \pi(1\mid 110).$$

Ist die Person zusätzlich durch den Persönlichkeitstyp A geprägt, so erhält man:

$$P(K=1\mid \nu) = 0{,}923 = \pi(1\mid 111).$$

⋅♦ ♦ ♦⋅

Es sei nun S_m eine Ausprägung des m–dimensionalen Symptomvektors S_m, wobei n Symptome $a=1$ aufweisen mögen.

$$S_m = (1_1,\ldots,1_n;\ 0_{n+1},\ldots,0_m).$$

Nun wollen wir bei n–k weiteren Symptomen 1 durch 0 ersetzen. Dadurch entsteht ein gewisses k–Tupel von Symptomen aus n, die $a=1$ aufweisen. Wir bezeichnen es mit ν:

$${}_\nu T^n_k = (1_1,\ldots,1_k;\ 0_{k+1},\ldots,0_n;\ 0_{n+1},\ldots,0_m).$$

Man kann $\binom{n}{k}$ solcher k–Tupel aus n bilden, daher ist $\nu=1,2,\ldots,\binom{n}{k}$.

Wir setzen

$$\pi(1 \mid 1_1,\ldots,1_k;\ 0_{k+1},\ldots,0_n;\ 0_{n+1},\ldots,0_m) = \pi(1 \mid {}_\nu T^n_k). \qquad (16)$$

An (14) erkennt man, daß die Wahrscheinlichkeit, mit der ${}_\nu T^n_k$ den Zustand **K**=1 hervorbringt, zu ihrer "Erklärung" 2^k Koeffizienten oder Konstanten ß erfordert. Jede derselben weist m Indexe auf.

Bei $\binom{k}{0}=1$ Konstanten sind alle Indexe 0: Wir haben $ß_{0\ldots0}=ß_0$ gesetzt.

Bei $\binom{k}{1}=k$ Konstanten ist einer von den k Indexen 1, der Rest 0.

Bei $\binom{k}{2}=k(k-1)/2$ Konstanten sind je zwei von den k Indexen 1, der Rest 0 usw.

Es gibt somit $\sum_{p=0}^{k}\binom{k}{p}=2^k$ Konstanten, deren Summe die Wahrscheinlichkeit (16) "erklärt":

$$\boxed{\pi(1 \mid {}_\nu T^n_k) = \beta_0 + \sum_{\nu=1}^{k} {}_\nu\beta_{(1)} + \sum_{\nu=1}^{\binom{k}{2}} {}_\nu\beta_{(2)} + \ldots + {}_\nu\beta_{(k)}} \quad . \qquad (17)$$

Die Zahlen in Klammer geben an, wieviele von den k Indexen jeweils den Wert 1 haben.

An (12) ist zu erkennen, daß die Konstanten ß folgende Darstellung besitzen müssen:

$$ß_{(n)} = \pi(1 \mid {}_1T^n_n) -$$

$$- \sum_{\nu=1}^{\binom{n}{n-1}} \pi(1 \mid {}_\nu T^n_{n-1}) + \sum_{\nu=1}^{\binom{n}{n-2}} \pi(1 \mid {}_\nu T^n_{n-2}) - + \ldots (-1)^n \pi(1 \mid {}_1T^n_0),$$

oder zusammengefaßt:

$$\boxed{\beta_{(n)} = \sum_{k=n}^{0} (-1)^{n-k} \sum_{\nu=1}^{\binom{n}{k}} \pi(1 \mid {}_\nu T^n_k) \quad \text{für } n=0,1,\ldots,m.} \quad . \qquad (18)$$

IV.3. Zur Deutung der Koeffizienten

Im Zusammenhang mit (5) und (6) wurde erkennbar, daß

$$\beta_1 = \pi(1 \mid 1) - \pi(1 \mid 0) = 0$$

eintritt, wenn $\pi(1 \mid 1) = \pi(1 \mid 0)$. Der Koeffizient β_1 nimmt den Wert 0 an, wenn die Wahrscheinlichkeit von **K**=1 bei Personen mit Symptom und bei Personen ohne Symptom den gleichen Wert hat. Diese Wahrscheinlichkeit ist zudem gleich der Wahrscheinlichkeit von **K**=1 überhaupt:

$$\pi(1 \mid 1) = \pi(1 \mid 0) = \pi(1 \mid .)$$

(vgl. hiezu SIXTL 1993, S. 88f).

Dieses Ergebnis läßt sich leicht verallgemeinern: Gilt etwa in Verbindung mit (12):

$$\beta_{10} = \pi(1 \mid 10) - \pi(1 \mid 00) = 0 \ ,$$

so folgt:

$$\pi(1 \mid 10) = \pi(1 \mid 00) = \pi(1 \mid .0).$$

Dabei ist jetzt $\pi(1 \mid .0)$ die "bedingte Randwahrscheinlichkeit von **K**=1 gegeben $\mathbf{a}_2$=0".

Die verschiedenen Unabhängigkeitsstrukturen, die ein dreidimensionales Merkmal $\mathbf{a}_1\mathbf{a}_2\mathbf{K}$ aufweisen kann, werden im folgenden Beispiel untersucht.

Beisp.IV.2: In der nachfolgenden Tabelle sind die acht Konfigurationen zusammen mit ihren Häufigkeiten (in Klammern) wiedergegeben.

1 1 1 (a)	1 0 1 (b)	1 1 0 (c)	1 0 0 (d)
0 1 1 (e)	0 0 1 (f)	0 1 0 (g)	0 0 0 (h)

Die Wahrscheinlichkeit von **K**=1 bei einer Person ν ist allgemein gegeben durch (15):

$$P(\mathbf{K}=1 \mid \nu) = \beta_0 + \beta_{10}P(1. \mid \nu) + \beta_{01}P(.1 \mid \nu) + \beta_{11}P(11 \mid \nu) \ .$$

Sei $\beta_{10} = 0$. Die bereits erwähnte Gleichheit $\pi(1 \mid 10) = \pi(1 \mid 00) = \pi(1 \mid .0)$ hat mit den Bezeichnungen der Tabelle folgende Darstellung:

$$\frac{b}{b+d} = \frac{f}{f+h} = \frac{b+f}{b+f+d+h} \ .$$

Man erkennt, daß die Gleichheit nur dann erfüllt ist, wenn $b = x\cdot f$ und $d = x\cdot h$:

$$\frac{x\cdot f}{x\cdot(f+h)} = \frac{f}{f+h} = \frac{(x+1)\cdot f}{(x+1)\cdot(f+h)} .$$

Die restlichen Wahrscheinlichkeiten a, c, e, g sind davon nicht betroffen. (15) hat somit die Form:

$$P(\mathbf{K}=1 \mid \nu) = \beta_0 + \beta_{01}P(.1 \mid \nu) + \beta_{11}P(11 \mid \nu) .$$

Sei nun auch $\beta_{01} = 0$, also $\pi(1 \mid 01) = \pi(1 \mid 00) = \pi(1 \mid 0.)$. Mit den Bezeichnungen der Tabelle des Beispiels IV.2 erhält man:

$$\frac{e}{e+g} = \frac{f}{f+h} = \frac{e+f}{e+f+g+h} .$$

Offensichtlich muß jetzt $e = y\cdot h$ gelten. Die Häufigkeiten der Konfigurationen haben jetzt folgende Beschaffenheit:

1 1 1 (a)	1 0 1 (xf)	1 1 0 (c)	1 0 0 (xh)
0 1 1 (yf)	0 0 1 (f)	0 1 0 (yh)	0 0 0 (h)

Die Wahrscheinlichkeiten a, c sind noch "frei". (15) hat die Form:

$$P(\mathbf{K}=1|\nu) = \beta_0 + \beta_{11}P(11|\nu).$$

Der Koeffizient β_{11} hat im Hinblick auf $\beta_{10} = \beta_{01} = 0$ eine Struktur, die sich aus (12) wie folgt ergibt:

$$\beta_{11} = \pi(1 \mid 11) - \pi(1 \mid 10) - \pi(1 \mid 01) + \pi(1 \mid 00) .$$

Addiert man rechts $\pi(1 \mid 00) - \pi(1 \mid 00)$, so erhält man:

$$\beta_{11} = \pi(1 \mid 11) - \pi(1 \mid 00) ,$$

oder gleichbedeutend:

$$\beta_{11} = \frac{a}{a+c} - \frac{f}{f+h} .$$

β_{11} ist null, so daß $P(\mathbf{K}=1 \mid \nu) = \beta_0$, wenn $a = z\cdot f$ und $c = z\cdot h$. – Die Zahlen a, c können sich indessen bei festen Werten von f, h, x, y beliebig ändern, solange sie der Restriktion genügen:

$$a + c + (f+h)\cdot(1+x+y) = 1, \quad a,c \geq 0.$$

Zum Beispiel kann auch $c = 0$ eintreten, sodaß

$$\beta_{11} = 1 - \frac{f}{f+h} = \frac{h}{f+h} .$$

Es kann also das Syndrom $a_1a_2 = 11$ bezüglich **K** einen hohen Informationswert auch dann haben, wenn die Symptome a_1, a_2 einzeln mit **K** nicht zusammenhängen. Dies zeigt, wie fehlbar das Verfahren der Psychologen ist, einen Test aus Meßelementen (items) zusammenzusetzen, die einzeln mit dem Kriterium eine hohe Korrelation aufweisen. Die Psychologen eliminieren damit alle Elemente (items), die nur zusammen mit anderen einen Informationswert bezüglich **K** aufweisen. Nachfolgendes Zahlenbeispiel soll diesen Sachverhalt illustrieren.

Beisp.IV.3: In der folgenden Tabelle sind die Häufigkeiten der 8 Konfigurationen des Merkmales a_1a_2K angeführt.

1 1 1 (0,001)	1 0 1 (0,004)	1 1 0 (0,000)	1 0 0 (0,095)
0 1 1 (0,009)	0 0 1 (0,036)	0 1 0 (0,190)	0 0 0 (0,665)

Bei herkömmlicher Auswertung untersucht man die Kontingenztabellen von a_1K und a_2K:

		K: 1	K: 0	
a_1	1	0,005	0,095	0,100
	0	0,045	0,855	0,900
		0,050	0,950	1

		K: 1	K: 0	
a_2	1	0,010	0,190	0,200
	0	0,040	0,760	0,800
		0,050	0,950	1

Man erhält folgende Phikoeffizienten:

$$\phi_{a_1K} = \frac{0,005 \cdot 0,855 - 0,095 \cdot 0,045}{\sqrt{0,100 \cdot 0,900 \cdot 0,050 \cdot 0,950}} = 0 ,$$

$$\phi_{a_2K} = \frac{0,010 \cdot 0,760 - 0,190 \cdot 0,040}{\sqrt{0,200 \cdot 0,800 \cdot 0,050 \cdot 0,950}} = 0 ,$$

und damit das Ergebnis, daß beide Symptome zur Diagnose von **K** nichts beitragen. Dieser Eindruck ändert sich, wenn man die Daten "ganzheitlich" auswertet. Man erhält im Hinblick auf (14):

$\pi(1 \mid 11) = 1;$

$\pi(1 \mid 10) = 0,040; \quad \pi(1 \mid 01) = 0,045;$

$\pi(1 \mid 00) = 0,051.$

Daraus ergibt sich mit (12):

$\beta_0 = 0{,}051;$
$\beta_{10} = -0{,}011; \quad \beta_{01} = -0{,}006;$
$\beta_{11} = 0{,}966.$

Person ν weist **K**=1 mit einer Wahrscheinlichkeit auf, die sich mit (13) wie folgt darstellt:

$$P(\mathbf{K}=1 \mid \nu) = 0{,}051 - 0{,}011\ P(1. \mid \nu) - 0{,}006\ P(.1 \mid \nu) + 0{,}966\ P(11 \mid \nu)\ .$$

Weist die Person den Symptomvektor $\mathbf{a}_1\mathbf{a}_2 = (1{,}0)$ auf, so ist

$$P(\mathbf{K}=1 \mid \nu) = 0{,}051 - 0{,}011 \cdot 1 = 0{,}040 = \pi(1 \mid 10)\ .$$

Bei $\mathbf{a}_1\mathbf{a}_2=(0{,}1)$ ist $P(\mathbf{K}=1 \mid \nu) = 0{,}045 = \pi(1 \mid 01)$. Beide Wahrscheinlichkeiten sind unwesentlich kleiner als die Wahrscheinlichkeit von **K**=1, die sich mit 0,05 beziffert. Die Koeffizienten β_{10} und β_{01} sind nicht null, aber nur unwesentlich kleiner als null und zeigen, ähnlich wie die Phikoeffizienten, daß den Symptomen einzeln kaum eine diagnostische Bedeutung zukommt. Für Personen, die beide Symptome aufweisen, gilt allerdings:

$$P(\mathbf{K}=1 \mid \nu) = 0{,}051 - 0{,}011 \cdot 1 - 0{,}006 \cdot 1 + 0{,}966 \cdot 1 = 1 = \pi(1 \mid 11)\ .$$

⋄♦ ♦ ♦⋄

Nicht nur die Art und Weise, wie Persönlichkeitstests konstruiert werden, auch die Auswertung von Befragungen und Experimenten verdient Kritik, wird doch auch dabei die Masse der Informationen ständig ignoriert und die Beantwortung gewisser Fragen mit einigen wenigen Daten versucht. Meistens wertet man zweidimensionale Randverteilungen aus, z.B. um festzustellen, ob $\mathbf{a}_1$ und **K** statistisch abhängig sind. Dabei zählt man unterschiedslos alle Personen mit $\mathbf{a}_1\mathbf{K} = 1\ 1$, gleichgültig, ob diese männlich oder weiblich, alt oder jung, neurotisch oder gesund sind, $\mathbf{a}_2=1$ oder $\mathbf{a}_2=0$ aufweisen. Man übersieht, daß Abhängigkeiten, die man bei zweidimensionalen Randverteilungen feststellt, sich ändern können, wenn man weitere Merkmale berücksichtigt. Die Phikoeffizienten der Randverteilung $\mathbf{a}_1\mathbf{K}$ und der Verteilung jener Personen auf $\mathbf{a}_1\mathbf{K}$, die $\mathbf{a}_2=1$ aufweisen, müssen nicht notwendig gleich sein. Gilt aber:

$$\phi_{\mathbf{a}_1\mathbf{K}} \neq \phi_{\mathbf{a}_1\mathbf{K} \mid \mathbf{a}_2=1}\ ,$$

so ist die Verteilung der Personen auf dem Randmerkmal $\mathbf{a}_1\mathbf{K}$ durch ihre Verteilung auf $\mathbf{a}_2$ fremdbestimmt (vgl. hiezu SIXTL 1993, S.132). - Es ist daher die Frage zu stellen, unter welchen Bedingungen die Ergebnisse von Auswertungen "invariant" sind, d.h. bei Berücksichtigung weiterer Merkmale keine Veränderungen mehr erfahren. Die Antwort auf diese Frage lautet: Wenn die Merkmale, die man berücksichtigt, statistisch unabhängig von der Gesamtheit jener Merkmale sind, die man vernachlässigt hat bzw. gar nicht kennt, dann, aber auch nur dann verbürgt die Auswertung der berücksichtigten Merkmale Invarianz der Resultate. Gibt es indessen zwischen berücksichtigten und vernachlässigten oder unbekannten Merkmalen Abhängigkeitsbeziehungen, dann sind die Resultate durch diese Merkmale fremdbestimmt, also nicht invariant und in diesem Sinne Artefakte der Vernachlässigung oder Unkenntnis dieser Merkmale.

Eine gegebene p-dimensionale Verteilung ist grundsätzlich immer nur eine Randverteilung der "Verteilung auf allen Merkmalen". Mithin müssen wir herausfinden, welche Merkmale vernachlässigt werden dürfen, oder genauer: welche die "minimale Randverteilung" ist, auf die wir unsere Auswertungen beschränken können, ohne Artefakte zu produzieren.

Enthält eine Verteilung Komponenten, deren Vernachlässigung auf das Ergebnis der Auswertung ohne Einfluß bleibt, so bezeichnet man die Verteilung als kollapierbar (collapsible). Dieser Begriff ist im Zusammenhang mit den sog. Log-linearen Modellen entstanden (vgl. FIENBERG 1980, EDWARDS et al. 1983, CHRISTENSEN 1990). Eingehende Erörterungen dieses Begriffes finden sich bei WHITTEMORE (1978), DARROCH et al. (1980), SOBEL (1995).

Wir werden hier zeigen, was unter "strikter Kollapierbarkeit" zu verstehen ist. Sei $\mathbf{V}_1\ldots\mathbf{V}_p\mathbf{Z}$ ein (p+1)-dimensionales Merkmal mit Randhäufigkeiten:

$$P(v_1\ldots v_p.) = \sum_z P(v_1\ldots v_p z) ,$$

$$P(\ldots\ldots z) = \sum_{v_1} \ldots \sum_{v_p} P(v_1\ldots v_p z) .$$

Wenn $\mathbf{V}_1\ldots\mathbf{V}_p$ und $\mathbf{Z}$ voneinander statistisch unabhängig sind, d.h. wenn

$$P(v_1\ldots v_p z) = P(v_1\ldots v_p.)\cdot P(\ldots z) ,$$

dann besitzt jede der 2^p Randverteilungen, die mit $\mathbf{V}_1\ldots\mathbf{V}_p$ gebildet werden können, die Darstellung:

$$P(v_{j_1}\ldots v_{j_r}\ldots z) = P(v_{j_1}\ldots v_{j_r})\cdot P(\ldots z) ,$$

wobei $\mathbf{V}_{j_1}\ldots\mathbf{V}_{j_r}$ eine r-dimensionale Randverteilung von $\mathbf{V}_1\ldots\mathbf{V}_p$ ist, r = 0,1,...,p:

$$P(v_{j_1}\ldots v_{j_r}\ldots) = \sum_{j_{r+1}}\ldots\sum_{j_p} P(v_1\ldots v_p) .$$

Die bedingten Verteilungen, die mit $\mathbf{V}_1\ldots\mathbf{V}_p$ gebildet werden können, sind gegenüber Veränderungen von **Z** invariant, durch **Z** also nicht fremdbestimmt. **Z** ist daher eine Komponente, deren Vernachlässigung auf das Ergebnis der Auswertung dieser bedingten Verteilungen ohne Einfluß bleibt. Man sagt, das (p+1)dimensionale Merkmal $\mathbf{V}_1\ldots\mathbf{V}_p\mathbf{Z}$ sei bezüglich der Komponente **Z** strikt kollapierbar. Es gilt:

$$P(v_{j_1}\ldots v_{j_r} \mid v_{j_{r+1}}\ldots v_{j_p} z_k) = \frac{P(v_1\ldots v_p)\cdot P(\ldots z_k)}{\sum_{j_{r+1}}\ldots\sum_{j_p} P(v_1\ldots v_p)\cdot P(\ldots z_k)}$$

$$= P(v_{j_1}\ldots v_{j_r} \mid v_{j_{r+1}}\ldots v_{j_p})$$

für alle Werte z_k, die **Z** annehmen kann.

Ist z.B. P(wxyz) = P(wxy)·P(...z), so gilt:

$$P(.xyz) = P(.xy)\cdot P(\ldots z) ,$$
$$P(wx \mid yz) = P(wx \mid y) ,$$
$$P(w \mid xyz) = P(w \mid xy) \quad \text{usw.}$$

Die Datenbedingung (2) besagt beispielsweise nichts anderes, als daß $\mathbf{i}\,\mathbf{S}_n\mathbf{K}$ bezüglich **i** (Untersuchungsgesamtheiten) kollapierbar sein muß.

IV.4: Die zulässige Ungenauigkeit der Randhäufigkeiten

Wir veranschaulichen zunächst das Zustandekommen einer Untersuchungsgesamtheit. Dazu stellen wir uns zwei Urnen **a**=1 und **a**=0 vor. Beide enthalten Kugeln mit dem Aufdruck **K**=1 mit Anteilen π_1 bzw. π_0, d.h.

$$\pi(1 \mid \mathbf{a}=1) = \pi_1, \quad \pi(1 \mid \mathbf{a}=0) = \pi_0 .$$

Die i-te Untersuchungsgesamtheit bestehe aus N_i Kugeln. n_i stammen dabei aus Urne **a**=1, $m_i=N_i-n_i$ aus **a**=0. Von den n_i Kugeln weisen k_i den Aufdruck **K**=1 auf, während von den m_i Kugeln k_i' diesen Aufdruck haben. Die Häufig–

keit von **K**=1 in i ergibt sich somit als

$$\begin{aligned} P(\mathbf{K}=1|i) &= \frac{1}{N_i}(k_i+k_i') \\ &= \frac{n_i}{N_i}\cdot\frac{k_i}{n_i}+\frac{m_i}{N_i}\cdot\frac{k_i'}{m_i}\ . \end{aligned}$$

Dabei ist n_i/N_i der Anteil von **a**=1 in i, m_i/N_i der Anteil von **a**=0, so daß also in Übereinstimmung mit (4) gilt:

$$P(\mathbf{K}=1|i) = P(1.|i)\cdot\frac{k_i}{n_i} + P(0.|i)\cdot\frac{k_i'}{m_i}\ . \tag{19}$$

$\mathbf{k}_i$ ist eine binomisch verteilte Zufallsvariable, welche die Werte 0,1,..., n_i annehmen kann. Sie hat den Erwartungswert und die Varianz:

$$E\,\mathbf{k}_i = n_i\cdot\pi_1;\ \text{Var}\,\mathbf{k}_i = n_i\cdot\pi_1(1-\pi_1)\ .$$

$\mathbf{k}_i'$ ist ebenfalls binomisch verteilt mit Erwartungswert und Varianz:

$$E\,\mathbf{k}_i' = m_i\cdot\pi_0;\ \text{Var}\,\mathbf{k}_i' = m_i\cdot\pi_0(1-\pi_0)\ .$$

$\mathbf{k}_i'$ kann die Werte $0,1,\ldots,m_i$ annehmen.
Die von den Zufallsvariablen $\mathbf{k}_i$ und $\mathbf{k}_i'$ abhängende Zufallsvariable **P(K=1|i)** hat den Erwartungswert:

$$\begin{aligned} E\,\mathbf{P(K}=1|i) &= P(1.|i)\cdot\frac{1}{n_i}\,E\,\mathbf{k}_i + P(0.|i)\cdot\frac{1}{m_i}\,E\,\mathbf{k}_i' \\ &= P(1.|i)\cdot\pi_1 + p(0.|i)\cdot\pi_0\ , \end{aligned}$$

oder, in Übereinstimmung mit (5):

$$E\,\mathbf{P(K}=1|i) = \pi_0+(\pi_1-\pi_0)\cdot P(1.|i)\ .$$

Da $\mathbf{k}_i$ und $\mathbf{k}_i'$ unabhängig voneinander sind, hat die Varianz von **P(K=1|i)** die Darstellung:

$$\begin{aligned} \text{Var}\,\mathbf{P(K}=1|i) &= \text{Var}\left[P(1.|i)\cdot\frac{\mathbf{k}_i}{n_i}\right] + \text{Var}\left[P(0.|i)\cdot\frac{\mathbf{k}_i'}{m_i}\right] \\ &= \frac{P^2(1.|i)}{n_i^2}\cdot n_i\cdot\pi_1(1-\pi_1) + \frac{P^2(0.|i)}{m_i^2}\cdot m_i\cdot\pi_0(1-\pi_0) \\ &= \frac{1}{N_i}\left[P(1.|i)\pi_1(1-\pi_1) + P(0.|i)\pi_0(1-\pi_0)\right]. \end{aligned}$$

Da wir nicht sicher sein können, daß bei allen N Untersuchungsgesamtheiten dasselbe Urnenpaar verwendet wurde, also (2) erfüllt ist, ersetzen wir π_1 und π_0 durch:

$$\pi(1|i,\mathbf{a}=1) = \pi_{i1},\ \pi(1|i,\mathbf{a}=0) = \pi_{i0}\ ,$$

so daß

$$\mathrm{E}\,\mathbf{P}(\mathbf{K}=1\,|\,\mathrm{i}) = \pi_{\mathrm{i}0} + (\pi_{\mathrm{i}1} - \pi_{\mathrm{i}0})\mathrm{P}(1.\,|\,\mathrm{i}) \tag{20}$$

und

$$\mathrm{Var}\,\mathbf{P}(\mathbf{K}=1\,|\,\mathrm{i}) = \frac{1}{\mathrm{N}_\mathrm{i}}\Big[\mathrm{P}(1.\,|\,\mathrm{i})\pi_{\mathrm{i}1}(1-\pi_{\mathrm{i}1}) + \mathrm{P}(0.\,|\,\mathrm{i})\pi_{\mathrm{i}0}(1-\pi_{\mathrm{i}0})\Big]. \tag{21}$$

Nun untersuchen wir die Abweichung der relativen Häufigkeit (19) von der Regressionsgeraden (5):

$$\mathrm{v}_\mathrm{i} = \mathrm{P}(\mathbf{K}=1\,|\,\mathrm{i}) - \beta_0 - \beta_1\mathrm{P}(1.\,|\,\mathrm{i})\;.$$

Das Quadrat dieser Abweichung hat folgenden Erwartungwert:

$$\begin{aligned}\mathrm{E}\,\mathbf{v}_\mathrm{i}^2 &= \mathrm{E}[\mathbf{P}(\mathbf{K}=1\,|\,\mathrm{i}) - \beta_0 - \beta_1\mathrm{P}(1.\,|\,\mathrm{i})]^2\\ &= \mathrm{E}[\mathbf{P}(\mathbf{K}=1\,|\,\mathrm{i}) - \mathrm{E}\,\mathbf{P}(\mathbf{K}=1\,|\,\mathrm{i}) + \mathrm{E}\,\mathbf{P}(\mathbf{K}=1\,|\,\mathrm{i}) - \beta_0 - \beta_1\mathrm{P}(1.\,|\,\mathrm{i})]^2\\ &= \underbrace{\mathrm{E}[\mathbf{P}(\mathbf{K}=1\,|\,\mathrm{i}) - \mathrm{E}\,\mathbf{P}(\mathbf{K}=1\,|\,\mathrm{i})]^2}_{\mathrm{Var}\,\mathbf{P}(\mathbf{K}=1\,|\,\mathrm{i})} + [\mathrm{E}\,\mathbf{P}(\mathbf{K}=1\,|\,\mathrm{i}) - \beta_0 - \beta_1\mathrm{P}(1.\,|\,\mathrm{i})]^2.\end{aligned}$$

Ersetzt man $\mathrm{E}\,\mathbf{P}(\mathbf{K}=1\,|\,\mathrm{i})$ in der rechten Klammer durch (20), so wird:

$$\begin{aligned}\mathrm{E}\,\mathbf{v}_\mathrm{i}^2 &= \mathrm{E}[\mathbf{P}(\mathbf{K}=1\,|\,\mathrm{i})-\beta_0-\beta_1\mathrm{P}(1.\,|\,\mathrm{i})]^2 = \mathrm{Var}\,\mathbf{P}(\mathbf{K}=1\,|\,\mathrm{i}) +\\ &\qquad + [(\pi_{\mathrm{i}0}-\beta_0) + (\pi_{\mathrm{i}1}-\pi_{\mathrm{i}0}-\beta_1)\mathrm{P}(1.\,|\,\mathrm{i})]^2\;.\end{aligned}$$

Dividiert man zuletzt durch $\mathrm{Var}\,\mathbf{P}(\mathbf{K}=1\,|\,\mathrm{i})$, so erhält man:

$$\frac{\mathrm{E}[\mathbf{P}(\mathbf{K}=1\,|\,\mathrm{i})-\beta_0-\beta_1\mathrm{P}(1.\,|\,\mathrm{i})]^2}{\mathrm{Var}\,\mathbf{P}(\mathbf{K}=1\,|\,\mathrm{i})} = 1 + \frac{[(\pi_{\mathrm{i}0}-\beta_0)+(\pi_{\mathrm{i}1}-\pi_{\mathrm{i}0}-\beta_1)\mathrm{P}(1.\,|\,\mathrm{i})]^2}{\mathrm{Var}\,\mathbf{P}(\mathbf{K}=1\,|\,\mathrm{i})} \tag{22}$$

Im Hinblick auf (5) ist $\beta_0=\pi(1\,|\,\mathbf{a}=0)$ und $\beta_1=\pi(1\,|\,\mathbf{a}=1)-\pi(1\,|\,\mathbf{a}=0)$. Ist nun (2) erfüllt, d.h. ist $\pi_{\mathrm{i}0}=\pi(1\,|\,\mathrm{i},\mathbf{a}=0)=\pi(1\,|\,\mathbf{a}=0)$ und $\pi_{\mathrm{i}1}=\pi(1\,|\,\mathrm{i},\mathbf{a}=1)=\pi(1\,|\,\mathbf{a}=1)$, so hat (22) den Wert 1, andernfalls ist (22) größer als 1. Man kann also an der Größe der Abweichungen von der Regressionsgeraden erkennen, ob bei allen Untersuchungsgesamtheiten dasselbe Urnenpaar Verwendung fand oder nicht.

Nun bestimmen wir die Regressionskonstanten β_0, β_1:

$$\underbrace{\begin{bmatrix}\mathrm{P}(\mathrm{K}=1\,|\,1)\\ \vdots\\ \mathrm{P}(\mathrm{K}=1\,|\,\mathrm{i})\\ \vdots\\ \mathrm{P}(\mathrm{K}=1\,|\,\mathrm{N})\end{bmatrix}}_{\mathbf{y}} = \underbrace{\begin{bmatrix}1 & \mathrm{P}(\mathrm{a}=1\,|\,1)\\ \vdots & \vdots\\ 1 & \mathrm{P}(\mathrm{a}=1\,|\,\mathrm{i})\\ \vdots & \vdots\\ 1 & \mathrm{P}(\mathrm{a}=1\,|\,\mathrm{N})\end{bmatrix}}_{\mathbf{A}} \cdot \underbrace{\begin{bmatrix}\beta_0\\ \beta_1\end{bmatrix}}_{\boldsymbol{\beta}} + \underbrace{\begin{bmatrix}\mathrm{v}_1\\ \vdots\\ \mathrm{v}_\mathrm{i}\\ \vdots\\ \mathrm{v}_\mathrm{N}\end{bmatrix}}_{\mathbf{v}}\;.$$

Die Varianz von **P(K=1|i)** wird vom Umfang N_i der Untersuchungsgesamtheit beeinflußt (21). Wir erzeugen Daten gleicher Varianz wie schon in Beispiel I.2 durch Transformation mit

$$C^{-1/2} = \begin{bmatrix} \sigma_1^{-1} & & & & \\ & \ddots & & & \\ & & \sigma_i^{-1} & & \\ & & & \ddots & \\ & & & & \sigma_N^{-1} \end{bmatrix}, \quad \sigma_i = \sqrt{\operatorname{Var} \mathbf{P}(\mathbf{K}=1\,|\,i)} .$$

$$\underbrace{\mathbf{C}^{-1/2}\mathbf{y}} = \underbrace{\mathbf{C}^{-1/2}\mathbf{A}} \cdot \mathbf{\beta} + \underbrace{\mathbf{C}^{-1/2}\mathbf{v}}$$

$$\tilde{\mathbf{y}} = \tilde{\mathbf{A}} \cdot \mathbf{\beta} + \tilde{\mathbf{v}}$$

Der Vektor der Kleinstquadratschätzer der Regressionskonstanten wird wie folgt ermittelt:

$$\boxed{\hat{\mathbf{\beta}} = (\tilde{\mathbf{A}}'\tilde{\mathbf{A}})^{-1} \cdot \tilde{\mathbf{A}}' \cdot \tilde{\mathbf{y}}} \; .$$

Die quadratische Abweichung von der Regressionsgeraden wird geschätzt mit:

$$S^2 = \frac{1}{N-1} \sum_{i=1}^{N} \tilde{v}_i^2 .$$

Ist die Datenbedingung (2) erfüllt, d.h. hat (22) den Wert 1, so ist $(N-2)\cdot S^2$ verteilt wie Chiquadrat mit Parameter N–2. Die Hypothese H_0: "Datenbedingung (2) ist erfüllt" wird mit Irrtumswahrscheinlichkeit α verworfen, wenn

$$\chi^2_{N-2;1-\alpha} \leq (N-2)\cdot S^2 .$$

Wir setzen nun voraus, daß die Datenbedingung (2) erfüllt ist. Wenn die Umfänge der Untersuchungsgesamtheiten groß sind, dann verteilen die Kleinstquadratschätzer $\hat{\beta}_0$, $\hat{\beta}_1$ sich annähernd normal:

$$\hat{\mathbf{\beta}}_0 \sim N(\beta_0, \sigma^2_{\hat{\beta}_0}), \quad \hat{\mathbf{\beta}}_1 \sim N(\beta_1, \sigma^2_{\hat{\beta}_1}) ,$$

wobei $\sigma^2_{\hat{\beta}_0}$ und $\sigma^2_{\hat{\beta}_1}$ die Diagonalelemente der Matrix $(\tilde{\mathbf{A}}'\tilde{\mathbf{A}})^{-1}$ sind.

Die Hypothese H_0: "β_1 ist null" wird mit Irrtumswahrscheinlichkeit α verworfen, wenn

$$\frac{|\hat{\beta}_1|}{\sigma_{\hat{\beta}_1}} > \tilde{z}_{1-\alpha/2} ,$$

wobei $\tilde{z}_{1-\alpha/2}$ das (1–α/2)–Quantil der Standardnormalverteilung ist.

⬩⬩ ⧫ ⬩⬩

Das Zustandekommen einer Untersuchungsgesamtheit bei Vorliegen eines m–dimensionalen Symptomvektors kann man sich nun schon leicht veranschaulichen: Man benötigt 2^m Urnen, denen man $n_1, n_2, \ldots, n_{2^m}$ Kugeln entnimmt, wobei $\sum n_j = N_i$ ist. Von den n_1 Kugeln aus Urne 1 tragen k_1 die Aufschrift **K**=1 usw. P(**K**=1 | i), E **P**(**K**=1 | i), Var **P**(**K**=1 | i) entwickelt man analog zu (19), (20) und (21); die erwartete quadratische Abweichung von der Regressionsfläche analog zu (22). Die für die Bestimmung der Kleinstquadratschätzer der Regressionskonstanten erforderlichen Varianzen σ_i^2, i=1,...,N werden, ähnlich wie in V.5, durch Iteration gewonnen.

KAPITEL V: ÜBER DIE SICHERHEIT VON DIAGNOSEN

Personen im Zustand **K** = 1 verteilen sich auf die 2^m Ausprägungen des Symptomvektors, der in Kap.IV.1 beschrieben wurde. Daß **K** = 1 nicht ausschließlich zusammen mit dem Syndrom S auftritt, dürfte im wesentlichen folgende Gründe haben:

(1) Die Verschwommenheit des Symptombildes kann dazu führen, daß Personen einer "falschen" Ausprägung des Symptomvektors zugeordnet werden.
(2) Es können mehrere Ausprägungen des Symptomvektors den Charakter von "Syndromen" haben.
(3) Die Berücksichtigung irrelevanter Symptome kann dazu führen, daß Personen, die alle das "eigentliche Syndrom" aufweisen, sich auf mehrere Ausprägungen des Symptomvektors verteilen.

Entsprechende Aussagen können über die Verteilung jener Personen auf dem Symptomvektor gemacht werden, die sich im Zustand **K** = 0 befinden.

(4) Sind nicht alle Symptome bekannt, aus denen sich das Syndrom zusammensetzt, so können sich von den Personen, die den bekannten Teil des Syndroms aufweisen, einige im Zustand **K** = 0 befinden.

Das Syndrom S tritt aus besagten Gründen bei Personen, die sich im Zustand **K** = 1 befinden, mit einer Häufigkeit oder Wahrscheinlichkeit auf, die kleiner als 1 sein kann:

$$\Pr(S \mid \mathbf{K}=1) = 1 - \beta, \quad \beta \geq 0. \tag{1}$$

Dementsprechend ist die Häufigkeit von Personen im Zustand **K** = 1, die fälschlich das Syndrom nicht aufweisen, die **falsch negativ** sind, gleich

$$\Pr(\bar{S} \mid \mathbf{K}=1) = \beta \,. \tag{2}$$

Aus besagten Gründen kann dem Syndrom **S** eine Person zugeordnet werden, die sich gar nicht im Zustand **K** = 1 befindet. Die Häufigkeit oder Wahrscheinlichkeit von Personen im Zustand **K** = 0, die fälschlich Syndrom S aufweisen, **falsch positiv** sind, wird mit α bezeichnet:

$$\Pr(S \mid \mathbf{K}=0) = \alpha \,. \tag{3}$$

Dementsprechend ist der Anteil von Personen im Zustand **K** = 0, die richtigerweise das Syndrom **S** nicht aufweisen, gleich

$$\Pr(\overline{\mathbf{S}} \mid \mathbf{K}{=}0) = 1 - \Pr(\mathbf{S} \mid \mathbf{K}{=}0) = 1 - \alpha \,. \qquad (4)$$

V.1: Die Matrix der Kombinationshäufigkeiten

Die Häufigkeit des Zustandes **K** = 1 in einer gegebenen Untersuchungsgesamtheit, z.B. den Patienten einer Universitätsklinik für Psychiatrie, wird mit P bezeichnet. **M** sei die Matrix der Häufigkeiten, mit denen **S** bzw. $\overline{\mathbf{S}}$ gemeinsam mit **K** = 1 bzw. **K** = 0 auftreten:

M: (5)

	K=1	K=0	Σ
S	P(S1)	P(S0)	Q
$\overline{\mathbf{S}}$	P($\overline{\text{S}}$1)	P($\overline{\text{S}}$0)	1-Q
Σ	P	1-P	1

Da eine Person im Zustand **K** = 1 entweder **S** oder $\overline{\mathbf{S}}$ aufweist, ist die Randhäufigkeit P(.1) = P(S1 oder $\overline{\text{S}}$1) = P(S1) + P($\overline{\text{S}}$1) ≡ P. Durch die "bedingten Wahrscheinlichkeiten" (1) – (4) und durch **P** ist die Matrix **M** wie folgt bestimmt:

$$\begin{bmatrix} 1-\beta & \alpha \\ \beta & 1-\alpha \end{bmatrix} \cdot \begin{bmatrix} P & 0 \\ 0 & 1-P \end{bmatrix} = \begin{bmatrix} (1-\beta)P & \alpha(1-P) \\ \beta P & (1-\alpha)(1-P) \end{bmatrix} = \mathbf{M}. \qquad (6)$$

V.2: Methoden zur Messung der Sicherheit von Diagnosen

Da eine Person, die das Syndrom **S** aufweist, sich entweder im Zustand **K** = 1 oder **K** = 0 befindet, ist die Häufigkeit des Syndroms in der Untersuchungsgesamtheit gleich der Randhäufigkeit: P(S.) = P(S1 ∪ S0) = P(S1) +P(S0) ≡ Q. Aufgrund von (6) ist dies gleichbedeutend mit:

$$Q = (1-\beta)P + \alpha(1-P) \qquad (7)$$

oder

$$Q = \alpha + (1-\beta-\alpha)P \,. \qquad (8)$$

Q ist also eine lineare Funktion von P mit den Parametern α und $(1-\beta-\alpha)$.

In einer Untersuchungsgesamtheit, die nur aus Personen im Zustand **K** = 1 besteht, so daß P = 1 ist, tritt **S** mit der Häufigkeit 1–β auf:

$$Q_1 = \alpha + (1-\beta-\alpha)\cdot 1 = 1-\beta. \qquad (8')$$

In einer Untersuchungsgesamtheit, die nur aus Personen im Zustand **K** = 0 besteht, so daß P = 0 ist, tritt **S** mit der Häufigkeit α auf:

$$Q_0 = \alpha + (1-\beta-\alpha)\cdot 0 = \alpha\ . \qquad (8'')$$

Da P in jedem Fall eine Zahl zwischen 0 und 1 ist, muß die Häufigkeit des Syndroms eine Zahl zwischen α und 1–β sein:

$$\alpha \leq Q \leq 1-\beta\ .$$

⬩◆ ◆ ◆⬩

Wir untersuchen jetzt die Eigenschaften eines Syndroms, das für die Diagnose von **K** völlig unbrauchbar ist. Ein solches Syndrom erkennt man wohl daran, daß der Zustand der Person die Wahrscheinlichkeit des Syndroms nicht beeinflußt, d.h.:

$$\Pr(\mathbf{S}\,|\,\mathbf{K}{=}1) = \Pr(\mathbf{S}\,|\,\mathbf{K}{=}0) = Q$$

oder gleichbedeutend:

$$1-\beta = \alpha = \alpha + (1-\beta-\alpha)P. \qquad (9)$$

Es ist also $1-\beta = \alpha$ und infolgedessen $1-\beta-\alpha = 0$. – Im Gegensatz dazu weist ein Syndrom, welches immer nur dann auftritt, wenn die Person im Zustand **K** = 1 ist, folgende Parameter auf:

$$1-\beta = \Pr(\mathbf{S}\,|\,\mathbf{K}{=}1) = 1; \quad \alpha = \Pr(\mathbf{S}\,|\,\mathbf{K}{=}0) = 0\ .$$

Es ist jetzt also $\alpha = 0$ und somit $1-\beta-\alpha = 1$.

Zusammenfassend ergibt sich: Die Häufigkeit eines Syndroms ist eine lineare Funktion der Häufigkeit von **K** = 1 (8). Der Anstiegsparameter der Funktion, also (1–β–α), kann wie folgt gedeutet werden: Befinden sich alle Personen im Zustand **K** = 1, so ist die Häufigkeit des Syndroms 1–β statt 1. Befinden sich dagegen alle Personen im Zustand **K** = 0, so ist die Häufigkeit des Syndroms α statt 0. Es ist daher 1–β–α der Unterschied, den der Zustand **K** bewirkt, anstelle des Unterschiedes, den **K** "bewirken sollte". Man kann das auch noch auf andere Weise veranschaulichen: Mit $\beta = \Pr(\overline{\mathbf{S}}\,|\,\mathbf{K}{=}1)$ und $\alpha = \Pr(\mathbf{S}\,|\,\mathbf{K}{=}0)$ erhält man:

$$1-\beta-\alpha = 1 - \Pr(\overline{\mathbf{S}}\,|\,\mathbf{K}{=}1) - \Pr(\mathbf{S}\,|\,\mathbf{K}{=}0)\ ,$$

also 1, vermindert um den Anteil der "falsch negativen" und den Anteil der "falsch positiven" Diagnosen. Je kleiner β und α sind, desto größer ist der Anteil der Personen, bei denen **S** den Zustand **K** widerspiegelt. Aus diesem Grunde wollen wir den Wert

$$R = 1 - \beta - \alpha \tag{10}$$

als **Maß der Richtigkeit** bezeichnen. Es gilt $0 \leq R \leq 1$, soferne $1-\beta \geq \alpha$, der Anteil der "richtig positiven" Diagnosen also nicht kleiner ist als der Anteil der "falsch positiven".

⋄♦ ♦ ♦⋄

LIENERT (1969 b) schlug vor, mit dem **Chiquadrat-Test** zu entscheiden, ob die Wahrscheinlichkeit eines Syndroms überhaupt vom Zustand der Person beeinflußt wird. Mit (5) erhält man:

$$\chi^2 = n \cdot \frac{[P(S1) \cdot P(\bar{S}0) - P(S0) \cdot P(\bar{S}1)]^2}{P(1-P) \cdot Q(1-Q)},$$

wobei n der Umfang der Untersuchungsgesamtheit ist. Daraus gewinnt man mit (6):

$$\begin{aligned} \chi^2 &= n\cdot(1-\beta-\alpha)^2 \cdot \frac{P(1-P)}{Q(1-Q)} \\ &= n\cdot(1-\beta-\alpha)^2 \cdot \frac{P(1-P)}{[\alpha+(1-\beta-\alpha)P]\ [(1-\alpha)-(1-\beta-\alpha)P]}\,. \end{aligned} \tag{11}$$

Man erkennt, daß χ^2 den Wert Null annimmt, wenn das Richtigkeitsmaß (10) den Wert Null annimmt. Das ist also genau dann der Fall, wenn gemäß (9) der Zustand der Person die Wahrscheinlichkeit des Syndroms nicht beeinflußt, oder gleichbedeutend mit (10), wenn die Anteile der "falsch negativen" bzw. der "falsch positiven" Diagnosen sich zu 1 addieren.

⋄♦ ♦ ♦⋄

Eine andere Art der Sicherheitsanalyse wird mit den sog. **Wahrscheinlichkeiten a posteriori** durchgeführt: Wie sehr kann man sich darauf verlassen, daß eine Person sich im Zustand **K** = 1 befindet, wenn sie das Syndrom S aufweist? Man erhält mit Hilfe von (6) die "Antwort":

$$\Pr(\mathbf{K}=1 \mid S) = \frac{P(S1)}{Q} = \frac{(1-\beta)\ P}{\alpha + (1-\beta-\alpha)P}\,. \tag{12}$$

Wie sehr kann man sich darauf verlassen, daß eine Person sich im Zustand **K** = 0 befindet, wenn sie das Syndrom S nicht aufweist?

$$\Pr(\mathbf{K}=0 \mid \bar{S}) = \frac{P(\bar{S}0)}{1-Q} = \frac{(1-\alpha)\,(1-P)}{(1-\alpha) - (1-\beta-\alpha)P} \; . \tag{13}$$

Nimmt das Richtigkeitsmaß (10) den Wert Null an, so wird $\Pr(\mathbf{K}=1 \mid S) = P$ (da dann $\alpha = 1-\beta$), während $\Pr(\mathbf{K}=0 \mid \bar{S}) = 1-P$ gilt.

⬩⬥◆⬥⬩

Der anschaulichen Vorstellung von der Güte eines Diagnoseverfahrens entspricht wohl die **Trefferquote.** Man bestimmt den Anteil der Fälle, wo man aufgrund des Symptomvektors zu richtigen Urteilen über den Zustand der Personen gelangt ist, indem man die Diagonalelemente der Matrix **M** (5) summiert:

$$T = P(S1) + P(\bar{S}0) \; . \tag{14}$$

Daraus wird mit Hilfe von (6):

$$T = (1-\beta)\cdot P + (1-\alpha)\cdot(1-P) \; ,$$

oder gleichbedeutend:

$$T = (1-\alpha) + (\alpha-\beta)\cdot P \; . \tag{15}$$

Man erkennt, daß auch T sich linear mit P verändert: Ist $P = 1$, so wird $T = T_1 = 1-\beta$. Bei $P = 0$ erhält man $T = T_0 = 1-\alpha$. Das bedeutet: T wächst mit P linear, wenn $\alpha > \beta$; T hat bei jeder Größe von P konstant den Wert $1-\alpha = 1-\beta$, wenn $\alpha = \beta$; T fällt bei wachsendem P, wenn $\alpha < \beta$.

V.3: Messung mit falschen Methoden

Alle drei Methoden, die im vorigen Abschnitt geschildert wurden, hängen von der Verteilung der Personen auf die Zustandsvariable **K** in einer Weise ab, die ihre Eignung für die Beurteilung der Sicherheit von Diagnosen verneint. Wenn wir fragen, ob man sich darauf verlassen könne, daß **K** = 1 bzw. **K** = 0 vorliegt, wenn S bzw. $\bar{S}$ beobachtet werden, dann erwarten wir, daß die Antwort nicht von der in diesem Zusammenhang völlig irrelevanten Häufigkeit der Zustände **K** = 1 bzw. **K** = 0 abhängt. Wir werden jetzt zeigen, daß alle drei Methoden – Chiquadrat (11), Wahrscheinlichkeiten a posteriori (12), (13) und Trefferquote (14), (15) – diese Erwartung in keiner

Weise erfüllen. Man erhält mit ihnen Maßzahlen der Sicherheit, die nicht von dem Zusammenhang zwischen **K** und **S** bestimmt, sondern von der Verteilung der (latenten) Zustandsvariablen **K** fremdbestimmt sind (vgl. SIXTL 1993, S.61f) und somit **Artefakte** darstellen (vgl. SIXTL 1994, S.685).

(1) Der Chiquadrat-Test. Der Zähler von (11) enthält das Produkt P·(1–P). Das bedeutet, daß der vermeintliche Wert der Diagnosesicherheit bei unverändertem Maß der Richtigkeit (10) sehr klein, sogar null wird, wenn P gegen Null oder Eins strebt. Ist also der Zustand **K** = 1 in einer Untersuchungsgesamtheit besonders selten oder besonders häufig anzutreffen, so wird das Ergebnis des Chiquadrat-Tests auch dann ungünstig ausfallen, wenn $1-\beta-\alpha$ fast 1 ist. Eine Ausnahme bildet lediglich $1-\beta-\alpha = 1$. Man erhält in diesem Fall mit (11): $\chi^2 = n$ und damit $\phi = 1$.

(2) Die Wahrscheinlichkeiten a posteriori. Man überzeuge sich zuerst, daß aus (12) und (13) folgt:

$$\Pr(\mathbf{K}=0 \mid \mathbf{S}) = 1 - \Pr(\mathbf{K}=1 \mid \mathbf{S}) = \frac{\alpha\cdot(1-P)}{\alpha + (1-\beta-\alpha)\cdot P} \tag{16}$$

und

$$\Pr(\mathbf{K}=1 \mid \bar{\mathbf{S}}) = 1 - \Pr(\mathbf{K}=0 \mid \bar{\mathbf{S}}) = \frac{\beta\cdot P}{(1-\alpha) - (1-\beta-\alpha)\cdot P}\,. \tag{17}$$

Nun bildet man mit (12) und (16) bzw. (13) und (17) die Quotienten

$$\frac{\Pr(\mathbf{K}=1 \mid \mathbf{S})}{\Pr(\mathbf{K}=0 \mid \mathbf{S})} = \frac{1-\beta}{\alpha}\cdot\frac{P}{1-P}\,, \tag{18}$$

$$\frac{\Pr(\mathbf{K}=0 \mid \bar{\mathbf{S}})}{\Pr(\mathbf{K}=1 \mid \bar{\mathbf{S}})} = \frac{1-\alpha}{\beta}\cdot\frac{1-P}{P}\,. \tag{19}$$

Man erkennt nun auf einen Blick, daß die "Wahrscheinlichkeiten a posteriori" durch die Verteilung der Zustandsvariablen fremdbestimmt sind: Wächst P, so wird 1–P klein, die Wahrscheinlichkeit im Zähler der linken Seite von (18) wird gegenüber der Wahrscheinlichkeit im Nenner größer. Die Frage, wie sehr man sich darauf verlassen könne, daß eine Person sich im Zustand **K** = 1 befindet, wenn sie das Syndrom **S** aufweist, ist aufgrund von (18) in einer Weise zu beantworten, die ironisch anmutet: Man kann sich umso mehr darauf verlassen, je häufiger der Zustand ist. Die Diagnose einer epidemischen Erkrankung aufgrund des Syndroms **S** wird danach immer "sicherer", wenn die Epidemie sich ausbreitet, also P wächst. Internisten, welche ihre Erfahrungen mit **S** stets bei größeren Häufigkeiten von **K** = 1 machen, müssen demgemäß Pr(**K**=1 | **S**) gegenüber den Praktikern überschätzen, sich also von diesen den Vorwurf der weltfremden Überbewertung einer diagnostischen Methode gefallen lassen, was letztlich auch umso eher geglaubt wird, wenn die Internisten gar noch Professoren sind.

(3) Auch die Trefferquote (14), (15) hängt von P ab. Eine Anekdote soll zeigen, wie man die Fremdbestimmtheit solcher Statistiken wie T ausnutzen kann, um ein Wissen von **K** vorzutäuschen, wo in Wahrheit überhaupt keine Kenntnis vom Zustand der Person vorhanden ist.

Ein Mann annoncierte in verschiedenen Zeitungen: "Achtung, werdende Mütter! Für DM 50,– prognostiziere ich das Geschlecht Ihres Kindes. Angabe des Empfängnismonates genügt. Bei Fehlprognose Geld zurück!" Der Mann kam vor Gericht, weil bekannt wurde, daß er allen Kundinnen die Geburt eines Knaben voraussagte. Er rechtfertigte sich damit, daß er eine Trefferquote zwischen 51 und 52 Prozent nachweisen könne, während es ein blindratender Scharlatan nur auf geschätzte 25 Prozent bringe.

Wir identifizieren **S** als "Anzeichen der Geburt eines Knaben" und **K** = 1 als "Geburt eines Knaben" bzw. **K** = 0 als "Geburt eines Mädchens". Wenn man, wie der Mann, nur Anzeichen der Geburt eines Knaben vortäuscht, treten **S** und **K** = 1 genau so oft zusammen auf als Knaben geboren werden, während die Häufigkeit von **S** und **K** = 0 so groß ist wie die Zahl der Mädchengeburten. Das bedeutet im Hinblick auf (5) und (6), daß $\beta = 0$ und $\alpha = 1$ ist:

$$\left.\begin{array}{l} P(S1) = P = (1-\beta)\cdot P \quad \Rightarrow \quad \beta = 0 \\ P(S0) = 1-P = \alpha\cdot(1-P) \quad \Rightarrow \quad \alpha = 1 \end{array}\right\} . \qquad (20)$$

Setzt man diese Ergebnisse in (15) ein, so erhält man die Trefferquote $T = (1-\alpha) + (\alpha-\beta)\cdot P = P$. Nun ist der Prozentsatz von Knabengeburten erfahrungsgemäß ein Wert zwischen 51 und 52. Da T = P, mußten zwischen 51 und 52 Prozent der Mütter dem Gericht bestätigen, daß der Mann das Geschlecht ihres Kindes richtig vorausgesagt habe. Allerdings hatten auch diese Frauen den Eindruck, eine "wertlose" Prognose gekauft zu haben. Setzt man die Ergebnisse (20) in (10) ein, so erhält man als "Maß der Richtigkeit" den Wert $R = 1-\beta-\alpha = 0$. **S** spiegelt also den Zustand von **K** in keiner Weise wider.

Angesichts dieses Ergebnisses fragt man sich, unter welchen Umständen mit einem "seriösen" Verfahren eine Trefferquote erzielt wird, die größer als jenes P ist, das der Mann mit seinem "unseriösen" Verfahren erzielte. Wir stellen mit (14) folgende Ungleichung auf:

$$T(\text{seriös}) = (1-\beta)\cdot P + (1-\alpha)\cdot(1-P) > P = T(\text{unseriös}) .$$

Nach Division durch (1–P) erhält man die Ungleichung $(1-\alpha)/\beta > P/(1-P)$. Wenn man dazu noch die Definitionen (4) und (2) berücksichtigt, so wird:

$$\frac{Pr(\overline{S} \mid K=0)}{Pr(\overline{S} \mid K=1)} = \frac{1-\alpha}{\beta} > \frac{P}{1-P} . \qquad (21)$$

Mit wachsendem P wird P/(1–P) immer größer. Je häufiger ein Zustand ist, desto schwieriger wird es, die Trefferquote T(unseriös) = P durch ein seriöses Verfahren zu überbieten. Ist P = 0,51, so muß die Wahrscheinlichkeit einer "richtig negativen" Diagnose oder Prognose nur mindestens das 1,04–fache der Wahrscheinlichkeit einer "falsch negativen" Aussage betragen. Ist, wie in Hamburg, der Himmel an zwei von drei Tagen bedeckt, so muß die Wahrscheinlichkeit im Zähler von (21) bereits mindestens das Doppelte von der Wahrscheinlichkeit im Nenner ausmachen, die "Schönwetterboten" $\overline{S}$ bei nahendem Schönwetter (**K** = 0) also mit großer Wahrscheinlichkeit auftreten. In jedem anderen Fall wird eine Meteorologe damit weniger Treffer erzielen als ein Hamburger, der grundsätzlich nur schlechtes Wetter prophezeit.

V.4: Das "Richtigkeitsmaß" 1 - ß - α

Die Häufigkeiten der Matrix (5) sind entsprechend (6) Produkte aus den Syndromwahrscheinlichkeiten und den Häufigkeiten der Zustände **K** = 1 bzw. **K** = 0:

$$P(S1) = (1-\beta)\cdot P \ ; \quad P(S0) = \alpha\cdot(1-P) \ . \qquad (22)$$

Diese Größen sind offensichtlich ebenfalls von der Verteilung der (latenten) Zustandsvariablen **K** fremdbestimmt. Im Gegensatz dazu sollten $1-\beta$ und α feste Werte haben: eine einzelne Person im Zustand **K** = 1 stellt nämlich eine Untersuchungsgesamtheit vom Umfang n = 1 dar, bei der gemäß (8') das Syndrom S mit Wahrscheinlichkeit $Q_1 = \alpha+(1-\beta-\alpha)\cdot 1 = 1-\beta$ erwartet werden muß. Eine Person im Zustand **K** = 0 stellt ebenfalls eine Untersuchungsgesamtheit vom Umfang n = 1 dar, bei der **S** gemäß (8'') mit Wahrscheinlichkeit $Q_0 = \alpha+(1-\beta-\alpha)\cdot 0 = \alpha$ gefunden werden soll. Wie kann man feststellen, ob es sich tatsächlich so verhält?

In einer gewissen Untersuchungsgesamtheit vom Umfang n mögen n_1 Personen im Zustand **K** = 1 sein. Von diesen weisen x auch das Syndrom **S** auf. Im Hinblick auf die Unsicherheit, mit der Symptome festgestellt werden, ist

$x\,|\,\mathbf{K}=1$ eine Zufallsvariable, welche die Werte 0, 1, ..., n_1 annehmen kann. In dieser Untersuchungsgesamtheit findet man Personen, die sowohl $\mathbf{K} = 1$ als auch das Syndrom **S** aufweisen, mit einer relativen Häufigkeit von:

$$P(S1) = \frac{x\,|\,\mathbf{K}=1}{n} = \frac{x\,|\,\mathbf{K}=1}{n_1} \cdot \frac{n_1}{n} . \tag{23}$$

Dabei ist $n_1/n = P$ der Anteil von Personen, die sich im Zustand $\mathbf{K} = 1$ befinden, so daß man (23) auch wie folgt anschreiben kann:

$$P(S1) = \frac{x\,|\,\mathbf{K}=1}{n_1} \cdot P . \tag{24}$$

Gilt für jede Person, die sich im Zustand $\mathbf{K} = 1$ befindet, daß bei ihr **S** mit Wahrscheinlichkeit $1-\beta$ festgestellt wird, so ist $x\,|\,\mathbf{K}=1$ eine binomisch verteilte Zufallsvariable mit Parametern n_1 und $1-\beta$. Erwartungswert und Varianz dieser Zufallsvariablen sind bekanntlich gegeben durch:

$$E(x\,|\,\mathbf{K}=1) = n_1 \cdot (1-\beta) , \quad Var(x\,|\,\mathbf{K}=1) = n_1 \cdot (1-\beta)\beta .$$

Die Häufigkeit P(S1) (24) hat damit den Erwartungswert:

$$E\,\mathbf{P}(S1) = (1-\beta) \cdot P . \tag{25}$$

Um diesen Wert streuen die relativen Häufigkeiten P(S1) mit einer Varianz, die gleich ist:

$$Var\,\mathbf{P}(S1) = Var\left(\frac{x\,|\,\mathbf{K}=1}{n}\right) = \frac{1}{n^2} \cdot n_1 \cdot (1-\beta)\beta .$$

Im Hinblick auf $n_1/n = P$ erhält man die Darstellung:

$$Var\,\mathbf{P}(S1) = \frac{1}{n} \cdot (1-\beta)\beta \cdot P . \tag{26}$$

In der Untersuchungsgesamtheit findet man außerdem Personen, die sich im Zustand $\mathbf{K} = 0$ befinden und **S** aufweisen, mit einer relativen Häufigkeit von:

$$P(S0) = \frac{x\,|\,\mathbf{K}=0}{n} = \frac{x\,|\,\mathbf{K}=0}{n_0} \cdot \frac{n_0}{n} . \tag{27}$$

Dabei ist $n_0/n = 1-P$ der Anteil von Personen im Zustand $\mathbf{K} = 0$, so daß:

$$P(S0) = \frac{x\,|\,\mathbf{K}=0}{n_0} \cdot (1-P) . \tag{28}$$

Die Zufallsvariable $x\,|\,\mathbf{K}=0$ nimmt die Werte 0, 1, ..., n_0 an. Gilt für jede Person, die sich im Zustand $\mathbf{K} = 0$ befindet, daß bei ihr **S** mit Wahrscheinlichkeit α festgestellt wird, so ist $x\,|\,\mathbf{K}=0$ eine binomisch verteilte Zufallsvariable mit Parametern n_0 und α. Der Erwartungswert und die Varianz derselben sind gegeben durch:

$$E(x \mid \mathbf{K}=0) = n_0 \cdot \alpha \;, \qquad Var(x \mid \mathbf{K}=0) = n_0 \cdot \alpha(1-\alpha) \;.$$

Infolgedessen wird

$$E\,\mathbf{P}(S0) = \alpha \cdot (1-P) \tag{29}$$

und

$$Var\,\mathbf{P}(S0) = Var\left(\frac{x \mid \mathbf{K}=0}{n}\right) = \frac{1}{n^2} \cdot n_0 \cdot \alpha(1-\alpha) = \frac{1}{n} \cdot \alpha(1-\alpha) \cdot (1-P) \;, \tag{30}$$

wobei wieder $n_0/n = 1-P$ berücksichtigt wurde.

⋄♦ ♦ ♦⋄

Wir wollen uns nun vorstellen, daß die Wahrscheinlichkeiten des Syndroms **S** entgegen früheren Annahmen von Person zu Person schwanken: $n_{1\nu}$ ist die Anzahl von Personen, die sich im Zustand K = 1 befinden und **S** mit Wahrscheinlichkeit $1-\beta_\nu$ aufweisen. Die Zufallsvariable $\mathbf{x} \mid \mathbf{K}=1$ ist binomisch verteilt mit Parametern $n_{1\nu}$ und $1-\beta_\nu$; $\sum_\nu n_{1\nu} = n_1$. Der Erwartungswert der relativen Häufigkeit

$$P(S1) = \frac{\sum_\nu x_\nu \mid \mathbf{K}=1}{n_1} \cdot \frac{n_1}{n} \tag{31}$$

ist unter diesen Bedingungen wie folgt zusammengesetzt:

$$E\,\mathbf{P}(S1) = \sum_\nu \frac{n_{1\nu} \cdot (1-\beta_\nu)}{n_1} \cdot \frac{n_1}{n} \;.$$

Dabei ist $n_{1\nu}/n_1 = f_{1\nu}$ der Anteil von Personen im Zustand **K** = 1, die $1-\beta_\nu$ als Syndromwahrscheinlichkeit aufweisen und $n_1/n = P$. Wir erhalten:

$$E\;\mathbf{P}(S1) = \underbrace{\sum_\nu (1-\beta_\nu) \cdot f_{1\nu}} \cdot P \;.$$

Der Ausdruck über der liegenden Klammer ist die "mittlere Syndromwahrscheinlichkeit" bei Personen im Zustand **K** = 1. Somit ist anstelle von (25):

$$E\,\mathbf{P}(S1) = (1-\bar{\beta}) \cdot P \;. \tag{32}$$

$\bar{\beta}$ wird durch die Verteilung f_1 fremdbestimmt, ändert sich mit dieser Verteilung auch dann, wenn die einzelnen β_ν feste Werte sind.

Mit entsprechenden Überlegungen gewinnt man für die Gruppe von Personen im

Zustand **K** = 0 den Erwartungswert:

$$\mathrm{E}\,\mathbf{P}(S0) = \sum_{\nu} \frac{n_{0\nu} \cdot \alpha_{\nu}}{n_0} \cdot \frac{n_0}{n} .$$

Dabei ist $n_{0\nu}/n_0 = f_{0\nu}$ der Anteil von Personen im Zustand **K** = 0, die α_ν als Syndromwahrscheinlichkeit aufweisen und $n_0/n = 1-P$. Anstelle des Erwartungswertes (29) erhalten wir jetzt:

$$\mathrm{E}\,\mathbf{P}(S0) = \bar{\alpha}\cdot(1-P) . \tag{33}$$

$\bar{\alpha}$ wird von f_0 fremdbestimmt.

⬩⬥◆⬥⬩

Es mögen nun N verschiedene Untersuchungsgesamtheiten mit beliebiger Größe von P vorliegen: $0 < P_i < 1$, $i = 1, \ldots, N$. Diese N Gesamtheiten tragen wir mittels ihrer relativen Häufigkeiten P_i und $P_i(S1)$ (23) als Punkte in ein Koordinatensystem ein, sowie mittels ihrer relativen Häufigkeiten $1-P_i$ und $P_i(S0)$ (27) in ein anderes. Wenn es zutrifft, daß alle Untersuchungsgesamtheiten feste Syndromwahrscheinlichkeiten $1-\beta$ bzw. α aufweisen, dann müssen die Punkte des ersten Koordinatensystems sich wegen (25) entlang einer Geraden anordnen, die den Anstieg $1-\beta$ hat; die Punkte des zweiten wegen (29) entlang einer zweiten Geraden mit dem Anstieg α. Nachfolgende Abb.V.1 veranschaulicht den Sachverhalt.

Abb.V.1: Der Anteil von Personen, die **K** = 1 und **S** bzw. **K** = 0 und **S** aufweisen, nimmt mit P bzw. 1–P linear zu.

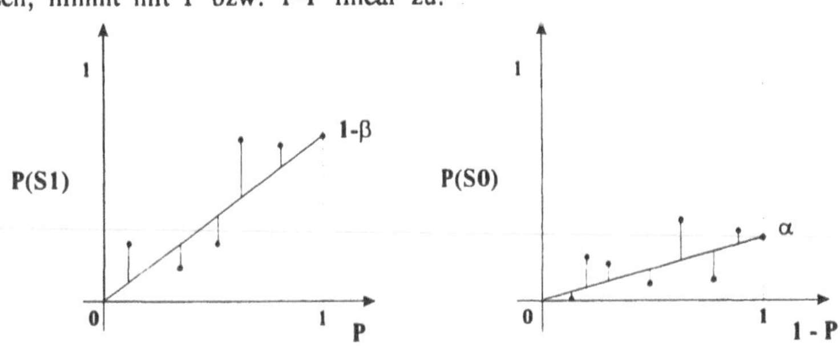

Da die relativen Häufigkeiten $P_i(S1)$ und $P_i(S0)$ von Zufallsvariablen **x** | **K**=1 bzw. **x** | **K**=0 stammen, sind sie mit einem Stichprobenfehler behaftet, so daß die Punkte zufällig von den Geraden abweichen. Das zulässige Ausmaß dieser Abweichungen gilt es zu bestimmen. Wenn nämlich die relativen Häufigkeiten $P_i(S1)$ bzw. $P_i(S0)$ anstelle von (25) bzw. (29) die Erwartungswerte (32) bzw. (33) haben, so werden die Abweichungen von den Geraden $(1-\beta)\cdot P$ bzw.

$\alpha\cdot(1-P)$ im allgemeinen größer ausfallen. Das zeigt der Erwartungswert, den die quadratischen Abweichungen von den Geraden haben:

$$\begin{aligned} E\left[P(S1)-(1-\beta)\cdot P\right]^2 &= E\left[P(S1)-(1-\bar{\beta})\cdot P+(1-\bar{\beta})\cdot P-(1-\beta)\cdot P\right] \\ &= \underbrace{E\left[P(S1)-(1-\bar{\beta})\cdot P\right]^2} + \left[(1-\bar{\beta})-(1-\beta)\right]^2\cdot P^2. \end{aligned} \tag{34}$$

Der Ausdruck über der liegenden Klammer stellt die Varianz dar, mit der die Mischung von Binomialverteilungen in (31) um ihren Mittelwert $(1-\bar{\beta})\cdot P$ streut. Die "erwartete quadratische Abweichung von der Geraden", also die linke Seite von (34), ist größer als jene Varianz, wenn $[(1-\bar{\beta})-(1-\beta)]^2\cdot P^2 = [\beta-\bar{\beta}]^2\cdot P^2 > 0$, also wenn $\beta \neq \bar{\beta}$; sonst ist sie ihr gleich.
Entsprechende Überlegungen, die Abweichungen der Punkte $P_i(S0)$ von $\alpha\cdot(1-P_i)$ betreffend, führen zu folgenden Ergebnissen:

$$\begin{aligned} E\left[P(S0)-\alpha(1-P)\right]^2 &= E\left[P(S0)-\bar{\alpha}\cdot(1-P)+\bar{\alpha}(1-P)-\alpha(1-P)\right]^2 \\ &= \underbrace{E\left[P(S0)-\bar{\alpha}\cdot(1-P)\right]^2} + \left[\bar{\alpha}-\alpha\right]^2\cdot(1-P)^2. \end{aligned} \tag{35}$$

Die erwartete quadratische Abweichung von der Geraden $\alpha\cdot(1-P)$ (linke Seite von (35)) ist größer als die Varianz der relativen Häufigkeiten P(S0), wenn $\bar{\alpha} \neq \alpha$, sonst ist sie ihr gleich.

Mit (34) und (35) kann festgestellt werden, ob es feste Syndromwahrscheinlichkeiten $1-\beta$ und α gibt: Man wählt in der Abb.V.1 die Geraden aus, von denen die N Untersuchungsgesamtheiten die "kleinste quadratische Abweichung" aufweisen. Übersteigt diese Abweichung einen zulässigen Grenzwert nicht, so wird man die Parameter dieser Geraden – wir bezeichnen sie mit $1-\hat{\beta}$ und $\hat{\alpha}$ – als Messungen der festen Syndromwahrscheinlichkeiten $1-\beta$ und α ansehen. Im gegenteiligen Fall ist die Vermutung, daß es solche festen Syndromwahrscheinlichkeiten gibt, zu verwerfen.

V.5. Die Messung der Syndromwahrscheinlichkeiten

Die relativen Häufigkeiten $P_i(S1)$ und $P_i(S0)$, $i = 1, ..., N$, sind mit einem Meßfehler behaftet, der durch ihre Standardabweichung ausgedrückt werden kann. Aus (26) und (30) ergibt sich (36):

$$\sigma_{i1} = \sqrt{\operatorname{Var} \mathbf{P}_i(S1)} = \sqrt{\frac{(1-\beta)\beta \cdot P_i}{n_i}}; \quad \sigma_{i0} = \sqrt{\operatorname{Var} \mathbf{P}_i(S0)} = \sqrt{\frac{\alpha(1-\alpha)\cdot(1-P_i)}{n_i}} \, .$$

Dabei ist n_i der Umfang der i–ten Untersuchungsgesamtheit. Man erkennt, daß der Meßfehler umso kleinere Werte annimmt, je größer die Untersuchungsgesamtheit ist. Ein Punkt der Abb.V.1 sollte also die Gerade umso näher an sich heranziehen können, je größer die Untersuchungsgesamtheit ist, die er repräsentiert. Man ermöglicht das, wie schon in Beispiel I.2, durch Transformation der relativen Häufigkeiten mit der Matrix:

$$\mathbf{C}^{-1/2} = \begin{bmatrix} \sigma_{11}^{-1} & & & & 0 \\ & \ddots & & & \\ & & \sigma_{N1}^{-1} & & \\ & & & \sigma_{10}^{-1} & \\ & & & & \ddots \\ 0 & & & & \sigma_{N0}^{-1} \end{bmatrix} . \qquad (37)$$

Kleinstquadratschätzer $1-\hat{\beta}$, $\hat{\alpha}$ für die Parameter der Geraden in Abb.V.1 gewinnt man nun mit der bekannten Formel:

$$\boxed{\hat{\mathbf{L}} = (\tilde{\mathbf{P}}'\tilde{\mathbf{P}})^{-1}\cdot\tilde{\mathbf{P}}'\cdot\tilde{\mathbf{y}}} \, , \qquad (38)$$

wobei

$$\underbrace{\mathbf{C}^{-1/2}\cdot\begin{bmatrix} P_1(S1) \\ \vdots \\ P_N(S1) \\ P_1(S0) \\ \vdots \\ P_N(S0) \end{bmatrix}}_{\tilde{\mathbf{y}}} = \underbrace{\mathbf{C}^{-1/2}\cdot\begin{bmatrix} P_1 & 0 \\ \vdots & \vdots \\ P_N & 0 \\ 0 & 1-P_1 \\ \vdots & \vdots \\ 0 & 1-P_N \end{bmatrix}}_{\tilde{\mathbf{P}}}\cdot\underbrace{\begin{bmatrix} 1-\beta \\ \alpha \end{bmatrix}}_{\mathbf{L}} + \underbrace{\mathbf{C}^{-1/2}\cdot\begin{bmatrix} v_{11} \\ \vdots \\ v_{N1} \\ v_{10} \\ \vdots \\ v_{N0} \end{bmatrix}}_{\tilde{\mathbf{v}}} . \qquad (39)$$

Die für die Rechnung notwendigen Elemente von (37) hängen, wie (36) zeigt, von den unbekannten Größen $1-\beta$ und α ab, sie müssen auf iterativem Wege gewonnen werden. Man beginne etwa mit $1-\beta_0 = \alpha_0 = 0{,}5$, so daß

$${}_0\sigma_{i1} = 0{,}5\sqrt{\frac{P_i}{n_i}}; \quad {}_0\sigma_{i0} = 0{,}5\sqrt{\frac{1-P_i}{n_i}} \, .$$

Nun kann man schon mit (38) eine erste Näherung an die Lösung gewinnen: $1-\hat{\beta}_1$, $\hat{\alpha}_1$. Diese Werte verwende man, um

$$ {}_1\sigma_{i1} = \sqrt{\frac{(1-\hat{\beta}_1)\hat{\beta}_1 \cdot P_i}{n_i}} , \quad {}_1\sigma_{i0} = \sqrt{\frac{\hat{\alpha}_1(1-\hat{\alpha}_1)(1-P_i)}{n_i}} $$

und damit eine zweite Näherung $1-\hat{\beta}_2$, $\hat{\alpha}_2$ zu gewinnen. Man bricht das Verfahren nach k Schritten ab, wenn

$$ |(1-\hat{\beta}_k) - (1-\hat{\beta}_{k-1})| \leq \varepsilon , \quad |\hat{\alpha}_k - \hat{\alpha}_{k-1}| \leq \varepsilon , $$

und setzt $1-\hat{\beta}_k = 1-\hat{\beta}$, $\hat{\alpha}_k = \hat{\alpha}$. Dabei ist ε eine frei zu wählende Genauigkeitsschranke.

•♦ ◆ ♦•

Die Frage, ob es feste Syndromwahrscheinlichkeiten $1-\beta$ und α gibt, wird mit Hilfe der Abweichungen $\tilde{v}$ in (39) entschieden:

$$ \sum_{i=1}^{N} \tilde{v}_{i1}^2 + \sum_{i=1}^{N} \tilde{v}_{i0}^2 = \frac{1}{(1-\hat{\beta})\hat{\beta}} \sum_i \frac{n_i}{P_i} \left[P_i(S1) - (1-\hat{\beta})P_i\right]^2 + \\ + \frac{1}{\hat{\alpha}(1-\hat{\alpha})} \sum_i \frac{n_i}{1-P_i} \left[P_i(S0) - \hat{\alpha}(1-P_i)\right]^2 . \tag{40} $$

Im Hinblick auf (34) und (35) sind die erwarteten quadrierten Abweichungen von der Geraden und die Varianz der relativen Häufigkeiten einander gleich, wenn $\overline{\beta}_i = \beta$, $\overline{\alpha}_i = \alpha$ für $i = 1, \ldots, N$. Ist dies der Fall, so hat die Statistik

$$ S^2 = \frac{1}{2(N-1)} \left[\sum_i \tilde{v}_{i1}^2 + \sum_i \tilde{v}_{i0}^2 \right] \tag{41} $$

den Erwartungswert 1. Die Zufallsvariable

$$ \chi^2 = 2(N-1) \cdot S^2 $$

ist dann approximativ chiquadratverteilt mit Parameter 2(N−1). Die Vermutung $E\,S^2 = 1$ wird mit Irrtumswahrscheinlichkeit W verworfen, wenn die Statistik S^2 die Ungleichung erfüllt:

$$ \boxed{\chi^2_{2(N-1);1-W} \leq 2(N-1) \cdot S^2} . \tag{42} $$

Dabei sollte W groß gewählt werden (z.B. W = 0,1), damit ein Fehler zweiter Art möglichst vermieden wird: Man sollte seine Mitmenschen nicht von festen Syndromwahrscheinlichkeiten überzeugen wollen, wenn sich herausstellen könnte, daß sie eben nicht fest sind.

V.6: Konfidenzintervalle, Indexe der Sicherheit

Bei den folgenden Überlegungen setzen wir voraus, daß der Nachweis fester Syndromwahrscheinlichkeiten $1-\beta$ und α gelungen ist.

Die Varianzen und Kovarianzen der Kleinstquadratschätzer sind Elemente der Matrix $\sigma^2 \cdot (\tilde{\mathbf{P}}'\tilde{\mathbf{P}})^{-1}$. Diese Matrix ist in (38) enthalten, außerdem gilt $\sigma^2 = E\,S^2 = 1$. Man findet folgende Schätzer:

$$\boxed{\mathrm{Var}\,(1-\hat{\beta}) = \frac{(1-\beta)\beta}{\sum_i n_i P_i}\ ; \quad \mathrm{Var}\ \hat{\alpha} = \frac{\alpha(1-\alpha)}{\sum_i n_i (1-P_i)}\ ; \quad \mathrm{Kov}\,(1-\hat{\beta}), \hat{\alpha} = 0} \ . \tag{43}$$

Ist $n_i \cdot (1-\beta)\beta \geq 10$ sowie $n_i \cdot \alpha(1-\alpha) \geq 10$ für alle $i = 1, \ldots, N$, oder ist N groß, so sind die Schätzer $1-\hat{\beta}$ und $\hat{\alpha}$ annähernd normalverteilt:

$$\boxed{(1-\hat{\beta}) \sim N(1-\beta;\ \mathrm{Var}\ 1-\hat{\beta}); \quad \hat{\alpha} \sim N(\alpha;\ \mathrm{Var}\ \hat{\alpha})} \ . \tag{44}$$

⬩◆⬩

Mit den Meßwerten $1-\hat{\beta}$ und $\hat{\alpha}$ können wir folgende Aussagen über $1-\beta$, α und das Richtigkeitsmaß $R = 1-\beta-\alpha$ machen:

(1) Die Zahl $1-\beta$ ist mit Sicherheit $1-W$ eine Zahl aus dem Intervall

$$\left[(1-\hat{\beta}) - z_{1-W}\sqrt{\mathrm{Var}\ 1-\hat{\beta}}\ ;\ 1\right], \tag{45}$$

wobei W eine frei zu wählende Größe darstellt, z.B. 0,025, und z_{1-W} das (1–W)–Quantil der Standardnormalverteilung ist (Beispiel: $z_{0{,}975} = 1{,}96$).

(2) Die Zahl α ist mit Sicherheit $1-W$ eine Zahl aus dem Intervall

$$\left[0\ ;\ \hat{\alpha} + z_{1-W}\sqrt{\mathrm{Var}\ \hat{\alpha}}\ \right]. \tag{46}$$

(3) Die Vermutung, daß das Richtigkeitsmaß $R = 1-\beta-\alpha$ (10) die Größe Null hat, wird mit Irrtumswahrscheinlichkeit W verworfen, wenn $1-\beta \geq \alpha$ und

$$1 - \hat{\beta} - \hat{\alpha} \geq z_{1-W} \cdot \sqrt{\text{Var } 1-\hat{\beta} + \text{Var } \hat{\alpha}} \quad . \tag{47}$$

(4) Eine Person im Zustand **K** = 1 weist das Syndrom mit der Wahrscheinlichkeit $Q_1 = 1 - \beta$ auf (8'). Eine Person im Zustand **K** = 0 weist es auf, ist "falsch positiv" mit Wahrscheinlichkeit $Q_0 = \alpha$ (8'').

Nun stellen wir uns eine Person vor, von der wir nichts weiter wissen, als daß man das Syndrom **S** bei ihr festgestellt hat. Diese Person ist entweder im Zustand **K** = 1 oder sie ist "falsch positiv". Die Wahrscheinlichkeit, daß sie im Zustand **K** = 1 ist, wenn wir **S** feststellen, errechnet sich mit

$$\Pr(Q_1 \mid Q_1 \text{ oder } Q_0) = \frac{1-\beta}{1-\beta+\alpha} \quad . \tag{48}$$

Eine Person im Zustand **K** = 0 ist ohne Syndrom mit Wahrscheinlichkeit $1 - Q_0 = 1 - \alpha$. Eine Person im Zustand **K** = 1 weist das Syndrom nicht auf, ist "falsch negativ" mit Wahrscheinlichkeit $1 - Q_1 = \beta$. Aus ähnlichen Gründen wie oben errechnen wir die Wahrscheinlichkeit, daß sie im Zustand **K** = 0 ist, wenn wir $\bar{\mathbf{S}}$ feststellen, mit

$$\Pr(1 - Q_0 \mid 1 - Q_0 \text{ oder } 1 - Q_1) = \frac{1-\alpha}{1-\alpha+\beta} \quad . \tag{49}$$

Wir wollen (48) als Index der Sicherheit bezeichnen, mit der wir **K** = 1 diagnostizieren können; (49) als Index der Sicherheit, mit der **K** = 0 festzustellen ist.

Ist α klein, so erfolgt die Diagnose von **K** = 1 aufgrund von **S** recht sicher, auch wenn β nicht sehr klein ist. Die Sicherheit dieser Diagnose wird also wesentlich von α beeinflußt. Die folgende Tabelle V.1 stellt den Sachverhalt dar.

Tab.V.1: Der Index (48) bei einigen ausgewählten Werten von α und β, auf zwei Stellen genau.

	α:	0	0,01	0,05	0,10
	0	1	0,99	0,95	0,91
	0,01	1	0,99	0,95	0,91
ß:	0,05	1	0,99	0,95	0,90
	0,10	1	0,99	0,95	0,90
	0,20	1	0,99	0,94	0,89

Mit Hilfe der Schranken der Konfidenzintervalle (45) und (46) kann man zuletzt bestimmen, welchen Wert (48) bzw. (49) im ungünstigsten Falle annimmt.

V.7: Die Auswertung des Beispiels IV.1

Die 1061 Personen, die Herz-Kreislaufbeschwerden aufweisen, sich also im Zustand **K** = 1 befinden, verteilen sich auf die $2^3 = 8$ Ausprägungen des Symptomvektors. Die Wahrscheinlichkeit des Syndroms **S** = (1,1,1) bei Personen mit **K** = 1 ist recht klein:

$$\Pr(111 \mid \mathbf{K} = 1) = \frac{298}{1061} = 0{,}281 \; .$$

Es hat sich aber gezeigt, daß der Persönlichkeitstyp, also Symptom $\mathbf{a}_3$, bei der Diagnose von **K** (nahezu) irrelevant ist. Wir vernachlässigen daher dieses Symptom und erhalten mit (1) jetzt:

$$\Pr(11. \mid \mathbf{K} = 1) = \frac{298 + 205}{1061} = 0{,}474 = 1 - \beta \; .$$

Ferner berechnen wir α mit (3), wobei wir Symptom $\mathbf{a}_3$ wieder vernachlässigen:

$$\Pr(11. \mid \mathbf{K} = 0) = \frac{25 + 22}{2121} = 0{,}022 = \alpha \; .$$

Der Anteil der "falsch negativen" Diagnosen ist nach (2):

$$\beta = 1 - 0{,}474 = 0{,}526 \; ,$$

also recht groß. Dafür ist der Anteil der "falsch positiven" Diagnosen mit $\alpha = 0{,}022$ erfreulich klein. Im Hinblick auf die Ausführungen des vorigen Abschnittes dürfen wir also erwarten, daß die Diagnose von **K** aufgrund von $\mathbf{S} = (\mathbf{a}_1, \mathbf{a}_2)$ trotz des großes Wertes von β recht sicher ist.

••◆••

Die Häufigkeit des Syndroms **S** = (1,1) läßt sich einerseits als Randhäufigkeit der Tabelle des Beispiels IV.1 berechnen:

$$\Pr(11.) = \frac{298 + 205 + 25 + 22}{1061 + 2121} = 0{,}173 \; ,$$

andererseits mit (8):

$$Q = 0{,}022 + (0{,}474 - 0{,}022) \cdot 0{,}333 = 0{,}173 \; .$$

Dabei ist 0,333 = 1061/(1061+2121) = P, also der Anteil von Personen der Untersuchungsgesamtheit, die an Herz-Kreislaufbeschwerden leiden.

Das "Maß der Richtigkeit", also 1, vermindert um den Anteil der "falsch negativen" und der "falsch positiven" Diagnosen, beträgt:

$$R = 1 - 0{,}526 - 0{,}022 = 0{,}452\,.$$

Die "Trefferquote" beziffert sich auf über 80 %. Es ist nämlich

$$T = (1 - 0{,}022) + (0{,}022 - 0{,}526)\cdot 0{,}333 = 0{,}810\,.$$

Dieser Wert ist erheblich größer als jene Trefferquote, die man erzielt, wenn man auf den häufigeren Zustand, also auf **K** = 0 "setzt": P(**K** = 0) = 1 − 0,333 = 0,667. Die Wahrscheinlichkeit, daß man zu Recht **K** = 1 diagnostiziert, wenn jemand **S** = (1,1) aufweist, errechnet sich mit (48) wie folgt:

$$\Pr(Q_1 \mid Q_1 \text{ oder } Q_0) = \frac{0{,}474}{0{,}474 + 0{,}022} = 0{,}956\,.$$

Die Wahrscheinlichkeit, daß man zu Recht **K** = 0 diagnostiziert, wenn jemand das Syndrom (1,1) nicht aufweist, ist nach (49):

$$\Pr(1 - Q_0 \mid 1 - Q_0 \text{ oder } 1 - Q_1) = \frac{0{,}978}{0{,}978 + 0{,}526} = 0{,}650\,.$$

Das Fehlen des Syndroms besagt also "nicht sehr viel".

KAPITEL VI: DER SEMANTISCHE RAUM

VI.1: Intermodale Merkmale

Wir sind gewohnt, eine Eins-zu-Eins-Zuordnung von Reizen und Empfindungen anzunehmen: Licht wird gesehen, Töne werden gehört, Zucker wird geschmeckt. Die Wirkung der Reize bleibt indessen nicht auf das eigentliche oder primäre Sinnesgebiet beschränkt. Töne können beispielsweise Farbempfindungen hervorrufen, schrille Töne ein stumpfes Gefühl in den Zähnen. In der einschlägigen Literatur (vgl. WERNER 1966) werden solche **Mitempfindungen** oder Synästhesien von nahezu allen Sinnesgebieten berichtet.

Auch im Bereich der Sprache charakterisiert man Empfindungen eines Sinnesgebietes mit Ausdrücken, die sinnliche Erfahrungen aus anderen Sinnesgebieten bezeichnen. Man spricht von einem "schwarzen Baß", vom "süßen Klingen" einer Geige, von "schreienden Farben". Ein Mensch kann "hart" sein, die Stimme eines Greises "dünn", eine Stimmung "weich", eine Beziehung "brüchig". Wir unterscheiden allerdings auch hier die Bedeutung des Ausdrucks im ursprünglichen Sinnesgebiet von seiner **übertragenen** oder metaphorischen. So sind "warm-kalt" ursprünglich Hervorbringungen der Hautsinne. Wir hören jedoch "heiße Rhythmen", sehen ein "kaltes Blau", verspüren ein "warmes Gefühl". Das Erlebnis von Stärke und Schwäche wird ursprünglich von den Muskelsinnen vermittelt. Wir kennen jedoch "starke Persönlichkeiten" und beklagen einen "schwachen Verstand". "Hell-dunkel" werden nicht nur gesehen. Wir hören das "helle Schmettern" der Fanfaren und grübeln über den Sinn einer "dunklen Rede".

Synästhesien und Metaphern lassen sich mit Merkmalen erklären, die verschiedenen Gebieten der sinnlichen Erfahrung und des Erlebens gemeinsam sind. Man bezeichnet solche Merkmale als **intermodal**. Die von einem akustischen Reiz ausgelöste Farbempfindung und die Tonempfindung weisen demzufolge eine ähnliche Ausstattung mit intermodalen Merkmalen auf (vgl. WERNER 1966).

Die Mitempfindung wird als sekundär bezeichnet, weil sie beim erwachsenen Menschen der Hochzivilisation scheinbar regellos vorkommt, zum Unterschied von der primären Empfindung, die bei gleichem Reiz regelmäßig in gleicher

Form auftritt, solange das Sinnesorgan intakt ist. Synästhesien kommen indessen bei Naturvölkern und bei Kindern weitaus regelmäßiger vor. Sie scheinen das archaische Erleben förmlich zu bestimmen. Ihre Rückbildung beim erwachsenen Menschen der Hochzivilisation wird auf "Differenzierungshemmung" zurückgeführt (Pickenhain 1959): Die fehlende Bestätigung des auf die sekundäre Sinnesreaktion gegründeten Verhaltens durch "Erfolg" führt zur Differenzierung von primärer und sekundärer Reaktion und zur Hemmung der letzteren. Diese Hemmung bewahrt uns zugleich auch davor, daß wir die übertragene Bedeutung eines Wortes mit seiner primären verwechseln, also z.B. die "heiße Liebe" mit dem "heißen Ofen". Auf beide zielt allerdings die Redensart, man könne sich an ihnen "die Finger verbrennen".

Die Mitreaktion ist von der Differenzierungshemmung nur oberflächlich betroffen. Es gibt Hinweise darauf, daß es nach wie vor zu einer rudimentären Aktivierung der Mitreaktion kommt. Der Zauber der Poesie und die Eindringlichkeit der Träume sprechen für ihre Wirksamkeit in der Tiefe. Man kann sogar gewisse Komplikationen künstlich erzeugen, wenn man Reize kombiniert, welche Mitreaktionen von unverträglichem Charakter evozieren. Das kann beispielsweise mit dem "Turm von Hanoi" geschehen: Ein aus Scheiben abnehmenden Durchmessers gebildeter Turm ist abzutragen und an anderer Stelle wieder zu errichten, indem man die Scheiben über Zwischenfelder dahin transportiert. Dabei ist nicht erlaubt, daß eine größere Scheibe auf einer kleineren zu liegen kommt. Die Lösung der Aufgabe wird nicht unerheblich erschwert, wenn man die Scheiben so gestaltet, daß die kleinen größeres Gewicht haben und von dunklerer Farbe sind als die großen (Solley et al. 1957). Die Erschwernis ist damit zu erklären, daß "klein" und "schwer" sowie "oben" und "dunkel" nicht zusammenpassen. Wir werden – trotz Differenzierungshemmung – von unverträglichen Mitempfindungen irritiert und spüren genau, was sich verträgt. Wenn wir beispielsweise aus dem Paar "leise–laut" dasjenige Wort auswählen sollen, zu dem "groß" paßt, so haben wir nicht den Eindruck, daß wir beliebig "wählen" können.

Derartige Wahlen dürfte als erster v. Hornbostel (1927, 1931) systematisch untersucht haben. Er beauftragte seine Versuchspersonen, zu einem vorgegebenen Geruch eine passende Farbe, dann zu demselben Geruch einen dazupassenden Ton, und schließlich zu der Farbe einen Ton auszuwählen. Es zeigte sich, daß die Wahlen der Versuchspersonen in hohem Grade transitiv waren. Ähnliche Relationen zwischen Musikstücken, Farben und Stimmungsbezeichnungen fanden Odbert, Karwoski und Eckerson (1942). In diesem Zusammenhang erwähnenswert ist auch die Bedeutung des Textes für die Musik der Bach'schen Kantaten. In seiner Vorrede zur Bachbiographie von A. Schweitzer (1979) erzählt Ch. Widor: "So klar und einfach ... die musikalische Logik des Meisters in den Präludien und Fugen ist, so dunkel erscheint sie, sobald er eine Choralmelodie behandelt. Warum diese zuweilen fast übermäßig schroffen Antithesen von Gefühlen? ...". Schweitzer erwiderte: "Natürlich muß Ihnen in den Chorälen vieles dunkel bleiben, da sie sich nur aus den zugehörigen Texten erklären. ... Er übertrug mir die Dichtung aus dem Gedächtnis ins Französische. Die Rätsel lösten sich." Schweitzer schildert in seiner Bachbiographie die "musikalische Sprache" der Choräle und Kantaten ausführlich. Siehe auch Rueger (1991).

Schon L. Klages (1948, 1960) hat "Sinnlisten" von Zusammenpassendem erstellt, z.B. die folgende:

Seele	innen	dunkel	Nacht	Hingebung	Frau
Geist	außen	hell	Tag	Behauptung	Mann

Wenn man sagt: "Seele ist innen, ist dunkel wie die Nacht, ist Hingebung; Frau Seele...", so zählt man einen Teil dessen auf, was J. Stuart Mill die **konnotative Bedeutung** eines Wortes genannt hat (vgl. Hoffmeister 1955): Jedes Wort ist von einem Umfeld, einer Aura von Wörtern umgeben, die eine ähnliche Ausstattung mit intermodalen Merkmalen aufweisen. Dieses Umfeld stellt seine "konnotative Bedeutung" dar.

VI.2: Eigenschaften des semantischen Raumes

Es lassen sich Relationen zwischen Prädikaten einerseits, zwischen beliebigen Wörtern und Prädikaten andererseits festellen: "groß" paßt zu "laut", "hell" zu "oben", Helden sind "Lichtgestalten", Alexander von Makedonien wird der "Große" genannt. Da es sich um Charakterisierungen von Wörtern durch Ausdrücke von polarisierter Bedeutung handelt (Green und Goldfried 1965), spricht man von deren **Polaritätenprofil**. Will man solche Charakterisierungen vollständig ausführen, so muß man auch der Möglichkeit

Rechnung tragen, daß einzelne Ausdrücke zu einem Wort keine Beziehung haben.

Wir werden jetzt Prädikate durch Strahlen darstellen, die in einem gemeinsamen Indifferenzpunkt beginnen und in Richtungen weisen, die sich aus ihrer "Qualität" ergeben. Insbesondere werden Prädikate von gegensätzlicher Bedeutung durch Strahlen repräsentiert, welche in entgegengesetzte Richtungen weisen. Die Gesamtheit aller Prädikatenstrahlen spannt den **semantischen Raum** auf.

Wir richten auch für jedes Wort einen Strahl ein, der senkrecht auf den Strahlen jener Prädikate steht, die keine Beziehung zu dem Wort aufweisen und sich, je nach Verwandtschaft, mehr oder weniger den Strahlen jener Prädikate zuneigt, durch die das Wort charakterisiert wird. Er fällt daher mit dem Strahl jenes Prädikates zusammen, das den gleichen konnotativen Inhalt aufweist wie das Wort selbst.

VI.3: Bipolare Skalen

Die Winkel, welche ein Wortstrahl mit den verschiedenen Prädikatenstrahlen bildet, stellen Grade der Bedeutungsverwandtschaft dar.
Man darf es als erwiesen ansehen, daß Menschen solche Grade unterscheiden. Aus diesem Grund kann man eine Skala entwerfen, die den Grad der Verwandtschaft von Wort und Prädikat durch eine Meßzahl x ausdrückt: Trägt ein Prädikat zur Charakterisierung des Wortsinnes nichts bei, so ist $\alpha=90°$ und x soll null sein. Repräsentiert es den Wortsinn vollkommen, so ist $\alpha=0°$ und x soll +a sein. Ist das Wort durch ein Prädikat von entgegengesetzter Bedeutung charakterisiert, so ist $\alpha=180°$ und x soll -a sein. Zwischenwerte deutet man entsprechend. Wir konstatieren somit zwischen Winkel α und Meßwert x die Beziehung:

$$\boxed{x = a \cdot \cos \alpha} \quad . \tag{1}$$

Die durch -a und +a begrenzte Menge von x-Werten bildet ein **bipolares Merkmal** mit den Prädikaten P^- und P^+ als Pole. Bei $\alpha=0$ ist $x=a$. Jeder Wortpunkt hat somit vom Indifferenzpunkt den Abstand a. Jedes Prädikat paßt vollkommen zu sich selbst, hat also vom Indifferenzpunkt ebenfalls den Abstand a. Wörter und Prädikate haben, auf welchem Strahl des semantischen Raumes auch immer sie abgebildet werden, vom Indifferenzpunkt den gleichen Abstand, bedecken also die Oberfläche einer Kugel im semantischen Raum, welche den Radius a hat.

Abb.VI.1: Eine "semantische Kugel" der Dimension R=2.

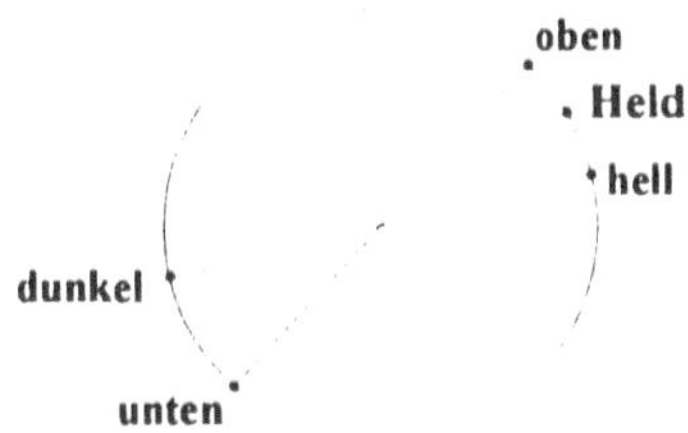

Man beachte das durch Prädikatenpunkte gebildete "Umfeld" des Wortpunktes "Held": überwiegend "hell", überwiegend "oben". Der Held als "Lichtgestalt", die "über den Dingen steht".

VI.4: Die Dimension der semantischen Kugel

Man stelle sich vor, daß die Oberfläche der semantischen Kugel mit einer großen Zahl von Wortpunkten bedeckt ist. Der Oberflächeninhalt hat dabei folgendes Maß:

$$O_R = \frac{2 \cdot a^{R-1} \cdot \pi^{R/2}}{\Gamma\left(\frac{R}{2}\right)} \qquad (2)$$

(Kendall 1961, S.35). a ist der Radius, R die Dimension der semantischen Kugel; π=3,14159... und Γ die "Gammafunktion":

$$\Gamma\left(\frac{m}{2}\right) = \begin{cases} \dfrac{\sqrt{\pi}}{2^{m-1}} \cdot \dfrac{(m-1)!}{\left(\frac{m-1}{2}\right)!} & m = 1,3,5,\ldots \\ \left(\frac{m}{2} - 1\right) & m = 2,4,6,\ldots \end{cases} \qquad (3)$$

Außerdem gilt: $\Gamma(n+1) = n \cdot \Gamma(n)$; ist n ganzzahlig, wird $\Gamma(n+1) = n! = n(n-1) \cdot \ldots \cdot 2 \cdot 1$. Weiters ist $\Gamma\left(\frac{1}{2}\right) = \sqrt{\pi}$.

Alle Wortpunkte werden nun mit $x=a\cdot\cos\alpha$ auf eine Achse der semantischen Kugel projiziert, die durch die beiden Prädikate P^- und P^+ charakterisiert sein soll. Ist beispielsweise $R = 2$, so findet man für jedes x, $-a<x<+a$, gerade zwei Wortpunkte, deren Projektion auf diese Achse x ergibt. Allgemein gilt: Eine Ebene, welche auf die Achse senkrecht steht und vom Indifferenzpunkt den Abstand $|x|$ hat, schneidet die semantische Kugel, wenn $|x| \leq a$. Die Punkte der Ebene, die zugleich auch Punkte der Kugeloberfläche sind, bilden die Menge von Punkten, deren Projektion auf die Achse gerade x ergibt. Ist beispielsweise $R=3$, so bilden diese Punkte den Umfang eines Kreises mit dem Radius $\sqrt{a^2 - x^2}$.

Wir wählen nun $R-1$ weitere Achsen, die mit der vorigen und untereinander rechte Winkel bilden. Jeder Wortpunkt weist nun R Projektionen x_1, $x_2, \ldots, x_{R-1}, x.$ auf, für die gilt: $x_1^2 + x_2^2 + \ldots + x_{R-1}^2 + x^2 = a^2$.

Alle Wortpunkte, deren Projektion auf die "letzte" Achse den Wert x ergibt, bedecken die Oberfläche einer Kugel, welche den Radius $\sqrt{a^2 - x^2}$ und die Dimension $R-1$ hat. Diese Kugel hat entsprechend (2) den Oberflächeninhalt

$$O_{R-1} = \frac{2\cdot\left(\sqrt{a^2-x^2}\right)^{R-2}\cdot\pi^{(R-1)/2}}{\Gamma\left(\frac{R-1}{2}\right)} . \qquad (4)$$

Nun wollen wir feststellen, welchen Anteil an der Oberfläche der Kugel diese Punktmenge hat, deren Projektion auf die "letzte" Achse den Wert x ergibt. Zu diesem Zweck müssen wir den Oberflächeninhalt einer "Kugelschicht" berechnen. Es gilt

$$\cos\alpha = \frac{x}{a} , \qquad \sin\alpha = \frac{\sqrt{a^2-x^2}}{a} ,$$
$$x = a\cdot\cos\alpha , \qquad \frac{dx}{d\alpha} = a\cdot(-\sin\alpha) .$$

Nun können wir auch schon die "Breite" der Kugelschicht bestimmen:

$$a\cdot d\alpha = \frac{dx}{|\sin\alpha|} = \frac{a}{\sqrt{a^2-x^2}}\, dx . \qquad (5)$$

Das Maß der "günstigen Punkte", d.h. der Punkte, deren Projektion auf die "letzte" Achse x ergibt, ist dementsprechend $O_{R-1}\cdot a\cdot d\alpha$, das Maß der "möglichen Punkte" dagegen O_R.

Der Anteil der "günstigen Punkte" an der gesamten Oberfläche der semantischen Kugel ist somit:

$$f(x)dx = \frac{O_{R-1} \cdot a \cdot d\alpha}{O_R} .$$

Setzt man (4), (5) und (2) in diesen Quotienten ein, so erhält man:

$$f(x)dx = \frac{1}{\sqrt{\pi} \cdot a^{R-2}} \cdot \frac{\Gamma\left(\frac{R}{2}\right)}{\Gamma\left(\frac{R-1}{2}\right)} \cdot (a+x)^{\frac{R-3}{2}} \cdot (a-x)^{\frac{R-3}{2}} \cdot dx \qquad (6)$$
$$-a \le x \le a$$

wobei $a^2-x^2 = (a+x)\cdot(a-x)$ ist.

Die Wahrscheinlichkeit, daß ein wahllos herausgegriffener Punkt der Kugeloberfläche auf der "letzten" Achse die Projektion x hat, ist mit (6) gerade f(x)dx. Es muß daher gelten (Anhang **A-2**):

$$\int_{-a}^{a} f(x)dx = 1 .$$

Die Projektionen der Oberflächenpunkte auf eine bestimmte Achse bilden dort also eine "symmetrische Betaverteilung" über dem Intervall [–a,a]. Folglich besitzt die Variable

$$z = \frac{1}{2a} \cdot x + \frac{1}{2} \qquad (7)$$

eine Beta-Verteilung über dem Intervall [0,1]:

$$f(z) = K \cdot z^{\alpha}(1-z)^{\beta} .$$

Mittelwert und Varianz dieser Verteilung sind bekannt (vgl. etwa STANGE 1970, S.322f):

Mittelwert: $$E\,z = \frac{\alpha+1}{\alpha+\beta+2} ,$$

Varianz: $$\mathrm{Var}\,z = \frac{(\alpha+1)(\beta+1)}{(\alpha+\beta+2)^2(\alpha+\beta+3)} .$$

Mit $\alpha = \frac{R-3}{2}$, $\beta = \frac{R-3}{2}$ erhält man:

$$E\,z = \frac{1}{2} , \quad \mathrm{Var}\,z = \frac{1}{4R} .$$

Aus (7) folgt: $x = 2a \cdot z - a$. Folglich ist

$$\boxed{E\,x = 2a \cdot Ez - a = 0, \quad Var\,x = (2a)^2 \cdot Var\,z = \frac{a^2}{R}} \quad . \tag{8}$$

Wir erhalten also folgendes Ergebnis: Wenn die Wortpunkte die Oberfläche der semantischen Kugel gleichmäßig dicht bedecken, dann weisen ihre Projektionen auf eine beliebige Achse, oder gleichbedeutend, ihre Meßwerte auf einem beliebigen bipolaren Merkmal, eine **symmetrische Betaverteilung** auf, die den Indifferenzpunkt als Erwartungswert hat und eine Varianz besitzt, die nur von der Skalenbegrenzung a und der Dimensionszahl R abhängt.

Wir untersuchen jetzt die Gestalt dieser Betaverteilung, wenn R = 2, 3, 4, oder 5 ist. Wir erhalten mit (6) bei

R = 2: $f(x) = \dfrac{1}{\pi \cdot \sqrt{a^2 - x^2}}$.

Die Verteilung ist u-förmig.

R = 3: $f(x) = \dfrac{1}{2a}$.

Die Verteilung ist gleichförmig.

R = 4: $f(x) = \dfrac{2}{\pi \cdot a^2} \sqrt{a^2 - x^2}$.

Die Verteilung hat die Gestalt eines Halbkreises mit Radius a.

R = 5: $f(x) = \dfrac{3}{4a^3} (a^2 - x^2)$.

Die Verteilung ist eingipfelig und "schlanker" als bei R=4.

Die Varianz der Verteilung wird immer kleiner, wenn R wächst:

$$\lim_{R \to \infty} Var\,x = \lim_{R \to \infty} \frac{a^2}{R} = 0 \; .$$

Jedes Wort, zu dem keines der Prädikate paßt, erweitert die Dimension des semantischen Raumes um 1, wobei die Projektion eines solchen Wortpunktes auf den Indifferenzpunkt aller bipolaren Skalen fällt. Eine unendlich große Menge solcher Wörter ist somit auf einer unendlich-dimensionalen Oberfläche angeordnet. Die Projektionen der Wortpunkte sind dabei allesamt null, bilden also eine ausgeartete (nicht streuende) Verteilung. Die Dimension der semantischen Kugel läßt sich somit anschaulich deuten: je geringer die "globale Verwandtschaft" aller Wortbedeutungen, desto größer ist R.

Man wird nicht erwarten dürfen, daß eine endliche Anzahl von Wortpunkten sich auch nur annähernd gleichförmig auf der Oberfläche der semantischen Kugel verteilt. Ihre Projektionen auf eine Achse werden dann aber nicht die Verteilung (6) aufweisen. Folgende Überlegung zeigt, wie man eine brauchbare Näherung an dieselbe erzielen kann: Oberflächenpunkte werden auf eine feste Achse projiziert. Nun mache man sich klar, daß alle diese Projektionen auch erhalten werden, wenn man einen Oberflächenpunkt auf eine "bewegliche" Achse projiziert. Mit einer "zu kleinen" Anzahl von Oberflächenpunkten und einer beweglichen Achse kann man die Verteilung der Projektionen einer "größeren" Anzahl auf eine starre Achse erhalten. Diesen Umstand nutze man folgendermaßen aus: man vereinige die Verteilungen der Wörter auf den verschiedenen bipolaren Merkmalen zu einer einzigen Verteilung. Die bipolaren Merkmale stellen verschiedene Achsen der semantischen Kugel dar, sie entsprechen also in ihrer Gesamtheit verschiedenen Positionen der "beweglichen" Achse, so daß die Vereinigung ihrer Verteilungen eine Annäherung an die Verteilung einer "größeren" Anzahl von Projektionen darstellt.
Man muß darüber hinaus berücksichtigen, daß auch Urteilsfehler einen Einfluß auf die Varianz haben: sie vergrößern dieselbe. Ehe wir uns an die Abschätzung der Dimensionszahl R wagen, müssen wir uns daher mit den Urteilsfehlern befassen.

VI.5: Untersuchung des Urteilsvorganges

Während ein Beurteilungsobjekt alle Positionen zwischen –a und +a einnehmen kann, bilden Urteilspersonen ihre Auffassung von dem Objekt auf eine diskrete Urteilsskala ab:

•	•	•	•	•	•	•
-3	**-2**	**-1**	**0**	**1**	**2**	**3**

Sie werden veranlaßt, nur Rasterpunkte und keine Zwischenwerte anzukreuzen. Die Grobheit des Rasters scheint der Ungenauigkeit angemessen zu sein, mit der die Position eines Objektes auf die Skala übertragen wird. Siebenteilige Skalen entsprechen, wenn man vom Indifferenzpunkt absieht, der Stufung gut – besser – am besten, verbunden mit schlecht – schlechter – am schlechtesten. Diese Dreiteilung beiderseits des Indifferenzpunktes paßt auffallend zu der Tatsache, daß praktisch alle Sprachen – die deutsche und die englische, alle romanischen und alle slawischen – Positiv, Komparativ und Superlativ, also drei und nicht mehr Unterscheidungsstufen aufweisen.

Der Fehler, den man macht, wenn man stetige Verteilungen auf diskrete Skalen abbildet, kann unter günstigen Umständen mit SHEPPARD's Korrektur beseitigt werden (vgl. STANGE 1970, S.78f). Da E **x** = 0, ist

$$\text{Var } \mathbf{x} = \int_{-a}^{a} x^2 \cdot f(x)dx \quad \text{und} \quad S^2 = \sum_{-a}^{a} y^2 \cdot p_y \; .$$

Es gilt:

$$\text{Var } \mathbf{x} \approx S^2 - \frac{\Delta^2}{12} \; .$$

Dabei ist Δ, der Abstand der Rasterpunkte, in unserem Falle 1, da ja y=0, ±1, ±2, ±3.

Es werden indessen auch Urteilsfehler die Verteilung der y-Werte verändern und vor allem deren Varianz vergrößern. Wir werden jetzt untersuchen, auf welche Weise dies geschieht.
Die Urteilsperson soll diejenige Stelle eines bipolaren Merkmales angeben, auf die ein Wortpunkt sich projiziert, dessen Lage auf der Oberfläche der semantischen Kugel sie nur ungenau wahrnimmt. Die folgende Abbildung VI.2a veranschaulicht, daß die Projektion einer "Aura" im Bereich des Indifferenzpunktes ein großes, in der Nähe der Pole aber ein kleines Intervall bildet.

Abb.VI.2:

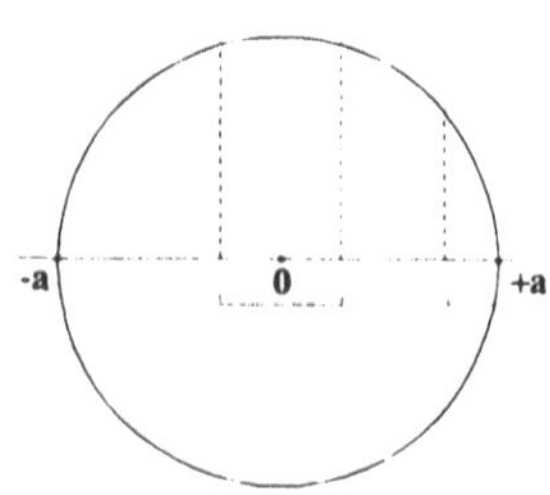

Abb.VI.2a

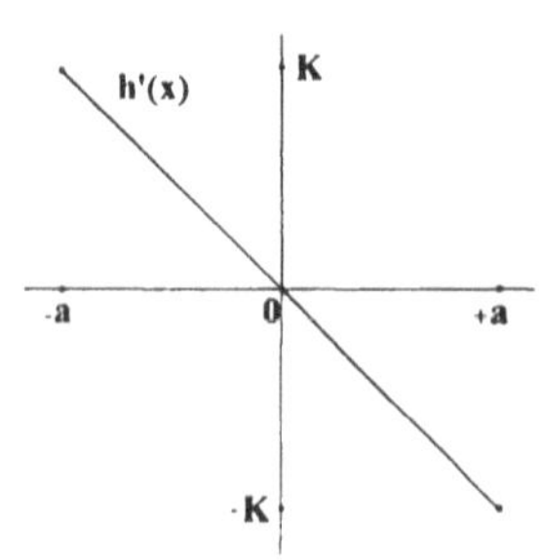

Abb.VI.2b

Das Intervall ist bei $x=0$ am größten und bei $\pm a$ am kleinsten. Wir nehmen dementsprechend an, daß die Varianz der Urteilsfehler eine Funktion der Position des Beurteilungsobjektes ist: $\mathrm{Var}(y \mid x) = h(x)$. Diese Funktion soll bei $x=0$ ein Maximum besitzen und bei $x=\pm a$ null werden. Ihre Ableitung $h'(x)$ ist somit eine fallende Funktion von x und schneidet bei $x=0$ die Abszisse (siehe Abb.VI.2b). Wir dürfen davon ausgehen, daß h eine symmetrische Funktion ist: $h(-x) = h(x)$, so daß für ihre Ableitung gilt: $h'(-x) = -h'(x)$. In erster Näherung nehmen wir an, daß die Schnelligkeit, mit der die Varianz sich mit x verändert, eine linear fallende Funktion von x ist:

$$h'(x) = -\frac{K}{a} \cdot x$$

(siehe Anhang **A-3**). Dann wird

$$h(x) = \int h'(x)dx = -\frac{K}{a} \int xdx = -\frac{K}{2a} \cdot x^2 + C \ .$$

Unter der Bedingung $h(a) = h(-a) = 0$ folgt

$$h(a) = -\frac{K}{2a} \cdot a^2 + C = 0, \quad \text{also } C = \frac{Ka^2}{2a}$$

und

$$h(x) = \frac{K}{2a} (a^2 - x^2) \ .$$

Eine kleine Umformung, die der Charakter bipolarer Merkmale nahelegt, vermittelt das Verständnis dieses Ausdrucks: Wenn der Meßwert eines Objektes sich von $-a$ nach rechts bewegt, so nimmt dessen Verwandtschaft mit P^+ zu; bewegt er sich von $+a$ nach links, so wächst die Verwandtschaft mit P^-: Der Zunahme an Helligkeit korrespondiert eine Abnahme an Dunkelheit, jeder Pol eines bipolaren Merkmales kann als Nullpunkt des Gegenmerkmales aufgefaßt werden. Nun kann die Verwandtschaft eines Objektes mit P^+ bzw. P^- durch seine "relativen Polabstände" ausgedrückt werden:

Verwandtschaft mit P^+: $\quad \frac{x-(-a)}{2a} = \frac{a+x}{2a}$,

Verwandtschaft mit P^-: $\quad \frac{a-x}{2a}$.

Da $a^2 - x^2 = (a+x)(a-x)$, erhalten wir für h(x) die Darstellung:

$$h(x) = K \cdot 2a \cdot \frac{a+x}{2a} \cdot \frac{a-x}{2a} \ .$$

Dies ist, sieht man von der Konstanten K ab, der algebraischen Struktur nach die Varianz einer Binomialverteilung mit Parametern $n=2a$ und $\pi=(a+x)/2a$. Bei binomialverteilten Urteilsfehlern muß allerdings $K=1$ sein.

Wir nehmen also fürs erste an, daß K den Wert 1 hat, und gewinnen damit folgendes "Modell" des Urteilsvorganges: In einer Urne befinden sich Kugeln mit der Aufschrift P^+ zu einem Anteil (a+x)/2a sowie Kugeln mit der Aufschrift P^- zu einem Anteil (a–x)/2a. Eine Urteilsperson entnimmt nun 2a Kugeln und ordnet diese zwischen den Rasterpunkten der Urteilsskala so an, wie in der folgenden Abbildung dargestellt:

Abb.VI.3: Die Anzahl von Kugeln mit der Aufschrift P^+ bestimmt den Abstand vom linken Pol; die Anzahl von P^- den Abstand vom rechten.

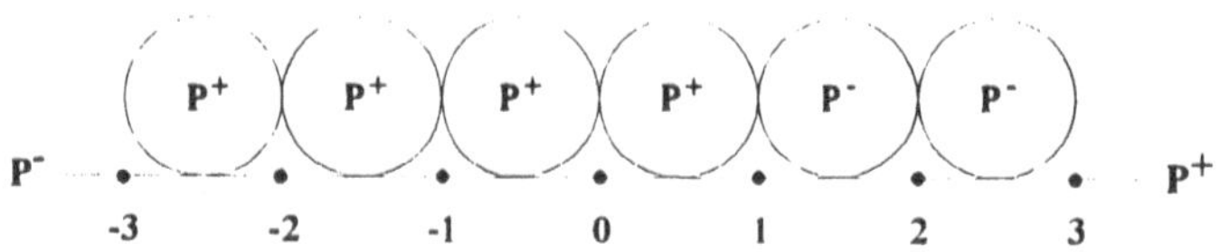

Der Wechsel von P^+ zu P^- markiert den Rasterpunkt, den die Urteilsperson ankreuzt.

Die Zufallsvariable **h**: "Anzahl von Kugeln mit der Aufschrift P^+" besitzt dabei die Wahrscheinlichkeitsfunktion der Binomialverteilung, d.h.:

$$\Pr(h \mid x, 2a) = \binom{2a}{h} \left(\frac{a+x}{2a}\right)^{h} \left(\frac{a-x}{2a}\right)^{2a-h},$$

$$E(\mathbf{h} \mid x) = 2a \cdot \frac{a+x}{2a} = a+x \; ; \quad \operatorname{Var}(\mathbf{h} \mid x) = 2a \cdot \frac{a+x}{2a} \cdot \frac{a-x}{2a} = \frac{a^2-x^2}{2a} .$$

Nun ist h = a+y. Ersetzen wir h durch a+y, so erhalten wir die Wahrscheinlichkeit, daß die Urteilsperson den Rasterpunkt y ankreuzt, wenn das Beurteilungsobjekt in Wirklichkeit die Position x hat:

$$\boxed{\Pr(y \mid x) = \binom{2a}{a+y} \left(\frac{a+x}{2a}\right)^{a+y} \left(\frac{a-x}{2a}\right)^{a-y}} \; . \qquad (9)$$

Der Erwartungswert von **y** ergibt sich aus y = h–a unmittelbar:

$$\boxed{E(\mathbf{y} \mid x) = E(\mathbf{h} \mid x) - a = x} \; , \qquad (10)$$

während die Varianz von **y** gleich ist der von **h**: Die Rasterpunkte, welche eine Urteilsperson bei wiederholter Beurteilung des gleichen Objektes ankreuzt, streuen also um den Erwartungswert x mit der Varianz

$$\boxed{Var(y\,|\,x) = \frac{a^2-x^2}{2a}} \quad . \tag{11}$$

Dieses Resultat ist durch drei Annahmen zustande gekommen: (1) $Var(y|x) = h(x)$, (2) $h'(x)$ ist eine linear fallende Funktion von x, (3) K=1.

Wir wollen uns jetzt mit den Vorgängen befassen, welche der Urteilsfindung vorausgehen. Die Urteilsperson wird wohl die Polabstände des Beurteilungsobjektes w mit den Polabständen der einzelnen Rasterpunkte vergleichen, also a−x' mit a−y und a+x' mit a+y. Dieser Vergleich hat eines von drei möglichen Ergebnissen:

Abb.VI.4:

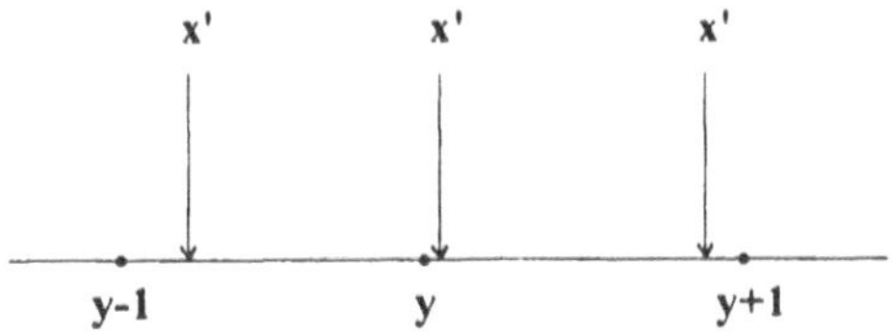

"w paßt besser zu y+1 als zu y" oder "w paßt besser zu y−1 als zu y" oder "w paßt besser zu y als zu y−1 bzw. y+1".

Die Urteilsperson hat von der Position des Beurteilungsobjektes einen schwankenden Eindruck. Zu welchem der drei Ergebnisse sie gelangt, das hängt von der Stelle x' ab, an der ihr das Beurteilungsobjekt im Moment des Vergleiches erscheint. Den drei Ergebnissen sind somit drei Wahrscheinlichkeiten zugeordnet, von denen wir annehmen müssen, daß sie während des gesamten Urteilsvorganges konstant bleiben, da die Urteilsperson keine, die wahre Position des Beurteilungsobjektes betreffende Rückmeldung erhält.

Die drei Wahrscheinlichkeiten sind folgenden Bedingungen unterworfen:

Die Wahrscheinlichkeit des Eindrucks "w paßt besser zu y+1 als zu y":

$$Pr(y \to y+1) = \begin{cases} A_y & \text{wenn } y = -a,\ldots,a-1 \\ 0 & \text{wenn } y = a \; . \end{cases}$$

Die Wahrscheinlichkeit des Eindrucks "w paßt besser zu y−1 als zu y":

$$Pr(y \to y-1) = \begin{cases} B_y & \text{wenn } y = -a+1,\ldots,a \\ 0 & \text{wenn } y = -a \quad . \end{cases}$$

Die Wahrscheinlichkeit des Eindrucks "w paßt besser zu y als zu y−1 bzw.

y+1":

$$\Pr(y \to y) = C_y = 1 - (A_y + B_y)\,.$$

Die Wahrscheinlichkeit, daß einer Urteilsperson y als Markierungspunkt geeignet erscheint, wenn sie davor w mit y−1 oder mit y oder mit y+1 verglichen hat, ergibt sich nun mit dem "Satz von der vollständigen Wahrscheinlichkeit" (vgl. SIXTL 1993) zu:

$$\Pr(y \mid x) = \Pr(y-1 \mid x) \cdot A_{y-1} + \Pr(y \mid x) \cdot C_y + \Pr(y+1 \mid x) \cdot B_{y+1}\,.$$

Wir ersetzen C_y durch $1-(A_y+B_y)$ und lösen den Ausdruck nach $\Pr(y+1 \mid x)$ auf:

$$\Pr(y+1 \mid x) = \left[\Pr(y \mid x) \cdot \frac{B_y}{B_{y+1}} - \Pr(y-1 \mid x) \cdot \frac{A_{y-1}}{B_{y+1}}\right] + \Pr(y \mid x) \cdot \frac{A_y}{B_{y+1}}\,.$$

Der Ausdruck in der eckigen Klammer hat stets den Wert Null, so daß gilt:

$$\Pr(y+1 \mid x) = \Pr(y \mid x) \cdot \frac{A_y}{B_{y+1}}\,. \tag{12}$$

Wir werden das jetzt beweisen: Für $y = -a$ folgt die Richtigkeit der Behauptung unmittelbar, da $B_{-a} = 0$ und $\Pr(-a-1 \mid x) = 0$. Nun nehmen wir an, daß die Behauptung für y−1 gilt, also:

$$\Pr(y \mid x) = \Pr(y-1 \mid x) \cdot \frac{A_{y-1}}{B_y}\,, \quad -a \le y-1 \le a-1\,.$$

Damit nimmt der Ausdruck in der eckigen Klammer folgende Form an:

$$\Pr(y \mid x) \cdot \frac{B_y}{B_{y+1}} - \Pr(y-1 \mid x) \cdot \frac{A_{y-1}}{B_{y+1}} = \Pr(y-1 \mid x) \cdot \frac{A_{y-1}}{B_y} \cdot \frac{B_y}{B_{y+1}} - \Pr(y-1 \mid x) \cdot \frac{A_{y-1}}{B_{y+1}} = 0\,.$$

Damit ist die Gültigkeit der Behauptung (12) bewiesen.

Durch wiederholte Anwendung dieses Ergebnisses erhält man:

$$\begin{aligned}
\Pr(y \mid x) &= \Pr(y-1 \mid x) \cdot \frac{A_{y-1}}{B_y} \\
&= \Pr(y-2 \mid x) \cdot \frac{A_{y-2}}{B_{y-1}} \cdot \frac{A_{y-1}}{B_y} \\
&\;\vdots \\
&= \Pr(-a \mid x) \cdot \frac{A_{-a} \cdot \ldots \cdot A_{y-1}}{B_{-a+1} \cdot \ldots \cdot B_y}\,.
\end{aligned}$$

Die Zahl der Faktoren, die im Zähler bzw. Nenner des Bruches stehen, ist stets y–1–(–a)+1 = y–(–a+1)+1 = a+y.

Wenn eine Beurteilungsperson die Polabstände des Beurteilungsobjektes w mit den Polabständen der Rasterpunkte vergleicht, so wird ihr wohl umso deutlicher sein, daß w besser zu y+1 als zu y paßt, je größer der Polabstand a–y im Vergleich zu a–x ist. Entsprechendes kann von den Abständen zum linken Pol gesagt werden. Folgende Definitionen scheinen den Sachverhalt in geeigneter Weise zu erfassen:

$$\begin{aligned} Pr(y \rightarrow y+1) &= A_y = \pi \cdot \frac{a-y}{a-x}, \\ Pr(y \rightarrow y-1) &= B_y = \pi \cdot \frac{a+y}{a+x}. \end{aligned} \tag{13}$$

Dabei ist π eine Proportionalitätskonstante.

Setzt man diese Definitionen in die Formel für $Pr(y \mid x)$ ein, so erhält man:

$$\begin{aligned} Pr(y \mid x) &= Pr(-a \mid x) \cdot \frac{\left(\frac{2a}{a-x}\right)\left(\frac{2a-1}{a-x}\right)\cdots\left(\frac{a-y+1}{a-x}\right)}{\left(\frac{1}{a+x}\right)\left(\frac{2}{a+x}\right)\cdots\cdots\left(\frac{a+y}{a+x}\right)} \\ &= Pr(-a \mid x) \cdot \frac{(2a)\,!}{(a-y)\,!\,(a+y)!} \cdot \frac{(a+x)^{a+y}}{(a-x)^{a+y}} \\ &= Pr(-a \mid x) \cdot \binom{2a}{a+y} \cdot \left(\frac{a+x}{a-x}\right)^{a+y}. \end{aligned}$$

Die Wahrscheinlichkeit, daß die Urteilsperson y ankreuzt, wenn das Beurteilungsobjekt den Meßwert x hat, ist nun eindeutig bestimmt bis auf $Pr(-a \mid x)$. Wir können auch diese Größe identifizieren, wenn wir beachten, daß

$$\sum_{y=-a}^{a} Pr(y \mid x) = 1 .$$

$$\sum_{y=-a}^{a} Pr(y \mid x) = Pr(-a \mid x) \cdot \underbrace{\sum_{y=-a}^{a} \binom{2a}{a+y} \left(\frac{a+x}{a-x}\right)^{a+y}} = 1 .$$

Die Summe stellt offensichtlich die Entwicklung des folgenden Binoms dar:

$$\left(\frac{a+x}{a-x} + 1\right)^{2a} = \sum_{y=-a}^{a} \binom{2a}{a+y} \left(\frac{a+x}{a-x}\right)^{a+y} \cdot 1^{a-y} .$$

Die Wahrscheinlichkeit, daß die Urteilsperson den Punkt –a markiert, ergibt sich daraus folgendermaßen:

$$\Pr(-a\,|\,x)\left(\frac{a+x}{a-x}+1\right)^{2a}=1,\quad \frac{a+x}{a-x}+1=\frac{2a}{a-x}\text{ , so daß}$$

$$\Pr(-a\,|\,x)=\left(\frac{a-x}{2a}\right)^{2a}=\left(\frac{a-x}{2a}\right)^{a+y}\cdot\left(\frac{a-x}{2a}\right)^{a-y}.$$

Setzt man nun auch noch dieses Ergebnis in die Formel für $\Pr(y\,|\,x)$ ein, so erhält man:

$$\Pr(y\,|\,x)=\left(\frac{a-x}{2a}\right)^{a+y}\cdot\left(\frac{a-x}{2a}\right)^{a-y}\cdot\binom{2a}{a+y}\cdot\left(\frac{a+x}{a-x}\right)^{a+y}$$

oder

$$\boxed{\Pr(y\,|\,x)=\binom{2a}{a+y}\cdot\left(\frac{a+x}{2a}\right)^{a+y}\cdot\left(\frac{a-x}{2a}\right)^{a-y}}\ ,$$

also dieselbe Verteilung wie vorhin (9), ohne daß wir annehmen mußten, die Konstante K habe den Wert 1.

Man überzeuge sich zuletzt, daß (12) gilt, soferne die Definitionen (13) zutreffen:

$$\Pr(y|x)=\Pr(y-1\,|\,x)\cdot\frac{A_{y-1}}{B_y}\ ,$$

wenn

$$A_{y-1}=\pi\cdot\frac{a-y+1}{a-x}\quad\text{und}\quad B_y=\pi\cdot\frac{a+y}{a+x}\ .$$

VI.6: Die Vergrößerung der Varianz durch Urteilsfehler

Wenn die Oberfläche der semantischen Kugel gleichmäßig dicht mit Wortpunkten bedeckt ist, so verteilen deren Projektionen auf eine beliebige Achse sich wie (6):

$$f(x)=\frac{1}{\sqrt{\pi}\cdot a^{R-2}}\cdot\frac{\Gamma\left(\frac{R}{2}\right)}{\Gamma\left(\frac{R-1}{2}\right)}\cdot(a+x)^{\frac{R-3}{2}}\cdot(a-x)^{\frac{R-3}{2}}$$

mit einer Varianz, die gleich ist (8):

$$\mathrm{Var}\ x=\frac{a^2}{R}\ .$$

Anstelle von x lernen wir aber nur jenen Rasterpunkt y kennen, den die Urteilsperson ankreuzt, also

$$y=x+(y-x)\ .$$

Dem Wert x überlagert sich der Beurteilungsfehler (y-x).

Wir wollen jetzt die Verteilung der y–Werte bestimmen und im Anschluß daran deren Varianz: **y** ist eine Mischung von Fehlerverteilungen $\mathbf{y} \mid x$ mit f(x)dx als "Mischanteil" (vgl. SIXTL 1993). Die Wahrscheinlichkeit des Rasterpunktes y ergibt sich aus

$$f(y) = \int_{-a}^{a} \Pr(y \mid x) f(x) dx \ .$$

Setzt man für $\Pr(y \mid x)$ (9) und für f(x)dx (6) ein, so erhält man nach kurzer Rechnung:

$$f(y) = \frac{2^{R-2}}{\sqrt{\pi}} \cdot \frac{\Gamma\left(\frac{R}{2}\right)}{\Gamma\left(\frac{R-1}{2}\right)} \cdot \binom{2a}{a+y} \cdot \frac{\Gamma\left(\frac{R-1}{2}+a+y\right) \cdot \Gamma\left(\frac{R-1}{2}+a-y\right)}{\Gamma(R-1+2a)} \qquad (14)$$

$$y = 0, \pm 1, \ldots, \pm a.$$

(Beweis siehe Anhang **A-4**).

Bei gegebenem x–Wert ist die Zufallsvariable $\mathbf{h} \mid x = a+\mathbf{y} \mid x$ binomisch verteilt (9). Sie hat somit den Erwartungswert:

$$E(\mathbf{h} \mid x) = 2a \cdot \left(\frac{a+x}{2a}\right)$$

und das "zweite faktorielle Moment":

$$E(\mathbf{h}(\mathbf{h}-1) \mid x) = E(\mathbf{h}^2 \mid x) - E(\mathbf{h} \mid x) = 2a(2a-1)\left(\frac{a+x}{2a}\right)^2 .$$

$\mathbf{h}^2 \mid x$ hat somit den Erwartungswert

$$E(\mathbf{h}^2 \mid x) = 2a(2a-1)\left(\frac{a+x}{2a}\right)^2 + 2a\left(\frac{a+x}{2a}\right) .$$

Die Momente der Mischung **h** sind Erwartungswerte der Momente ihrer Komponenten (SIXTL 1993):

$$E\,\mathbf{h} = E_x E(\mathbf{h} \mid x) = 2a \cdot E\left(\frac{a+x}{2a}\right) ,$$

$$E\,\mathbf{h}^2 = E_x E(\mathbf{h}^2 \mid x) = 2a(2a-1) \cdot E\left(\frac{a+x}{2a}\right)^2 + 2a \cdot E\left(\frac{a+x}{2a}\right) .$$

Damit kann man aber auch schon $\operatorname{Var} \mathbf{h} = E\,\mathbf{h}^2 - (E\,\mathbf{h})^2$ berechnen:

$$\begin{aligned} \operatorname{Var} \mathbf{h} &= 2a(2a-1) \cdot E\left(\frac{a+x}{2a}\right)^2 + 2a \cdot E\left(\frac{a+x}{2a}\right) - \left[2a \cdot E\left(\frac{a+x}{2a}\right)\right]^2 \\ &= (2a)^2 \cdot E\left(\frac{a+x}{2a}\right)^2 - 2a \cdot E\left(\frac{a+x}{2a}\right)^2 + 2a \cdot E\left(\frac{a+x}{2a}\right) - \\ &\quad - (2a)^2 \cdot E^2\left(\frac{a+x}{2a}\right) + \underbrace{2a \cdot E^2\left(\frac{a+x}{2a}\right) - 2a \cdot E^2\left(\frac{a+x}{2a}\right)} . \end{aligned}$$

Die Nullsumme über der liegenden Klammer wurde "hinzugefügt".

Da $E\,\mathbf{z}^2-(E^2\mathbf{z}) = \mathrm{Var}\,\mathbf{z}$, erhält man

$$\begin{aligned}\mathrm{Var}\,\mathbf{h} &= (2a)^2\cdot\mathrm{Var}\left[\frac{a+x}{2a}\right] - 2a\cdot\mathrm{Var}\left[\frac{a+x}{2a}\right] + 2a\cdot E\left[\frac{a+x}{2a}\right]\left[1-E\left[\frac{a+x}{2a}\right]\right]\\ &= 2a(2a-1)\cdot\mathrm{Var}\left[\frac{a+x}{2a}\right] + 2a\cdot E\left[\frac{a+x}{2a}\right]\left[1-E\left[\frac{a+x}{2a}\right]\right].\end{aligned}$$

Wir haben bereits gefunden (8), daß $\mathrm{Var}\,\mathbf{x} = \frac{a^2}{R}$ und $E\,\mathbf{x} = 0$ ist. Daraus folgt:

$$\mathrm{Var}\left[\frac{a+x}{2a}\right] = \left[\frac{1}{2a}\right]^2\mathrm{Var}\;\mathbf{x} = \frac{1}{(2a)^2}\cdot\frac{a^2}{R}\,,$$

$$E\left[\frac{a+x}{2a}\right] = \frac{1}{2} + \frac{1}{2a}\,E\;\mathbf{x} = \frac{1}{2}\,,\quad 1-E\left[\frac{a+x}{2a}\right] = \frac{1}{2}\,,$$

und wir erhalten:

$$\mathrm{Var}\;\mathbf{h} = 2a(2a-1)\cdot\frac{1}{(2a)^2}\cdot\frac{a^2}{R} + 2a\cdot\frac{1}{2}\cdot\frac{1}{2} = \frac{a^2}{R} + \frac{a}{2}\left[\frac{R-1}{R}\right].$$

Die Zufallsvariable $\mathbf{y}=\mathbf{h}-a$ hat den Erwartungswert

$$E\;\mathbf{y} = E\;\mathbf{h} - a = 2a\cdot E\,\frac{a+\mathbf{x}}{2a} - a = 0 \qquad (15)$$

und dieselbe Varianz wie $\mathbf{h}$, nämlich

$$\boxed{\mathrm{Var}\;\mathbf{y} = \frac{a^2}{R} + \frac{a}{2}\left[\frac{R-1}{R}\right] = \mathrm{Var}\;\mathbf{x} + \frac{a}{2}\left[\frac{R-1}{R}\right]}\,. \qquad (16)$$

Die Varianz von $\mathbf{y}$ setzt sich also zusammen aus $a^2/R = \mathrm{Var}\,\mathbf{x}$ und einer Größe, die von den Fehlern der Beurteilung herrührt.

Tab.VI.1: Werte, die $\mathrm{Var}\,\mathbf{x}$ und $\mathrm{Var}\,\mathbf{y}$ in Abhängigkeit von der Dimensionszahl R annehmen, wenn a=3 ist.

R	1	2	3	4	5	6	∞
Var x	9	4,5	3	2,25	1,8	1,5	0
Var y	9	5,25	4	3,375	3	2,75	1,5

Ist Var **x** bekannt, so berechnet man die Dimensionszahl R einfach mit (8):

$$R = \frac{a^2}{\text{Var } x} .$$

Kennt man anstelle der Varianz von **x** nur die Varianz der fehlerbehafteten Daten y (16), so hat man R wie folgt zu bestimmen:

$$\boxed{R = \frac{a(2a-1)}{2 \cdot \text{Var } y - a}} . \tag{17}$$

Zuletzt wollen wir Verteilung (14) noch auf einfachere Form bringen. Dazu verwenden wir die folgende Rekursionsformel für die Gammafunktion:

$$\Gamma(c+z) = c^z \cdot \Gamma(c) \cdot \prod_{j=0}^{z-1} \left(1 + \frac{j}{c}\right), \quad c>0,\ z \text{ ganzzahlig} .$$

Ersetzt man c der Reihe nach durch (R–1)/2, (R–1)/2 und R–1, sowie z durch a+y, a–y und 2a, so erhält man für f(y) (14) den folgenden Ausdruck:

$$\boxed{f(y) = \binom{2a}{a+y} \cdot \left(\frac{1}{2}\right)^{2a} \cdot \frac{\prod_{j=0}^{a+y-1} \left(1 + \frac{2j}{R-1}\right) \cdot \prod_{j=0}^{a-y-1} \left(1 + \frac{2j}{R-1}\right)}{\prod_{j=0}^{2a-1} \left(1 + \frac{j}{R+1}\right)}} . \tag{18}$$

(Beweis siehe Anhang **A-5**).

Tab.VI.2: Die Verteilung f(y) bei verschiedenen Dimensionszahlen R.

	R						
y	2	3	4	5		8	9
-3	0,22559	0,14286	0,10474	0,08333	....	0,05396	0,04895
-2	0,12305	0,14286	0,14502	0,14286	....	0,13330	0,13054
-1	0,10254	0,14286	0,16479	0,17857	....	0,19995	0,20396
0	0,09766	0,14286	0,17090	0,19040	....	0,22559	0,23310
1	0,10254	0,14286	0,16479	0,17857	....	0,19995	0,20396
2	0,12305	0,14286	0,14502	0,14286	....	0,13330	0,13054
3	0,22559	0,14286	0,10474	0,08333	....	0,05396	0,04895
Σfy	1,00000	1,00000	1,00000	1,00000	....	1,00000	1,00000
Ey	0,00000	0,00000	0,00000	0,00000	....	0,00000	0,00000
Var y	5,25000	4,00000	3,37500	3,00000	....	2,43750	2,33333
$\sqrt{\text{Var } y}$	2,29129	2,00000	1,83711	1,73205	....	1,56125	1,52752

Hofstätter (1963, S.262) berichtet, daß zahlreiche Untersuchungen drei deutlich erkennbare Dimensionen ("Faktoren") des semantischen Raumes er–

geben hätten. Bei R=3 weisen die sieben Rasterpunkte eine gleichmäßige Belegung mit Urteilen auf.

VI.7: Gleichbleibende und wechselnde Wortbedeutungen

Die Verwandtschaft eines Wortes mit einem bestimmten Prädikat kann bei allen Personen den gleichen Grad aufweisen. In nicht wenigen Fällen wird x jedoch von Person zu Person schwanken. Die y-Werte verschiedener Beurteilungspersonen streuen dann nicht um einen festen x-Wert, sondern um den Erwartungswert E x dieser Werte. An die Stelle von y=x+(y-x) tritt jetzt die Zerlegung

$$y = E\,x + (x - E\,x) + (y - x) \ ,$$

wobei $E\,y = x$ wie vorhin gilt.
Man kann zeigen, daß die Varianz der y-Werte sich in diesem Fall zusammensetzt aus der "mittleren Fehlervarianz" und der "Varianz der Mittelwerte x" (vgl. Sixtl 1993, S.73):

$$\operatorname{Var} y = E_x \operatorname{Var}(y \mid x) + \operatorname{Var} x \ .$$

In Verbindung mit den Überlegungen, die zu (16) führten, ergibt sich, daß dies gleichwertig ist mit

$$\begin{aligned} \operatorname{Var} y &= 2a \cdot E\left(\frac{a+x}{2\,a}\right)\left[1 - E\left(\frac{a-x}{2a}\right)\right] + 2a(2a-1)\operatorname{Var}\left(\frac{a+x}{2\,a}\right) \\ &= \frac{(a+E\,x)(a-E\,x)}{2a} + \frac{2a-1}{2a} \cdot \operatorname{Var} x \ . \end{aligned} \tag{19}$$

Haben n Urteilspersonen ein Wort beurteilt, so schätzt man E x erwartungstreu mit $\bar{y}$ und Var y erwartungstreu mit s_y^2:

$$\bar{y} = \frac{1}{n} \sum_{i=1}^{n} y_i \ , \qquad s_y^2 = \frac{1}{n-1} \sum_{i=1}^{n} (y_i - \bar{y})^2 \ .$$

Man erhält also

$$s_y^2 \approx \frac{(a+\bar{y})(a-\bar{y})}{2a} + \frac{2a-1}{2a} \cdot \operatorname{Var} x$$

und bildet daraus die Differenz:

$$\frac{2a}{2a-1} \cdot s_y^2 - \frac{(a+\bar{y})(a-\bar{y})}{2\,a-1} \approx \operatorname{Var} x \ . \tag{20}$$

Ist diese Differenz größer als null, so muß man schließen, daß Var x größer als null ist, die x-Werte verschiedener Personen also verschieden sind. Andernfalls darf man mit Recht vermuten, daß die x-Werte verschiedener Personen gleich, ihre Urteile über die Wortbedeutung also verteilt sind wie

$$\Pr(y|x) = \binom{2a}{a+y}\left(\frac{a+x}{2a}\right)^{a+y}\left(\frac{a-x}{2a}\right)^{a-y}, \qquad (9)$$

mit $E(y|x) = x$ (10) und $Var(y|x) = (a^2-x^2)/2a$ (11). Wir sagen in diesem Fall, daß die Urteile $y_1,\ldots,y_n$ **identisch verteilt** seien.

Wir wollen uns nun mit der Stichprobenverteilung der Differenz (20) befassen:

Wenn die Urteile von n Personen unabhängig voneinander um den festen Wert x mit Fehlervarianz $(a^2-x^2)/2a$ streuen, dann gilt für $\sum y_i$:

$$E\left(\sum y_i\right) = \sum E\,y_i = n\cdot x; \quad Var\left(\sum y_i\right) = \sum Var\,y_i = n\cdot\frac{a^2-x^2}{2a}.$$

Dann gilt aber für $\bar{y}$:

$$E(\bar{y}|x) = x; \quad Var(\bar{y}\,|\,x) = \frac{1}{n^2}\cdot Var\left(\sum y_i\right) = \frac{1}{n}\cdot\frac{a^2-x^2}{2a}.$$

Die Varianz der Urteile kann in jedem Fall, ob nun die Bedingung identischer Verteilung erfüllt ist oder nicht, mit

$$s_y^2 = \frac{1}{n-1}\sum_i (y_i-\bar{y})^2$$

abgeschätzt werden. – Ist indessen diese Bedingung erfüllt, aber auch nur dann, besitzt die Varianz der Urteile die Form

$$Var(y|x) = \frac{a^2-x^2}{2a}. \qquad (11)$$

Ersetzt man darin x durch $\bar{y}$, so erhält man einen zweiten Schätzer für die Varianz der Urteile, nämlich

$$V = \frac{a^2-\bar{y}^2}{2a} \quad \text{mit} \quad E\,V = \frac{a^2}{2a} - \frac{1}{2a}\cdot E\,\bar{y}^2.$$

Der Erwartungswert $E\,\bar{y}^2$ ist das zweite gewöhnliche Moment der Verteilung von $\bar{y}$, kann also folgendermaßen dargestellt werden:

$$Var(\bar{y}\,|\,x) = E\,\bar{y}^2-x^2 \Rightarrow E\,\bar{y}^2 = x^2+ Var(\bar{y}|x) = x^2+\frac{1}{n}\cdot\frac{a^2-x^2}{2a}.$$

Setzt man dies in die Formel für den Erwartungswert von **V** ein, so erhält man

$$\mathrm{E}\,\mathbf{V} = \frac{a^2}{2a} - \frac{1}{2a}\left(x^2 + \frac{1}{n}\cdot\frac{a^2-x^2}{2a}\right) = \frac{a^2-x^2}{2a}\left(1 - \frac{1}{n}\cdot\frac{1}{2a}\right) = \mathrm{Var}(\mathbf{y}\,|\,x)\cdot\frac{n\cdot 2a-1}{n\cdot 2a}\,.$$

Der zweite Schätzer von $\mathrm{Var}(\mathbf{y}|x)$ weist also eine Verzerrung auf, die leicht behoben werden kann:

$$\frac{n\cdot 2a}{n\cdot 2a-1}\cdot\mathbf{V} = \frac{n\,(a^2-\bar{y}^2)}{n\cdot 2a-1} = s_2^2 \qquad (21)$$

ist erwartungstreuer Schätzer von $\mathrm{Var}(\mathbf{y}|x)$.

Die Zufallsvariable $\mathbf{h}=a+\mathbf{y}$ ist binomisch verteilt (9) mit Parametern $n=2a$ und $\pi=(a+x)/2a$. Sie hat den Erwartungswert und die Varianz:

$$\mathrm{E}\,\mathbf{h} = a+x,\quad \mathrm{Var}\,\mathbf{h} = \frac{a^2-x^2}{2a}\,.$$

Eine Summe von n solchen Zufallsvariablen ist ebenfalls binomisch verteilt mit Parametern $n'=n\cdot 2a$ und $\pi=(a+x)/2a$. Sie hat Erwartungswert und Varianz:

$$\mathrm{E}\left(\sum \mathbf{h}_i\right) = n(a+x),\quad \mathrm{Var}\left(\sum \mathbf{h}_i\right) = n\cdot\frac{a^2-x^2}{2a}\,.$$

Man darf die Verteilung dieser Summe durch die Normalverteilung annähern, wenn $n(a^2-x^2)/2a \geq 10$. Diese Ungleichung ist im Bereich um den Indifferenzpunkt erfüllt, sobald $n>6$. Im Bereich $-2{,}88 \leq x \leq +2{,}88$ muß $n>76$ gelten $(a=3)$. Ist $\sum \mathbf{h}_i$ annähernd normalverteilt, dann ist $\bar{\mathbf{h}}$ und schließlich $\bar{\mathbf{y}}=\bar{\mathbf{h}}-a$ ebenfalls annähernd normalverteilt:

$$\boxed{\bar{\mathbf{y}} \sim N\left(x;\ \frac{1}{n}\cdot\frac{a^2-x^2}{2a}\right)}\,. \qquad (22)$$

Wenn $\bar{\mathbf{y}}$ normalverteilt ist, dann gilt auch

$$(\bar{\mathbf{y}}/\sigma) \sim N\left(\frac{x}{\sigma};1\right),$$

wobei $\sigma^2 \equiv \frac{1}{n}\,\frac{a^2-x^2}{2a} = \mathrm{Var}(\bar{\mathbf{y}}|x)$ bedeutet.

Ist die Bedingung identischer Verteilung erfüllt, also $\mathrm{Var}\,\mathbf{x}=0$, so haben

$$s_y^2 = \frac{1}{n-1}\sum(y_i-\bar{y})^2 \quad\text{und}\quad s_2^2 = \frac{n\,(a^2-\bar{y}^2)}{n\cdot 2a-1} \qquad (21)$$

den gleichen Erwartungswert:

$$\mathrm{E}\,s_y^2 = \mathrm{E}\,s_2^2 = \frac{a^2-x^2}{2a} = \mathrm{Var}(\mathbf{y}\,|\,x)\,. \qquad (11)$$

Der Quotient der beiden Varianzen, also

$$F = \frac{s_y^2}{s_2^2} \qquad (23)$$

sollte dann 1 nicht bedeutend überragen.

Man könnte auf den Gedanken kommen, dies mit Hilfe der F–Verteilung zu testen, also die Vermutung identischer Verteilung mit Irrtumswahrscheinlichkeit α zu verwerfen, wenn für den Quotienten (23) gilt:

$$F > \tilde{F}_{n-1;n\cdot 2a-1;1-\alpha} \quad ,$$

wobei n–1 und n·2a–1 die Parameter der F–Verteilung sind und $\tilde{F}$ das (1–α)–Quantil dieser Verteilung ist. Gegen diesen Test müssen allerdings Einwände erhoben werden. Der Quotient (23) besitzt eine F–Verteilung, wenn die beiden Schätzer s_y^2 und s_2^2 Varianzen von normalverteilten Untersuchungsgesamtheiten darstellen und voneinander unabhängig anfallen. Nun sind aber die Daten $y_1, \ldots, y_n$, mit denen s_y^2 berechnet wird, also der Zähler von (23), gemäß (9) binomisch verteilt mit Parametern 2a und (a+x)/2a. Der Bau der Parameter läßt erkennen, daß die Verteilung auch bei wachsendem Stichprobenumfang n nicht in die Normalverteilung übergeht. Der Nenner von (23), also s_2^2 (21) schätzt die Varianz der gemäß (22) asymptotisch normalverteilten Zufallsvariablen $\bar{y}$. – Die Normalverteilungsbedingung des F–Tests ist also grundsätzlich nicht vollständig zu erfüllen. Man weiß außerdem, daß Stichprobenmittelwert $\bar{y}$ und Stichprobenvarianz s_y^2 dann und nur dann voneinander statistisch unabhängig sind, wenn die Daten einer normalverteilten Untersuchungsgesamtheit entstammen (siehe Lukacs & Laha 1964, S.79). Über die Abhängigkeit des Zählers und Nenners von (23) können keine Angaben gemacht werden.

Wir beschlossen, die Verteilung des Quotienten (23) unter den Bedingungen der vorliegenden Fragestellung zu entwickeln. Für Stichprobenumfänge von 5 bis 30 könnten alle F–Werte, die dort möglich sind, berechnet werden. Für Umfänge von 35 bis 90 simulierten wir je 8000 Stichproben von n binomisch verteilten Zufallszahlen, errechneten ebensoviele F–Quotienten und erstellten deren Verteilung. Für Stichprobenumfänge von 100 bis 500 genügten je 400 Simulationen zur Erzielung großer Genauigkeit. Die Technik der Simulation binomisch verteilter Zufallszahlen lese man in Teil D (6.XI) und (7.XI) nach.

Es zeigte sich, daß der Parameter (a+x)/2a die Verteilung der Quotienten umso weniger beeinflußt, je größer der Stichprobenumfang n wird.

Tab.VI.3: Schranken, welche der Quotient (23) in 90, 95, 99 % der Fälle nicht überschreitet, wenn die Urteile der Personen identisch verteilt sind, bei ausgewählten Werten von x und verschiedenen Stichprobenumfängen n.

	x = 0			x = 1,2			x = 2,4		
n	(90)	(95)	(99)	(90)	(95)	(99)	(90)	(95)	(99)
5	1,873	2,255	3,042	1,873	2,220	2,900	1,673	2,071	2,521
10	1,580	1,809	2,214	1,568	1,802	2,230	1,549	1,784	2,143
15	1,457	1,627	1,942	1,453	1,630	1,956	1,419	1,597	2,040
20	1,392	1,528	1,789	1,386	1,530	1,805	1,367	1,509	1,867
25	1,348	1,461	1,697	1,347	1,468	1,700	1,334	1,471	1,763
30	1,319	1,417	1,623	1,319	1,424	1,633	1,309	1,427	1,658
35	1,30	1,39	1,58	1,29	1,39	1,59	1,30	1,40	1,61
40	1,27	1,35	1,53	1,27	1,35	1,55	1,28	1,36	1,57
45	1,25	1,33	1,49	1,25	1,34	1,51	1,27	1,34	1,54
50	1,23	1,32	1,46	1,24	1,32	1,47	1,24	1,33	1,51
60	1,22	1,29	1,42	1,22	1,29	1,43	1,22	1,29	1,46
70	1,20	1,26	1,39	1,21	1,28	1,40	1,21	1,28	1,41
80	1,18	1,24	1,35	1,19	1,25	1,36	1,19	1,25	1,38
90	1,17	1,23	1,33	1,18	1,23	1,34	1,18	1,24	1,35
100	1,16	1,22	1,32	1,17	1,22	1,32	1,17	1,22	1,34
150	1,14	1,17	1,25	1,14	1,18	1,26	1,14	1,18	1,26
200	1,12	1,15	1,22	1,12	1,15	1,22	1,12	1,16	1,23
300	1,10	1,12	1,18	1,10	1,12	1,19	1,10	1,13	1,19
400	1,08	1,11	1,16	1,08	1,11	1,16	1,08	1,11	1,16
500	1,07	1,10	1,13	1,07	1,10	1,14	1,07	1,09	1,14

Ist F kleiner als diese Schranke, so betrachte man die Daten $y_1, \ldots, y_n$ als identisch verteilt.

Man kann dann mit Hilfe der Verteilungsapproximation (22) und des Schätzers (21) das Konfidenzintervall von $x = E\,\overline{y}$ angeben:

$$\Pr\left\{\overline{y} - 1{,}96\sqrt{\frac{(a^2-\overline{y}^2)}{n\cdot 2a-1}} < x < \overline{y} + 1{,}96\sqrt{\frac{(a^2-\overline{y}^2)}{n\cdot 2a-1}}\right\} = 0{,}95 \quad .$$

Tab.VI.4: Untergrenzen U und Obergrenzen O von Zufallsintervallen in Abhängigkeit von n; n=10, 50, 100.

|x|	10		50		100	
	U	O	U	O	U	O
0,00	-0,759	0,759	-0,339	0,339	-0,240	0,240
0,10	-0,659	0,859	-0,239	0,439	-0,140	0,340
0,20	-0,557	0,957	-0,139	0,539	-0,040	0,440
0,30	-0,455	1,055	-0,038	0,638	0,061	0,539
0,40	-0,352	1,152	0,064	0,736	0,162	0,638
0,50	-0,248	1,248	0,165	0,835	0,263	0,737
0,60	-0,144	1,344	0,267	0,933	0,365	0,835
0,70	-0,038	1,438	0,370	1,030	0,467	0,933
0,80	0,068	1,532	0,473	1,127	0,569	1,031
0,90	0,176	1,624	0,576	1,224	0,671	1,129
1,00	0,284	1,716	0,680	1,320	0,774	1,226
1,10	0,394	1,806	0,784	1,416	0,877	1,323
1,20	0,504	1,896	0,889	1,511	0,980	1,420
1,30	0,616	1,984	0,994	1,606	1,084	1,516
1,40	0,729	2,071	1,100	1,700	1,188	1,617
1,50	0,843	2,157	1,206	1,794	1,292	1,708
1,60	0,958	2,242	1,313	1,887	1,397	1,803
1,70	1,075	2,325	1,420	1,980	1,502	1,898
1,80	1,193	2,407	1,528	2,072	1,608	1,992
1,90	1.313	2,487	1,637	2,163	1,714	2,086
2,00	1,434	2,566	1,747	2,253	1,821	2,179
2,10	1,558	2,647	1,858	2,342	1,929	2,271
2,20	1,684	2,716	1,969	2,431	2,037	2,363
2,30	1,813	2,787	2,087	2,518	2,146	2,454
2,40	1,945	2,855	2,196	2,604	2,256	2,544
2,50	2,080	2,920	2,312	2,688	2,367	2,633
2,60	2,221	2,979	2,431	2,869	2,480	2,720
2,70	2,369	3,031	2,552	2,848	2,595	2,805
2,80	2,527	3,073	2,678	2,922	2,714	2,886
2,90	2,706	3,094	2,813	2,987	2,839	2,961
2,99	2,928	3,052	2,962	3,018	2,970	3,010

Ablesebeispiel zu Tab.VI.4: Beurteilen n=10 Personen die Ausprägung im Durchschnitt mit $\overline{y}=1{,}65$, so setzt man $\overline{y}=O\approx 1{,}624$ und findet $|x|\approx 0{,}90$. Dann setzt man $\overline{y}=U\approx 1{,}684$ und findet $|x|\approx 2{,}20$. Der wirkliche Skalenwert ist also mit Sicherheit $S\approx 0{,}95$ eine Zahl aus der Menge $\{x|0{,}90<x<2{,}20\}$.

VI.8: Gleichbleibende Prädikatbedeutungen

Die Prädikate bilden eine Gruppe von Wörtern, bei denen wir Var **x**=0 im Sinne des vorigen Abschnittes ausdrücklich voraussetzen müssen. Wenn die

Bedeutung der Prädikate, welche bipolare Merkmale bilden, sich von Person zu Person ändert, dann eignen diese Prädikate sich zur Messung von Wortbedeutungen ebenso wenig, wie die Länge eines Gummibandes zur Messung der Länge anderer Gegenstände taugt. Bei ungleichmäßiger Dehnung des Gummibandes werden die Gegenstände einmal gleiche, einmal verschiedene Meßwerte erhalten. Diese werden also etwas abbilden, was mit den tatsächlichen Abmessungen der Gegenstände in einem sehr ungewissen Zusammenhang steht.

Meßinstrumente müssen also "unelastisch" sein. Man versteht darunter allgemein, daß sie keinen Veränderungen unterliegen dürfen, welche die Meßwerte der Objekte beeinflussen, die wir mit ihnen gewinnen.

Psychologen erliegen sehr häufig der Versuchung, Meßwerte auch noch zu interpretieren, wenn sie sich davon überzeugen mußten, daß ihr "Meßinstrument" elastisch ist. Ihre Anstrengungen, unelastische Meßinstrumente zu entwickeln, sind dafür alles andere als energisch. Es war der Statistiker G. RASCH, der die Fachwelt der Psychologen nicht nur auf die Notwendigkeit "unelastischer" Meßinstrumente aufmerksam gemacht, sondern auch gezeigt hat, wie man solche Meßinstrumente herstellen kann (RASCH 1960). OSGOOD et.al. (1957, S.79f) haben mit einer geeigneten Versuchsanordnung nachweisen können, daß die Bedeutung der von ihnen verwendeten Prädikate nicht elastisch ist: Sie ließen die Prädikate einer jeden Skala auf den übrigen Skalen beurteilen und konnten zeigen, daß die Streuung der Urteile mit der Unsicherheit der Urteilsfindung allein erklärt werden kann. OSGOOD (1960) konnte außerdem zeigen, daß die Prädikate ihre Bedeutung nicht ändern, wenn man sie in andere Sprachen übersetzt. Es wurde damit erstmals möglich, die Bedeutungen zu vergleichen, die Wörter verschiedener Sprachen haben, z.B. "der Mond" und "la luna", oder "Angst" und "lonesomeness" (vgl. HOFSTÄTTER 1963, S.264, OSGOOD 1964, HERRMANN & STÄCKER 1969, S.440f). Unelastische Meßinstrumente sind für die Gewinnung von "echten" Erkenntnissen unerläßlich: "The scientist is usually looking for invariance whether he knows it or not" (STEVENS 1951, S.20).

VI.9: Die Analyse des semantischen Raumes

Wir gehen jetzt davon aus, daß jede von n Personen jedes von N Wörtern auf jeder von r bipolaren Skalen beurteilt hat. Die Erwartungswerte der Urteile stellen wir uns in der Datenmatrix **X** angeordnet vor:

h	1	j	k	r	
1	:	x_{1j}	x_{1k}	:	
:	:	:	:	:	
i	:	x_{ij}	:	:	W_1
:	:	:	:	:	
n	:	x_{nj}	:	:	
1 + n	:	$x_{1+n,j}$	:	:	
:	:	:	:	:	
i + n	:	$x_{i+n,j}$	:	:	W_2
:	:	:	:	:	
2 n	:	x_{2n}	:	:	
:	:	:	:	:	
1 + (N−1)n	:	$x_{1+(N-1)n,j}$	:	:	
:	:	:	:	:	
i + (N−1)n	:	$x_{i+(N-1)n,j}$	:	:	W_N
:	:	:	:	:	
N n	:	$x_{Nn,j}$	:	:	

Jede Zeile der Matrix entspricht dem Polaritätenprofil eines Wortes, das von einer Person i stammt, $i=1,\dots,n$. In den Zeilen i, $i+n,\dots,i+(N-1)n$ finden sich demgemäß die Profile der i-ten Person zu den Wörtern $1,2,\dots,N$.

In jedem der Blöcke $W_1,W_2,\dots,W_N$ finden sich die n Profile ein und desselben Wortes, die von n verschiedenen Personen stammen. Unterschiede zwischen den Profilen eines Blockes offenbaren, daß die Wortbedeutung von Person zu Person wechselt. Ein Block stellt somit die "Bedeutungsmannigfaltigkeit" des betreffenden Wortes dar.

Die N Profile, welche von derselben Person stammen, machen die "semantische Konfiguration" der Wortbedeutungen sichtbar, die sich von den Konfigurationen anderer Personen unterscheiden kann und mit gewissen Organismusparametern wie Weltanschauung, Religionsbekenntnis, Parteipräferenz etc. zusammenhängt.

Die Werte einer Spalte von **X** verstehen wir als Projektionen der Wortpunkte auf diejenige Achse des semantischen Raumes, die durch das bipolare Merkmal dieser Spalte repräsentiert wird:

$$\boxed{x_{hj} = a \cdot \cos hj} \quad . \tag{1}$$

Dabei bedeutet cos hj den Kosinus des Winkels, den der Wortpunkt h und das Prädikat P_j^+ mit dem Indifferenzpunkt bilden.

Wie schon erwähnt, haben OSGOOD et.al. (1957) Personen beurteilen lassen, welche Ausprägung ein Prädikat j auf dem bipolaren Merkmal $\{P_k^-, P_k^+\}$ hat. Der Erwartungswert dieser Urteile ist $x_{jk} = a \cdot \cos jk$, so daß

$$\boxed{\cos jk = \frac{1}{a} \cdot x_{jk}} \quad . \tag{24}$$

Wir betrachten nun die beiden Spalten j und k der Datenmatrix. Die beiden Prädikatenpunkte $P_j^+ = (x_{1j}, \ldots, x_{Nn,j})$ und $P_k^+ = (x_{1k}, \ldots, x_{Nn,k})$ haben im Nn-dimensionalen Raum der Wörter den euklidischen Abstand

$$D_{jk}^2 = \sum_{h=1}^{Nn} (x_{hj} - x_{hk})^2 = \sum_h x_{hj}^2 + \sum_h x_{hk}^2 - 2 \sum_h x_{hj} x_{hk} \, .$$

Sie bilden mit dem Indifferenzpunkt ein Dreieck, folglich gilt mit dem Kosinussatz:

$$D_{jk}^2 = v_j^2 + v_k^2 - 2 \, v_j \, v_k \cos_1 jk \ ,$$

wobei

$$v_j^2 = \sum_h x_{hj}^2 \, , \; v_k^2 = \sum_h x_{hk}^2 \, , \; v_{jk} = \sum_h x_{hj} \, x_{hk} \, .$$

Vergleicht man die beiden Formeln für D_{jk}^2, so erkennt man: $v_{jk} = v_j \cdot v_k \cdot \cos_1 jk$, so daß

$$\boxed{\cos_1 jk = \frac{v_{jk}}{v_j \cdot v_k}} \quad . \tag{24.1}$$

Wir stellen dem Kosinus (24.1) einen zweiten gegenüber:

$$\boxed{\cos_2 jk = \frac{\bar{v}_{jk}}{\bar{v}_j \cdot \bar{v}_k}} \quad . \tag{24.2}$$

Dabei bedeuten die Ausdrücke im Zähler und Nenner Werte, die nach der gleichèn Vorschrift wie in (24.1) mit der "Gesamtheit" aller, in der Datenmatrix **X** nicht vorkommenden Wörter und Urteilspersonen zu bilden sind.

Die Messung des Winkelkosinus zwischen j und k sollte billigerweise der Bedingung genügen:

$$\cos_1 jk = \cos_2 jk \ .$$

Andernfalls wäre der Winkelkosinus von der jeweiligen Auswahl der Wörter und Urteilspersonen abhängig, also von dieser Auswahl fremdbestimmt (vgl. SIXTL 1993, S.61), und somit nicht der Kosinus des Winkels zwischen j und k. - Es muß also gefordert werden:

$$\cos_1 jk = \frac{v_{jk}}{v_j \cdot v_k} = \frac{\bar{v}_{jk}}{\bar{v}_j \cdot \bar{v}_k} = \cos_2 jk = \frac{v_{jk} + \bar{v}_{jk}}{\sqrt{v_j^2 + \bar{v}_j^2}\ \sqrt{v_k^2 + \bar{v}_k^2}} \ .$$

Diese Beziehung ist offenbar nur dann zu erfüllen, wenn

$$v_j^2 = K^2 \bar{v}_j^2 \,,\ v_k^2 = K^2 \bar{v}_k^2 \,,\ v_{jk} = K^2 \bar{v}_{jk} \,,$$

wobei K eine Konstante bei allen j,k ist. Nur in diesem Falle gilt nämlich:

$$\frac{v_{jk}}{v_j \cdot v_k} = \frac{K^2 \bar{v}_{jk}}{K\bar{v}_j \cdot K\bar{v}_k} = \frac{(K^2+1)\,\bar{v}_{jk}}{\sqrt{(K^2+1)\,\bar{v}_j^2}\ \sqrt{(K^2+1)\bar{v}_k^2}} \ . \qquad (25)$$

Die Wörter und Urteilspersonen, welche zur Erstellung der Datenmatrix **X** beitrugen, müssen also eine Auswahl aus dem "Universum" aller Wörter und Urteilspersonen darstellen, welche im Sinn von (25) **repräsentativ** für die "wirklichen" Winkelkosinus sind. - Eine Vorstellung von der "Repräsentativität" der Daten kann man sich verschaffen, wenn man die Zeilen der Matrix **X** nach Zufall in zwei oder mehr Gruppen zerlegt und die Winkelkosinus in jeder Gruppe mit (24.1) errechnet.

Wir setzen nun voraus, daß $\cos_1 jk = \cos_2 jk = \cos jk$ erfüllt ist. Zur Berechnung der Matrix der Winkelkosinus zwischen allen r Skalen bedienen wir uns folgender Hilfsgrößen:

$$s_j^2 = \frac{1}{Nn} \sum_h x_{hj}^2, \quad s_k^2 = \frac{1}{Nn} \sum_h x_{hk}^2, \quad s_{jk} = \frac{1}{Nn} \sum_h x_{hj} x_{hk} \ .$$

Wir bilden die Matrix:

$$Q^{-1} = \begin{bmatrix} \frac{1}{s_1} & & & & 0 \\ & \ddots & & & \\ & & \frac{1}{s_j} & & \\ & & & \ddots & \\ 0 & & & & \frac{1}{s_r} \end{bmatrix}$$

und können die Matrix C_{ss} mit den Winkelkosinus

$$\cos jk = \frac{\frac{1}{Nn} \sum x_{hj} x_{hk}}{s_j \cdot s_k}, \quad j,k = 1,\ldots,r$$

als Elemente nach folgender Vorschrift berechnen:

$$\boxed{C_{ss} = \frac{1}{Nn} \cdot Q^{-1} X' X Q^{-1}} \quad . \tag{26}$$

Diese Matrix ist von der Ordnung $r \times r$; $\cos jj = 1$, $j = 1,\ldots,r$.
Wir führen nun C_{ss} in die ihr "ähnliche" Matrix D^2 über (SIXTL 1993, S. 136f):

$$V' \cdot C_{ss} \cdot V = D^2 \ .$$

Dabei muß $V'V = VV' = I$ (Einheitsmatrix) gelten. Multipliziert man von links mit V, so erhält man $C_{ss}V = VD^2$. Das ist die "Eigenwertgleichung". Multipliziert man von rechts mit V', so wird

$$\boxed{C_{ss} = V \cdot D^2 \cdot V'} \ ,$$

$$V: \begin{array}{c|ccc:c|} & 1 \ldots & m \ldots & R & \ldots r \\ \hline 1 & & & & \\ \vdots & & & & \\ j & & v_{jm} & & \\ \vdots & & & & \\ r & & & & \\ \hline \end{array} \quad ; \quad D^2: \begin{array}{c|cccc:c|} & 1 \ldots & m & \ldots R & & \ldots r \\ \hline 1 & d_1^2 & & & & \\ \vdots & & \ddots & & 0 & \\ m & & & d_m^2 & & 0 \\ \vdots & 0 & & & \ddots & \\ R & & & & d_R^2 & \\ \hdashline r & & 0 & & & 0 \\ \hline \end{array}$$

Die Spalten von V heißen "Eigenvektoren" von C_{ss}, die ihnen eindeutig zugeordneten Zahlen d_m^2 von D^2 "Eigenwerte". Ist $d_{R+1}^2 = \ldots = d_r^2 = 0$, so ist der

"Rang" von C_{ss} gerade R.

Nun bilden wir die Matrix $\mathbf{F} = \mathbf{V}\cdot\mathbf{D}$:

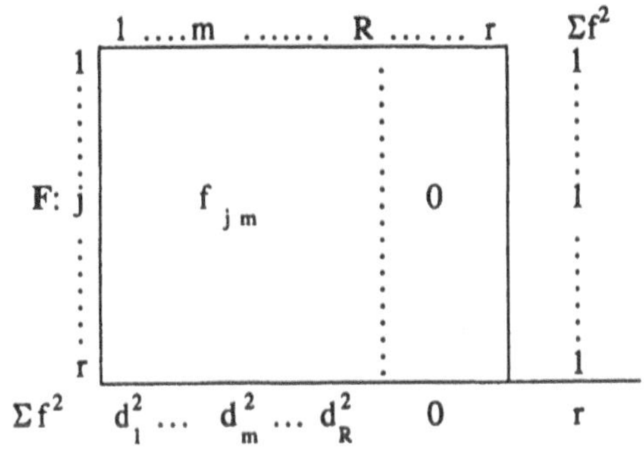

Die Spalten von **F** repräsentieren "Eigenrichtungen" des Raumes der bipolaren Skalen. Es gilt

$$\mathbf{F'F} = \mathbf{DV'VD} = \mathbf{D}^2 \Rightarrow \sum_{j=1}^{r} f_{jm} f_{jn} = \begin{cases} d_m^2 & \text{wenn } n=m \\ 0 & \text{sonst,} \end{cases} \tag{27}$$

$$\mathbf{FF'} = \mathbf{VD}^2\mathbf{V'} = \mathbf{C}_{ss} \Rightarrow \sum_{m=1}^{r} f_{jm} f_{km} = \begin{cases} 1 & \text{wenn } k=j \\ \cos jk & \text{sonst,} \end{cases} \tag{28}$$

$$\sum_m \sum_j f_{jm}^2 = \sum_m d_m^2 \,,\; \sum_j \sum_m f_{jm}^2 = r\cdot 1 = r, \text{ also}$$

$$\sum_{m=1}^{r} d_m^2 = r\,. \tag{29}$$

Jetzt führen wir die folgende Transformation aus: $\mathbf{X}\cdot\mathbf{Q}^{-1}\cdot\mathbf{V} = \mathbf{U}\cdot\mathbf{D}$.

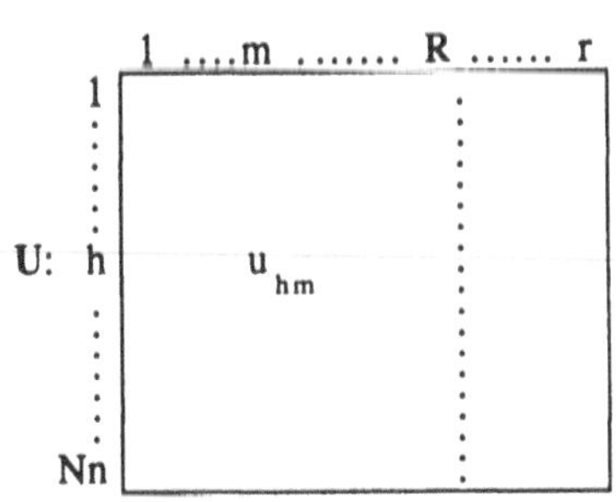

Da $\frac{1}{Nn}\mathbf{V'Q}^{-1}\mathbf{X'XQ}^{-1}\mathbf{V} = \mathbf{V'C}_{ss}\mathbf{V} = \mathbf{D}^2$ und $\frac{1}{Nn}\mathbf{V'Q}^{-1}\mathbf{X'XQ}^{-1}\mathbf{V} = \frac{1}{Nn}\mathbf{DU'UD}$

ist $\frac{1}{Nn}\mathbf{DU'UD} = \mathbf{D}^2$, also $\frac{1}{Nn}\mathbf{U'U} = \mathbf{I}$:

$$\frac{1}{Nn}\sum_{h=1}^{Nn} u_{hm}u_{hn} = \begin{cases} 1 \text{ wenn } n=m \\ 0 \text{ sonst.} \end{cases}$$

Nun untersuchen wir $\mathbf{XQ^{-1}} = \mathbf{UDV'} = \mathbf{UF'}$:

$$\frac{x_{hj}}{s_j} = \sum_{m=1}^{R} u_{hm} d_m v_{jm} = \sum_{m=1}^{R} u_{hm} f_{jm} \,. \tag{30}$$

x_{hj}/s_j läßt sich als "skalares Produkt" von h und j (Wort und Prädikat) im Raum der Eigenrichtungen deuten: Wir wissen (28), daß

$$\sum_{m=1}^{R} f_{jm}^2 = 1 \text{ und setzen } \sum_{m=1}^{R} u_{hm}^2 = s_h^2 \,.$$

Abb.VI.5: Projektion des "Wortpunktes" h auf die Achse j.

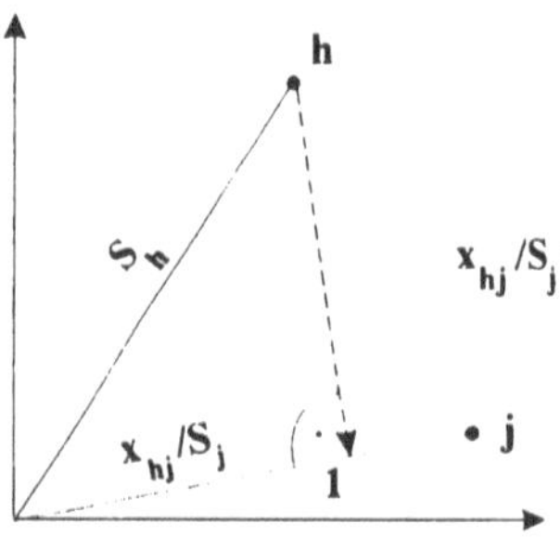

$$\cos hj = \frac{\text{Ankathete}}{\text{Hypothenuse}} = \frac{x_{hj}/s_j}{s_h} = \frac{x_{hj}}{s_h \cdot s_j} \,.$$

x_{hj}/s_j ist also die Projektion des "Wortpunktes" h auf die Achse j. – Es wurde die Auffassung vertreten: $x_{hj} = a \cdot \cos hj$ (1). Das bedeutet jetzt:

$$\cos hj = \frac{x_{hj}}{s_h \cdot s_j} = \frac{a \cdot \cos hj}{s_h \cdot s_j} \Rightarrow \boxed{a = s_h \cdot s_j} \,. \tag{31}$$

Im Abschnitt VI.4 wurde gezeigt, daß die Projektionen der Wortpunkte auf eine beliebige Achse der semantischen Kugel eine Verteilung mit Mittelwert 0 und Varianz a^2/R (8) bilden, soferne die Wortpunkte die Oberfläche der semantischen Kugel gleichmäßig dicht bedecken. Wir vermuten dementsprechend:

$$\lim_{Nn\to\infty} \frac{1}{Nn} \sum_{h=1}^{Nn} x_{hj}^2 = s_{j\infty}^2 = \frac{a^2}{R} \,.$$

Das bedeutet im Hinblick auf (31):

$$a = s_h \cdot s_{j\infty} = s_h \cdot \frac{a}{\sqrt{R}} \quad \Rightarrow \quad \boxed{s_h = \sqrt{R}} \,. \tag{32}$$

Wir erhalten nun:

$$x_{hj} = s_h \cdot s_{j\infty} \cdot \cos hj = \sqrt{R} \cdot \frac{a}{\sqrt{R}} \cos hj \,,$$

also tatsächlich

$$\boxed{x_{hj} = a \cdot \cos hj} \,. \tag{1}$$

Die "Wortpunkte" und die "Prädikatenpunkte" bedecken gemeinsam die Oberfläche der semantischen Kugel mit Radius 1:

$$x_{hj}/s_j = \sum_{m=1}^{R} u_{hm} \cdot f_{jm} = s_h \cdot 1 \cdot \cos hj = \sqrt{R} \cdot \cos hj \Rightarrow$$

$$\boxed{\sum_{m=1}^{R} \frac{u_{hm}}{\sqrt{R}} \cdot f_{jm} = \cos hj} \,. \tag{33}$$

$u_{hm}/\sqrt{R}$ und f_{jm} heißen "Richtungskosinus" (KENDALL 1961, S.20):

$$u_{hm}/\sqrt{R} = \cos hm, \quad f_{jm} = \cos jm \,;$$

$$\sum_m \frac{u_{hm}^2}{R} = \sum_m f_{jm}^2 = 1 \,. \tag{34}$$

Wir können nun angeben, wie man ein Wort ν aufgrund seines Polaritätenprofils in den semantischen Raum "einbettet":

gegeben: $\mathbf{c}'_{\nu s} = (x_{\nu 1}/s_1, \ldots, x_{\nu j}/s_j, \ldots, x_{\nu r}/s_r)$,

gesucht: $\mathbf{u}'_\nu = (u_{\nu 1}, \ldots, u_{\nu m}, \ldots u_{\nu R})$.

Es gilt mit (33):

$$\sum_{m=1}^{R} u_{\nu m} f_{jm} = x_{\nu j}/s_j \,.$$

Das ist gleichbedeutend mit $\mathbf{u}'_\nu \cdot \mathbf{F}' = \mathbf{c}'_{\nu s}$. Man multipliziere von rechts mit F und beachte (27) $\mathbf{F'F} = \mathbf{D}^2$:

$$\mathbf{u}'_\nu \cdot \mathbf{F'F} = \mathbf{u}'_\nu \mathbf{D}^2 = \mathbf{c}'_{\nu s} \mathbf{F} \Leftrightarrow u_{\nu m} d_m^2 = \sum_{j=1}^{r} (x_{\nu j}/s_j) \cdot f_{jm} \,.$$

Man erhält also

$$\boxed{u_{\nu m} = \frac{1}{d_m^2} \cdot \sum_{j=1}^{r} (x_{\nu j}/s_j) \cdot f_{jm}, \quad m=1,\ldots,R} \quad . \qquad (35)$$

Es sei nun $s_j = s_{j\infty} = \frac{a}{\sqrt{R}}$ erfüllt. Dann wird aus (35):

$$u_{\nu m} = \frac{\sqrt{R}}{d_m^2} \sum_{j=1}^{r} \frac{x_{\nu j}}{a} \cdot f_{jm} ,$$

und man erhält wegen $x_{\nu j} = a \cdot \cos \nu j$ (1):

$$\boxed{\cos \nu m = \frac{u_{\nu m}}{\sqrt{R}} = \frac{1}{d_m^2} \sum_{j=1}^{r} \cos \nu j \cdot f_{jm}} \quad . \qquad (36)$$

Von Interesse dürfte die Quadratsumme der "Richtungskosinus" sein:

$$\sum_{m=1}^{R} \cos^2 \nu m = \sum_{m=1}^{R} \frac{u_{\nu m}^2}{R} = B_\nu .$$

Man erhält $B_\nu = 1$, wenn $\sum u_{\nu m}^2 = R$, sonst einen Wert, der kleiner als 1 ist. B_ν soll aus diesem Grunde "Einbettungsmaß" des Wortes ν heißen. Wenn ν Fehlerkomponenten enthält, die im R-dimensionalen semantischen Raum nicht vorkommen, so wird $B_\nu < 1$ eintreten. Es ist dabei $\sqrt{B_\nu}$ der Abstand vom Indifferenzpunkt, den die Projektion des Wortpunktes (in den semantischen Raum) hat. Folgende Abb.VI.6 veranschaulicht den Sachverhalt.

Abb.VI.6: Projektion des Wortpunktes P_ν auf die durch m=1 und m=2(=R) gebildete Ebene. Der Abstand des Punktes P'_ν vom Indifferenzpunkt 0 ist gerade $\sqrt{B_\nu}$.

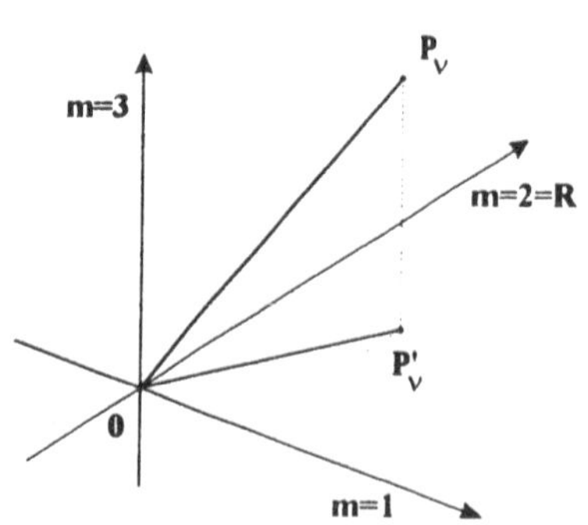

Tab.VI.5: Zusammenfassung der Formeln, die Winkelkosinus darstellen.

Kosinus des Winkels zwischen		
Wortpunkt h und Prädikat j:	$\cos hj = \sum_m \cos hm \cdot f_{jm}$	(33)
Wortpunkt h und Eigenrichtung m:	$\cos hm = u_{hm}/\sqrt{R}$	(34)
Prädikat j und Eigenrichtung m:	$\cos jm = f_{jm}$	(34)
Prädikat j und Prädikat k:	$\cos jk = \sum_m f_{jm} f_{km}$	(28)
Wortpunkt h und Wortpunkt l:	$\cos hl = \sum_m u_{hm} u_{lm}/R$	(34)

VI.10: Probleme bei der Bestimmung der Winkelkosinus

Anstelle von x verfügen wir nur über fehlerbehaftete Größen y (VI.6):

$$y = x + (y-x) \, .$$

Die Produkt- und Quadratsummen dieser Werte, die wir bilden, um cos jk mit (24.1) berechnen zu können, sind folgendermaßen zusammengesetzt:

$$\begin{aligned}\sum_{h=1}^{N\,n} y_{hj} y_{hk} &= \sum_h \left[x_{hj} + (y_{hj} - x_{hj})\right] \left[x_{hk} + (y_{hk} - x_{hk})\right] \\ &= \sum_h x_{hj} x_{hk} + \\ &\quad + \sum_h x_{hj}(y_{hk} - x_{hk}) + \sum_h x_{hk}(y_{hj} - x_{hj}) + \\ &\quad + \sum_h (y_{hj} - x_{hj})(y_{hk} - x_{hk}) \, ,\end{aligned}$$

$$\begin{aligned}\sum_{h=1}^{N\,n} y_{hj}^2 &= \sum_h \left[x_{hj} + (y_{hj} - x_{hj)})\right]^2 \\ &= \sum_h x_{hj}^2 + \\ &\quad + 2 \sum_h x_{hj}(y_{hj} - x_{hj}) + \sum_h (y_{hj} - x_{hj})^2 \, .\end{aligned}$$

Die Größen, die wir benötigen, sind aber

$$v_j^2 = \sum_h x_{hj}^2, \; v_k^2 = \sum_h x_{hk}^2, \; v_{jk} = \sum_h x_{hj} x_{hk} \, .$$

Wir müssen v_{jk} mit $\sum_h y_{hj} y_{hk}$ annähern. Man überzeugt sich leicht, daß

$$
\begin{aligned}
E \sum_h y_{hj} y_{hk} &= \sum_h E\, y_{hj} y_{hk} \\
&= \sum_h x_{hj} x_{hk} + \\
&\quad + \sum_h x_{hj} \cdot E(y_{hk} - x_{hk}) + \sum_h x_{hk} \cdot E(y_{hj} - x_{hj}) \\
&\quad + \sum_h E(y_{hj} - x_{hj})(y_{hk} - x_{hk}) \\
&= \sum_h x_{hj} x_{hk} = v_{jk} \,.
\end{aligned}
$$

Wir verfügen also über einen erwartungstreuen Schätzer von v_{jk}: Da $E\, y_j = x_j$, ist $E(y_j - x_j) = 0$ und $E(y_j - x_j)(y_k - x_k)$, die Kovarianz der Fehler, ist ebenfalls null für $j,k = 1,\ldots,r$.

Wir müssen v_j^2 durch $\sum_h y_{hj}^2$ annähern. Es ist aber

$$
\begin{aligned}
E \sum_h y_{hj}^2 &= \sum_h E\, y_{hj}^2 \\
&= \sum_h x_{hj}^2 + 2 \sum_h x_{hj} E(y_{hj} - x_{hj}) + \sum_h E(y_{hj} - x_{hj})^2 \\
&= \sum_h x_{hj}^2 + \sum_h \mathrm{Var}(y_{hj} \mid x_{hj}) > v_j^2 \,.
\end{aligned}
$$

Die Quadratsumme der y-Werte ist kein erwartungstreuer Schätzer von v_j^2. Vielmehr überschätzen wir mit $\sum y_{hj}^2$ diese Größe, was zur Folge hat, daß wir den Kosinus zwischen j und k unterschätzen, wenn wir $\sum y_{hj}^2$ an der Stelle von v_j^2 verwenden:

$$
\cos jk = \frac{v_{jk}}{v_j \cdot v_k} > \frac{v_{jk}}{\sqrt{v_j^2 + \sum_h \mathrm{Var}(y_{hj} \mid x_{hj})}\,\sqrt{v_k^2 + \sum_h \mathrm{Var}(y_{hk} \mid x_{hk})}} \,.
$$

Aus diesem Grunde erscheint es geboten, die Verzerrung des Schätzers von v_j^2 zu beheben. Es hat sich gezeigt, daß (11):

$$
\mathrm{Var}(y \mid x) = \frac{a^2 - x^2}{2a} = \frac{a}{2} - \frac{1}{2a} \cdot x^2 \,.
$$

Daher ist

$$
E \sum_h y_{hj}^2 = \sum_h x_{hj}^2 + Nn \cdot \frac{a}{2} - \frac{1}{2a} \sum_h x_{hj}^2 = \frac{2a-1}{2a} \cdot \sum_h x_{hj}^2 + Nn \cdot \frac{a}{2} \,,
$$

und es gilt:

$$
\boxed{v_j^2 = \sum_h x_{hj}^2 = \left[E \sum_h y_{hj}^2 - Nn \cdot \frac{a}{2} \right] \cdot \frac{2a}{2a-1}} \,. \tag{37}
$$

Die Elemente der Matrix Q^{-1} (26) lassen sich also näherungsweise bestimmen mit:

$$\boxed{s_j^2 = \frac{1}{Nn}\sum_h x_{hj}^2 \approx \left[\frac{1}{Nn}\sum_h y_{hj}^2 - \frac{a}{2}\right]\cdot\frac{2a}{2a-1}} \quad . \tag{38}$$

Wir wissen, daß $\lim_{Nn\to\infty} \frac{1}{Nn}\sum_h x_{hj}^2 = s_{j\infty}^2 = \frac{a^2}{R}$ (8) und

$$\lim_{Nn\to\infty} \frac{1}{Nn}\sum_h y_{hj}^2 = \frac{a^2}{R} + \frac{a}{2}\left(\frac{R-1}{R}\right) \text{ (16).}$$

Setzt man dies in (38) ein, so erhält man

$$s_{j\infty}^2 = \frac{a^2}{R} \approx \left[\frac{a^2}{R} + \frac{a}{2}\frac{R-1}{R} - \frac{a}{2}\right]\cdot\frac{2a}{2a-1} = \frac{a^2}{R},$$

d.h. man bestimmt dann $s_{j\infty}^2$ mit (38) exakt.

VI.11: Die Analyse der "Bedeutungsumfelder"

w bedeute jetzt ein beliebiges Wort oder ein Prädikat einer der bipolaren Skalen. Mit (33), (34) und (28) können wir die Kosinus der Winkel zwischen w und den Wörtern h=1,...,Nn bzw. zwischen w und den Prädikaten j=1,...,r bestimmen.

Tab.VI.6: Größe des Winkels und zugehöriger Kosinus.

α	30	25	20	15	10	5	2	1
cos α	0,866	0,906	0,940	0,966	0,985	0,996	0,999	0,9998..

Wir definieren: das **Bedeutungsumfeld** von w besteht aus allen Wort- und Prädikatenpunkten, die mit w einen Winkel kleiner α einschließen (dessen Kosinus $>\cos\alpha$ ist).

Das **Umfeld der Gegensätze** von w besteht aus allen Wort- und Prädikatenpunkten, die mit w einen Winkel größer $180-\alpha$ einschließen (deren Kosinus $< \cos(180-\alpha)$ ist). Als Beispiel möge dienen:

$$\text{Umfeld von } w = \{h \mid 0{,}91 \le \cos wh \le 1\}$$
$$\text{Gegenfeld von } w = \{h \mid -1 \le \cos wh \le -0{,}91\}.$$

Entsprechend kann man das Bedeutungsumfeld und das Gegenfeld der "Eigenrichtungen" des semantischen Raumes bestimmen und diese damit deuten. Man verwende dazu (34):

$$\text{Umfeld von } m = \{h \mid 0{,}91 \leq \cos hm \leq 1\}$$
$$\text{Gegenfeld von } m = \{h \mid -1 \leq \cos hm \leq -0{,}91\}.$$

Osgood (1952) fand für die drei deutlich nachweisbaren Eigenrichtungen, von denen schon berichtet wurde, aufgrund der Umfelder und Gegenfelder die Bezeichnungen "Potency", "Evaluation" und "Activity".

Jedes der N Wörter ist von n Personen beurteilt worden und somit durch n Wortpunkte repräsentiert. Stellen diese ein "Bedeutungsumfeld" dar? Die n Wortpunkte des Wortes w_k haben entsprechend dem Aufbau der Datenmatrix folgende Koordinaten: $i+(k-1)n$, $i=1,\ldots,n$. Man bestimme die Koordinaten ihres Schwerpunktes auf den R Eigenrichtungen: $S_k=(S_{k1},\ldots,S_{km},\ldots,S_{kR})$, wobei

$$S_{km} = \frac{1}{n} \sum_{i=1}^{n} \frac{u_{i+(k-1)n,m}}{\sqrt{R}} = \cos S_k m \tag{39}$$

und $u/\sqrt{R}$ durch (34) gegeben ist. Nun überprüfe man, ob die n Wortpunkte ein "Bedeutungsumfeld" ihres Schwerpunktes darstellen.

Die N Profile, welche von derselben Person stammen, machen die "semantische Konfiguration" der Wortbedeutungen sichtbar, die von der Konfiguration einer anderen Person verschieden sein kann. Gewisse Unterschiede in Organismusparametern (Weltanschauung, Religionsbekenntnis, Parteipräferenz) werden mit charakteristischen Unterschieden der semantischen Konfigurationen zusammenhängen. Man kann sich vorstellen, daß ein Teil der Wörter bei allen Personen gleiche Bedeutung im Sinne von (20) hat. Die dazugehörigen Wortpunkte haben dann einen festen Platz auf der Oberfläche der semantischen Kugel. Unterschiede der "Konfiguration" entstehen dann dadurch, daß andere Wörter ihr Bedeutungsumfeld "wechseln". Die Konfigurationen eines Anhängers und eines Gegners einer gewissen Partei könnten sich (unter anderem) dadurch unterscheiden, daß deren Vorsitzender einmal im Bedeutungsumfeld von "gut", einmal im Bedeutungsumfeld von "schlecht" enthalten ist. Die Umwandlung einer semantischen Konfiguration in eine andere könnte im einfachsten Falle dadurch nachvollzogen werden, daß man die Richtungskosinus der "variablen" Wortpunkte mit −1 multipliziert.

VI.12 Ergebnisse

MARKTLER (1995) ließ N = 45 Begriffe von n = 20 Personen auf r = 21 bipolaren Skalen beurteilen.

Tab.VI.7: Die N = 45 Begriffe .

1	Angst	16	Gewaltlosigkeit	31	Mutter
2	Armut	17	Gleichheit	32	Österreicher
3	Beamte	18	Haß	33	ÖVP
4	blau	19	Heimat	34	progressiv
5	Deutsche	20	Intelligenz	35	rot
6	Die Grünen	21	Kampf	36	Ruhe
7	Diktator	22	Kind	37	SPÖ
8	Einsamkeit	23	konservativ	38	Tod
9	Erfolg	24	KPÖ	39	Toleranz
10	Europa	25	Krieg	40	Trauer
11	FPÖ	26	liberal	41	Triebhaftigkeit
12	Freiheit	27	Liberales Forum	42	Unterdrückung
13	Freude	28	Liebe	43	Vater
14	Gefahr	29	Manager	44	weiblich
15	Gesundheit	30	männlich	45	Zorn

Tab.VI.8: Die Prädikate, welche die Pole P^- und P^+ der 21 bipolaren Skalen bildeten.

	P^-	P^+
1	tief	hoch
2	schwach	stark
3	rauh	glatt
4	leer	voll
5	klein	groß
6	kalt	warm
7	eckig	rund
8	sanft	wild
9	leise	laut
10	feucht	trocken
11	frisch	abgestanden
12	nahe	entfernt
13	seicht	tief
14	gut	schlecht
15	verschwommen	klar
16	jung	alt
17	gespannt	gelöst
18	schön	häßlich
19	hart	weich
20	bitter	süß
21	dunkel	hell

(1) Die Dimension der semantischen Kugel

Die 45·20·21 = 18900 Urteile verteilen sich auf der siebenstufigen Skala wie folgt:

Tab.VI.9: Die Verteilung (18), dargestellt durch eine Stichprobe von 18900 Beobachtungen.

y	-3	-2	-1	0	1	2	3
$\hat{f}(y)$	0,14201	0,12947	0,16027	0,10640	0,15191	0,14048	0,16946

In Abschnitt VI.4 wurde untersucht, wie diese Verteilung beschaffen ist, wenn eine mit unendlich vielen Wortpunkten besetzte Oberfläche auf eine Achse projiziert wird. Wir untersuchen jetzt, wie gut sich die erwarteten Häufigkeiten bei R = 2, 3, 4, 5 Dimensionen, die in Tab.VI.2 angegeben sind, an die beobachteten Häufigkeiten der Tab.VI.9 anpassen. Da R nur wenige, ganzzahlige Werte annehmen kann, läßt sich die "bestpassende Dimensionszahl" einfach mit der "Minimum-Chiquadrat-Methode" (vgl. SIXTL 1993, S. 324) bestimmen:

R	2	3	4	5
χ^2_R	1980,917	345,255	1522,791	3300,207

Das Minimum von Chiquadrat wurde auch bei jeder der 20 Personen untersucht. In der nachfolgenden Tabelle sind Mittelwert und Varianz der je 45·21 = 945 Urteile angeführt, die eine Person abgab. In der letzten, mit $\hat{R}$ überschriebenen Spalte stehen die Schätzungen der Dimensionszahl, die aufgrund von (17) unter Zuhilfenahme der Varianz der Verteilung als Schätzer von Var y gewonnen wurden:

$$\hat{R} = \frac{a\,(2a-1)}{2\cdot s_y^2 - a} = \frac{15}{2\cdot s_y^2 - 3}\,. \tag{40}$$

Die Mittelwerte $\bar{y}$ haben entsprechend (15) einen Erwartungswert von 0. Die 20 Mittelwerte weisen anstatt dessen einen Mittelwert von 0,096 auf, um den sie mit Varianz 0,018 streuen. – Von den 20 Verteilungen haben die der Personen 3, 5, 16 und 17 auffallend kleine Varianzen, was zu sehr großen Schätzwerten der Dimensionszahl führt. Diese Personen bevorzugen y = 0 und vermeiden y = ±3. Sie sind, verglichen mit den übrigen, "Ausreißer", was auch die nachfolgende Abb.VI.7 bestätigt.

Tab.VI.10: Mittelwerte und Varianzen der Verteilung von je 945 Urteilen einer Person, sowie Schätzwerte der Dimensionszahl R.

Nr	$\bar{y}$	s_y^2	$\hat{R}$	
1	0,12381	4,02809	2,97	
2	0,12487	3,53524	3,68	
3	0,02963	1,86988	20,28	*
4	0,19788	3,68220	3,44	
5	0,04444	2,15056	11,53	*
6	0,17354	4,20290	2,77	
7	0,03492	3,63119	3,51	
8	0,01905	4,20091	2,78	
9	0,00635	4,87496	2,22	
10	0,25291	5,27601	1,99	
11	0,10899	7,92349	1,17	
12	0,14497	5,28087	1,98	
13	0,02540	4,03113	2,96	
14	0,09206	5,30825	1,97	
15	0,12169	3,25954	4,26	
16	0,04339	2,62206	6,68	*
17	0,15238	1,92379	17,70	*
18	0,35979	5,47423	1,89	
19	0,33439	6,36476	1,54	
20	0,21164	3,81745	3,24	
Mittel	0,096	4,173	4,92	
Varianz	0,018	2,294	28,40	

Abb.VI.7: Schätzwerte der Dimensionszahl R von 20 Untersuchungspersonen.

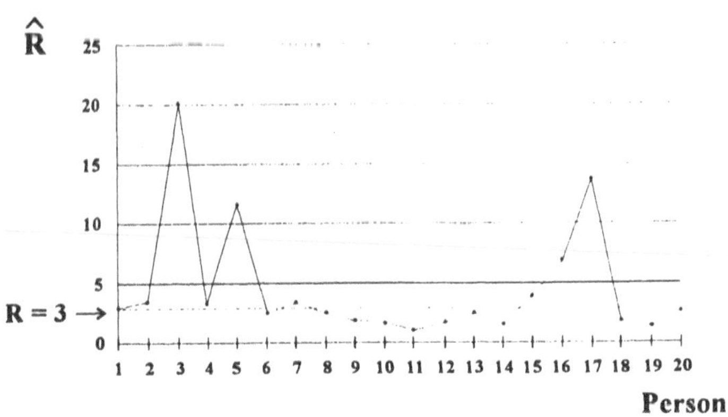

Die vier Personen dürften "Auskunftsverweigerer" sein. Berechnet man Mittelwert und Varianz von s_y^2 und $\hat{R}$ ohne die Daten dieser vier Personen, so erhält man folgendes Ergebnis:

	s_y^2	$\hat{R}$
Mittelwert	4,681	2,649
Varianz	1,507	0,744

Durch Elimination der "Auskunftsverweigerer" reduziert sich die Varianz der Schätzungen von R drastisch von 28,397 (Tab.VI.10) auf 0,744. Einige der Personen, insbesondere Nr.11, weisen stark u-förmige Urteilsverteilungen auf. In Verbindung mit Tab.VI.2 ergibt sich, daß diese Personen sich bei der Beurteilung der 45 Wörter auf zwei Beurteilungsgesichtspunkte beschränkt haben dürften.

Die Ergebnisse bestätigen im wesentlichen den Zusammenhang zwischen Verteilungsform, Varianz und Dimensionszahl, wie er in (6), (8), (16), (18) und Tab.VI.10 entwickelt wurde. Es wird allerdings deutlich, daß die Untersuchungspersonen durch Verweigern einerseits, durch Vereinfachen andererseits die Dimensionszahl vergrößern bzw. verkleinern konnten.

Wir wollen nun versuchen, die Dimensionszahl R mit Hilfe der Ergebnisse, die in Tab.VI.10 dargestellt sind, zu schätzen. Da nämlich R eine nichtlineare Funktion von Var y ist, wie (17) zeigt, gilt nicht einfach, daß der Erwartungswert von $\hat{\mathbf{R}}$ gleich ist der mit (17) gewonnenen Abbildung R = f(Var y). Erwartungswert und Varianz der Schätzung lassen sich mit Hilfe des Erwartungswertes durch eine Taylorentwicklung annähern:

$$\mathrm{E}\,\hat{\mathbf{R}} \approx f(\mathrm{Var}\ y) + \tfrac{1}{2}\, f''(\mathrm{Var}\ y)\cdot \mathrm{Var}\, s_y^2 \ ,$$
$$\mathrm{Var}\,\hat{\mathbf{R}} \approx [f'(\mathrm{Var}\ y)]^2\cdot \mathrm{Var}\ s_y^2 \ ,$$

wobei f' die erste, f'' die zweite Ableitung von (40) nach s_y^2 ist, gewonnen an der Stelle $\mathrm{E}\,s_y^2 = \mathrm{Var}\,y$. Das bedeutet:

$$f' = -\frac{2a\cdot(2a-1)}{(2\cdot\mathrm{Var}\ y\ -\ a)^2}, \quad f'' = \frac{4a\cdot(2a-1)}{(2\cdot\mathrm{Var}\ y\ -\ a)^3} .$$

Nimmt man den Mittelwert der 20 Varianzen, die in Tab.VI.10 angeführt sind, als hinreichend genaue Näherung an $\mathrm{E}\,s_y^2 = \mathrm{Var}\,y$, sowie die Varianz der Varianzen als hinreichend genaue Näherung an $\mathrm{Var}\,s_y^2$, so findet man:

$$E\hat{\mathbf{R}} \approx \frac{3\cdot(6-1)}{(2\cdot4,173-3)} + \frac{1}{2}\cdot\frac{4\cdot3\cdot(6-1)}{(2\cdot4,173-3)^2}\cdot 2,294 = 3,256\ ;$$

$$\mathrm{Var}\,\hat{\mathbf{R}} \approx \left[\frac{6\cdot(6-1)}{(2\cdot4,173-3)^2}\right]^2\cdot 2,294 = 2,578\ .$$

Berücksichtigt man, daß sowohl E $\hat{\mathbf{R}}$ als auch Var $\hat{\mathbf{R}}$ durch Auskunfsverweigerer vergrößert wurden, so kommt man wohl zu dem Ergebnis, daß die Dimension der semantischen Kugel von der Größenordnung R=3 sein dürfte.

Dieses Ergebnis hat große Bedeutung für die Analyse des semantischen Raumes gemäß den Überlegungen in Abschnitt VI.9. Ist nämlich R = 3, so kann jeder beliebige Wortpunkt als Linearkombination dreier anderer, beliebig auszuwählender Wortpunkte dargestellt werden. Durch Beurteilungsfehler, von denen in VI.7 die Rede war, entstehen Residuen, die im dreidimensionalen Raum nicht dargestellt werden können. Als Konsequenz ist zu erwarten, daß die Hauptachsentransformation der Datenmatrix Y, die anstelle der Datenmatrix **X** zur Verwendung steht, nicht drei, sondern bis zu 21 positive Eigenwerte erbringen wird. Die Datenmatrix **Y** ist nämlich von der Ordnung (45·20) × 21. Die Elemente der Diagonalmatrix D^2, in die sich die mit Y bestimmte Matrix (26) der Kosinus überführen läßt, weist tatsächlich 21 positive Eigenwerte auf, die in der nachfolgenden Tabelle auszugsweise wiedergegeben sind.

Tab.VI.11: Die Eigenwerte des Raumes, welchen die 21 Skalen der Untersuchung von Marktler aufspannen.

i	1	2	3	4	5	6	....	21
d_i^2	11,33	3,74	1,66	1,41	0,91	0,83	....	0,02
$\Sigma\, d_i^2$	11,33	15,07	16,73	18,14	19,05	19,88	....	21
	54	72	80	86	91	95	....	100

Zeile 1: Eigenwerte, der Größe nach geordnet

Zeile 2: Kumulierte Summe der Eigenwerte

Zeile 3: Kumulierte Prozentanteile von 21

Der geringe Unterschied zwischen dem dritt- und viertgrößten Eigenwert dürfte auf den Einfluß zurückzuführen sein, den die Auskunftsverweigerer auf die Dimensionszahl ausüben. Die abschließende Analyse des Raumes wurde von MARKTLER daher mit den Daten der 16 Personen und mit R = 3 Dimensionen durchgeführt.

(2) Gleichbleibende Wortbedeutungen

Im Abschnitt VI.7 haben wir untersucht, wie man erkennen kann, ob Urteile, die verschiedene Personen über ein Wort abgeben, identisch verteilt sind, d.h. den gleichen Erwartungswert haben. In der nachfolgenden Tabelle VI.12 ist das Ergebnis der Analyse von 945 Verteilungen, die dadurch entstanden, daß jedes der 45 Wörter auf jeder der 21 Skalen von 16 Personen beurteilt wurden, auszugsweise wiedergegeben. Dabei wurden zuerst die Mittelwerte und Varianzen einzelner Verteilungen auf ausgewählten Skalen angeführt:

$$\bar{y} = \frac{1}{16} \sum_{i=1}^{16} y_i \, , \qquad s_y^2 = \frac{1}{16-1} \sum_{i=1}^{16} (y_i - \bar{y})^2 \, .$$

In der mit (20) überschriebenen Spalte finden sich die Differenzen

$$\frac{2a}{2a-1} s_y^2 - \frac{(a+\bar{y})\,(a-\bar{y})}{2a-1} \, . \tag{20}$$

Diese Differenzen haben den Erwartungswert 0, wenn $\operatorname{Var} \mathbf{x} = 0$ gilt, also das Wort auf der betreffenden Skala bei allen 16 Personen den gleichen Erwartungswert aufweist. – In der mit (21) überschriebenen Spalte finden sich schließlich die Schätzer

$$\frac{n \cdot (a^2 - \bar{y}^2)}{n \cdot 2a - 1} \, , \tag{21}$$

die für $\operatorname{Var}(\mathbf{y} \mid \mathbf{x})$ erwartungstreu sind, wenn $E\, \mathbf{y}_i = x$ für alle Personen zutrifft. s_y^2 und (21) sollten in diesem Fall bis auf Stichprobenfehler übereinstimmen. In der letzten Spalte ist der Quotient aus s_y^2 und (21) angeführt, den wir mit Hilfe der Tab.VI.3 deuten können.

Tab.VI.12: Kennwerte ausgewählter Verteilungen von Urteilen.

	Wort	Skala (P^*)	$\bar{y}$	s_y^2	(20)	(21)	F
1	Angst	17 gespannt	-2,690	0,229	-0,080	0,299	0,77
2	Armut	6 kalt	-2,560	0,396	-0,012	0,410	0,96
2	Arbeit	19 hart	-1,750	1,000	0,013	1,000	1,00
3	Beamte	17 gespannt	-1,375	1,183	-0,002	1,119	1,06
4	blau	11 frisch	-2,688	0,363	0,080	0,299	1,21
5	Deutsche	18 schön	0,000	1,867	0,440	1,516	1,23
6	Die Grünen	21 dunkel	1,500	1,333	0,250	1,137	1,17
7	Diktator	14 gut	2,563	0,395	-0,012	0,410	0,96
8	Einsamkeit	9 leise	-2,625	0,250	-0,122	0,355	0,70
9	Erfolg	14 gut	-2,313	0,629	0,025	0,615	1,02
10	Europa	18 schön	-1,938	0,863	-0,014	0,884	0,98
11	FPÖ	9 leise	2,125	0,783	0,043	0,755	1,03
12	Freiheit	11 frisch	-2,438	0,529	0,023	0,515	1,03

Der Tabelle VI.3 entnimmt man, daß das 95. Quantil von F bei verschiedenen Werten von x ungefähr den Wert 1,60 hat, wenn n = 16 ist. Keine der oben angeführten Verteilungen weist Anzeichen einer interindividuellen Variation der Wortbedeutungen auf. Der größte Wert von F findet sich bei der Beurteilung der "Deutschen" auf der Skala 18 (schön – häßlich). Aber auch er veranlaßt uns noch nicht, die Nullhypothese zu verwerfen, der wir folgende Fassung geben: Var $\mathbf{x}$ = 0 oder E $\mathbf{y}_i$ = x für alle i = 1,...,16. – Ist Var $\mathbf{x}$ = 0, so kann man das Konfidenzintervall von $\mathbf{x}$ angeben, in welchem sich der Skalenparameter mit "an Sicherheit grenzender Wahrscheinlichkeit" befindet. Wegen der Kleinheit der Stichprobe (n = 16) ist die Normalverteilungsapproximation nur in der Umgebung des Indifferenzpunktes zulässig. Das trifft am ehesten für die Beurteilung der "Deutschen" auf Skala 18 (schön – häßlich) zu. Wir verfahren mit deren Mittelwert von 0,000 entsprechend den Ausführungen in Verbindung mit Tab.VI.4:

$$\Pr\left[0 - 1{,}96\sqrt{\frac{9-0}{16 \cdot 6-1}} < x < 0 + 1{,}96\sqrt{\frac{9-0}{16 \cdot 6-1}}\right] = 0{,}95 \,.$$

Wir erhalten das Ergebnis, daß der Skalenwert der "Deutschen" mit an Sicherheit grenzender Wahrscheinlichkeit ein Wert des Intervalls [-0,6; 0,6] ist.

(3) Die Invarianz der Winkelkosinus

In Verbindung mit (25) wurde gefordert, daß die Wörter und Urteilspersonen, welche zur Erstellung der Datenmatrix beitrugen, eine repräsentative Auswahl aus dem Universum aller Wörter und Urteilspersonen darstellen müssen. Die Schätzungen der Winkelkosinus, die man gemäß (26) mit solchen repräsentativen Auswahlen von Wörtern und Personen gewinnt, dürfen sich voneinander nur infolge von Stichprobenfehlern unterscheiden. Dies wurde von MARKTLER auf folgende Weise untersucht: er berechnete die Winkelkosinus mit Datenmatrizen, die aus den Urteilen von je 4 (der 16) Personen bestanden. Das Ergebnis ist in der nachfolgenden Tab.VI.14a dargestellt: es können dabei je vier Kosinus hinsichtlich ihrer Ähnlichkeit miteinander verglichen werden.

MARKTLER hat außerdem die Korrelationen berechnet, welche die Winkelkosinus der vier Gruppen aufweisen. Sie sind in der folgenden Tab.VI.13 wiedergeben. Jede von ihnen basiert auf (21·20)/2 = 210 Paaren von Kosinus. – Da diese bis auf Unterschiede, die sich aus der fehlerhaften Beurteilung der Wörter ergeben, einander gleich sein sollen, ist die Minderung der Korrelationen zwischen den vier Gruppen allein auf Fehler zurückzuführen.

Tab.VI.13: Matrix der Korrelationen zwischen den vier Schätzungen der Winkelkosinus.

	Gruppe 1	Gruppe 2	Gruppe 3	Gruppe 4
Gruppe 1	1,000	0,952	0,948	0,920
Gruppe 2	0,952	1,000	0,909	0,907
Gruppe 3	0,948	0,909	1,000	0,952
Gruppe 4	0,920	0,907	0,952	1,000

Tab.VI.14 a: Winkelkosinus zwischen allen Paaren von 21 Skalen, die in vier Gruppen unabhängig voneinander gewonnen wurden. Die Dreiecksmatrizen gehören von oben nach unten zu den Gruppen 1, 2, 3, 4. Die Kosinus wurden auf zwei Stellen gerundet und mit 100 multipliziert.

Ablesebeispiel: 100 cos 2,3 hat in den Gruppen 1 und 3 die Werte 11 bzw. 5; 100 cos 3,2 hat in den Gruppen 2 und 4 die Werte 16 bzw. 34.

	1	2	3	4	5	6	7	8	9	10	11	12	13	14	15	16	17	18	19	20	21
1		40	33	46	30	51	38	-8	11	-7	-44	-35	22	-52	39	-42	41	-46	24	49	56
2	30		11	49	76	7	1	18	30	16	-21	-14	40	-20	30	-21	-1	-17	-13	10	14
3	52	16		32	8	40	58	-52	-36	8	-43	-33	19	-58	55	-43	56	-58	54	56	55
4	53	57	40		54	51	32	-7	5	12	-42	-35	38	-53	39	-46	36	-47	21	40	47
5	32	80	17	59		9	1	19	28	16	-16	-11	36	-17	25	-17	2	-14	-13	7	12
6	64	15	50	54	20		75	-50	-36	-6	-53	-49	13	-74	38	-54	70	-73	68	73	76
7	50	6	58	36	10	70		-58	-41	-11	-46	-47	10	-69	46	-49	71	-72	73	73	69
8	-37	5	-49	-21	1	-48	-65		78	10	22	29	-9	56	-36	29	-66	60	-74	-57	-51
9	-9	12	-32	-3	6	-18	-41	66		7	5	23	-6	38	-20	11	-47	42	-60	-41	-30
10	32	12	24	18	13	20	12	-8	-4		21	2	18	4	7	10	-18	8	-15	-14	-6
11	-52	-33	-46	-55	-31	-57	-42	17	5	-23		40	-16	57	-46	79	-55	56	-44	-58	-57
12	-47	-27	-35	-50	-26	-61	-48	31	16	-21	55		-16	54	-33	45	-40	53	-41	-47	-46
13	12	49	20	49	45	26	20	-7	-13	-10	-37	-39		-19	27	-16	14	-18	2	8	10
14	-63	-29	-55	-57	-27	-73	-65	56	33	-15	63	62	-41		-62	68	-75	93	-67	-82	-84
15	32	29	29	40	30	36	23	-20	-15	20	-38	-37	28	-37		-55	51	-65	44	58	59
16	-43	-16	-36	-35	-12	-44	-29	8	1	-20	69	42	-17	43	-25		-58	67	-47	-61	-65
17	37	-8	32	19	-13	57	60	-59	-41	17	-27	-37	8	-54	34	-19		-77	79	78	74
18	-65	-29	-52	-58	-28	-75	-71	57	33	-14	60	55	-35	88	-43	42	-59		-73	-85	-85
19	47	-9	38	26	-6	63	63	-61	-35	6	-36	-37	10	-56	17	-30	64	-63		78	73
20	59	7	45	45	9	71	67	-51	-28	17	-52	-52	18	-68	36	-44	67	-76	76		84
21	69	20	53	55	24	76	64	-47	-23	24	-64	-53	20	-74	40	-56	51	-80	61	75	

	1	2	3	4	5	6	7	8	9	10	11	12	13	14	15	16	17	18	19	20	21
1		37	45	46	21	40	28	-8	-2	-15	-30	-28	12	-48	28	-38	24	-46	18	30	47
2	45		5	55	58	9	7	27	30	-36	-39	-38	25	-24	38	-37	-15	-21	-21	-3	14
3	49	34		32	3	58	59	-50	-31	-17	-32	-24	13	-65	31	-31	44	-68	55	58	64
4	55	74	41		45	37	34	6	28	-38	-40	-35	24	-53	49	-36	11	-54	14	24	44
5	37	77	21	70		5	4	27	32	-22	-32	-28	26	-20	25	-20	-5	-17	-16	-7	14
6	61	41	67	56	32		73	-40	-27	-23	-37	-33	13	-69	36	-43	43	-69	65	69	72
7	49	44	79	53	34	76		-40	-27	-28	-37	-36	19	-62	37	-35	43	-63	58	65	65
8	-19	3	-47	-3	11	-39	-46		70	4	17	0	7	44	-9	16	-41	45	-62	-51	-43
9	-9	2	-36	5	12	-19	-34	79		1	4	-5	2	20	2	5	-39	21	-51	-36	-30
10	-30	-35	-42	-38	-21	-40	-47	20	16		50	25	-29	28	-28	33	-3	31	-23	-19	-25
11	-53	-65	-54	-71	-53	-63	-62	17	7	56		43	-20	52	-42	58	-26	57	-32	-38	-57
12	-51	-46	-34	-56	-54	-51	-42	8	1	34	53		-6	39	-35	36	-21	35	-20	-30	-42
13	30	57	42	62	50	36	47	-15	-17	-39	-60	-31		-19	27	-16	13	-15	11	12	9
14	-61	-59	-65	-66	-45	-80	-70	42	27	40	72	54	-58		-53	56	-48	91	-56	-63	-77
15	46	57	44	64	54	48	49	-13	-3	-34	-61	-54	57	-66		-45	15	-57	22	35	49
16	-42	-39	-53	-50	-27	-54	-48	8	-2	47	62	42	-39	55	-45		-20	59	-24	-35	-53
17	28	15	49	24	8	57	63	-56	-47	-33	-37	-18	23	-52	27	-26		-45	58	53	52
18	-60	-59	-63	-65	-47	-81	-72	35	18	42	73	55	-53	90	-70	58	-58		-58	-66	-82
19	46	24	69	36	16	77	76	-63	-48	-40	-53	-36	33	-70	41	-44	72	-69		77	62
20	55	36	71	51	27	82	79	-49	-33	-47	-62	-43	41	-77	55	-59	66	-79	86		73
21	63	49	62	60	38	84	70	-39	-22	-37	-64	-51	35	-84	58	-57	58	-88	73	84	

Skalen, die gehäuft in Paaren auftreten, deren vier Winkelkosinus eine geringe Ähnlichkeit aufweisen, sollten eliminiert werden. Als analytische Methode der Skalenselektion bietet sich die Hauptachsentransformation an (vgl. SIXTL 1993, S. 134ff). Die Höhe der Korrelationen zwischen den Winkelkosinus der vier Gruppen läßt einen Eigenwert von großer Mächtigkeit und drei kleine, in der Nähe von Null befindliche oder mit Null zusammenfallende Eigenwerte erwarten. Der Kosinus jener Skalenpaare, die mit einem geringen Fehler behaftet sind, sollte sich daher allein mit dem Eigenvektor reproduzieren lassen, der zu dem größten Eigenwert gehört.

Die Hauptachsentransformation der Korrelationsmatrix in Tab.VI.13 förderte folgende Eigenwerte zutage:

3,794   0,116   0,060   0,029.

Der größte Eigenwert erklärt $(3,794/4) \cdot 100 = 94,88\%$ der gesamten Varianz.

In der folgenden Tabelle VI.14 b sind die "fehlerbereingten" Winkelkosinus der vier Gruppen wiedergegeben, die mit dem ersten, zum größten Eigenwert gehörenden Eigenvektor berechnet wurden.

Tab.VI.14 b: Die "fehlerbereinigten" Winkelkosinus der Tab.VI.14 a. (Auf zwei Stellen gerundet und mit 100 multipliziert).

Ablesebeispiel: 100 cos* 2,3 hat in den Gruppen 1 und 3 die Werte 17 bzw. 17; 100 cos* 3,2 hat in den Gruppen 2 und 4 die Werte 16 bzw. 17.

	1	2	3	4	5	6	7	8	9	10	11	12	13	14	15	16	17	18	19	20	21
1		38	45	51	30	55	41	-18	-2	-5	-45	-40	19	-57	37	-42	33	-55	34	48	59
2	38		17	59	73	18	14	13	19	-11	-40	-32	43	-33	39	-29	-2	-32	-5	12	24
3	44	16		36	12	54	64	-50	-34	-7	-44	-32	24	-61	40	-41	45	-60	55	58	59
4	50	58	36		57	50	39	-6	9	-12	-52	-44	44	-57	48	-42	23	-56	25	40	52
5	30	72	12	57		16	12	15	20	-3	-33	-30	39	-27	33	-19	-2	-27	-5	9	22
6	54	18	53	49	16		74	-45	-25	-13	-53	-49	22	-75	40	-49	57	-75	69	74	78
7	41	14	63	39	12	73		-52	-36	-19	-47	-44	24	-67	39	-41	60	-70	68	71	68
8	-18	13	-49	-6	15	-44	-52		74	6	18	17	-6	50	-19	15	-56	50	-65	-52	-45
9	-2	19	-33	9	19	-25	-36	73		5	5	9	-9	30	-9	4	-44	29	-49	-35	-27
10	-5	-11	-7	-11	-3	-12	-18	6	5		26	10	-15	14	-9	17	-9	17	-18	-16	-11
11	-44	-39	-43	-51	-33	-52	-46	18	5	26		48	-33	61	-47	67	-37	62	-41	-53	-61
12	-40	-31	-31	-44	-30	-48	-43	17	9	10	47		-23	53	-40	41	-29	50	-34	-43	-48
13	19	42	23	43	39	22	24	-6	-9	-15	-33	-23		-34	35	-22	14	-30	14	20	18
14	-56	-33	-60	-57	-27	-74	-66	49	29	14	61	52	-34		-55	56	-58	91	-63	-73	-81
15	36	38	40	48	33	39	38	-19	-9	-9	-47	-39	34	-54		-43	32	-59	31	46	52
16	-41	-28	-40	-41	-19	-48	-40	15	4	17	66	41	-22	55	-42		-31	57	-36	-50	-58
17	32	-2	45	23	-2	56	59	-55	-43	-9	-36	-29	14	-57	31	-31		-60	69	66	59
18	-54	-31	-60	-56	-26	-74	-69	49	28	16	61	49	-30	90	-58	56	-59		-66	-77	-84
19	33	-5	54	24	-5	68	67	-65	-48	-18	-41	-33	14	-62	31	-36	68	-65		80	68
20	48	12	57	40	9	73	70	-52	-34	-16	-52	-43	19	-72	46	-49	65	-76	79		79
21	59	24	58	51	22	77	67	-45	-26	-11	-60	-48	18	-79	51	-57	59	-83	67	78	

	1	2	3	4	5	6	7	8	9	10	11	12	13	14	15	16	17	18	19	20	21
1		38	45	50	30	54	41	-18	-2	-5	-45	-40	19	-56	36	-42	33	-54	34	48	59
2	38		17	59	73	18	14	13	19	-11	-40	-32	43	-33	38	-29	-2	-32	-5	12	24
3	44	17		36	12	54	64	-50	-34	-7	-44	-31	24	-61	40	-41	45	-60	54	58	59
4	50	59	36		57	50	39	-6	9	-12	-52	-44	43	-57	48	-42	23	-56	25	40	52
5	30	73	12	57		16	12	15	20	-3	-33	-30	39	-27	33	-19	-2	-27	-5	9	22
6	54	18	53	49	16		74	-44	-25	-13	-53	-49	22	-74	40	-49	57	-75	69	74	77
7	41	14	63	39	12	73		-52	-36	-19	-47	-43	24	-67	39	-41	60	-70	68	71	68
8	-18	13	-49	-6	15	-44	-52		73	6	18	17	-6	49	-19	15	-56	49	-65	-52	-45
9	-2	19	-34	9	20	-25	-36	73		5	5	9	-9	30	-9	4	-44	29	-49	-34	-27
10	-5	-11	-7	-11	-3	-12	-18	6	5		26	10	-15	14	-9	17	-9	17	-18	-16	-11
11	-45	-39	-44	-52	-33	-52	-47	18	5	26		48	-33	61	-47	67	-36	62	-41	-53	-61
12	-40	-31	-31	-44	-30	-48	-43	17	9	10	48		-23	52	-40	41	-29	50	-34	-43	-48
13	19	43	23	43	39	22	24	-6	-9	-15	-33	-23		-34	35	-22	14	-30	14	20	18
14	-56	-33	-60	-57	-27	-74	-66	49	29	14	61	52	-34		-55	56	-57	91	-62	-73	-80
15	36	38	40	48	33	39	39	-19	-9	-9	-47	-40	35	-54		-43	32	-59	31	46	52
16	-41	-28	-40	-41	-19	-48	-40	15	4	17	67	41	-22	55	-42		-31	57	-36	-50	-58
17	32	-2	45	23	-2	57	59	-55	-43	-9	-36	-29	14	-57	32	-31		-60	69	66	59
18	-54	-31	-60	-56	-27	-74	-69	49	29	16	61	49	-30	90	-59	56	-59		-66	-77	-84
19	33	-5	54	24	-5	68	67	-65	-48	-18	-41	-33	14	-62	31	-36	68	-65		79	68
20	48	12	57	40	9	73	71	-52	-34	-16	-52	-43	20	-72	46	-50	66	-76	79		79
21	59	24	58	51	22	77	67	-45	-26	-11	-60	-48	18	-80	51	-57	59	-83	67	79	

Die Differenzen zwischen errechneten Kosinus (Tab.VI.14 a) und reproduzierten Kosinus (Tab.VI.14 b), wie sie in den vier Gruppen auftreten, wurden quadriert und summiert. Das Ergebnis ist in der nachfolgenden Tab.VI.14 c angeführt. Es zeigt sich, daß größere Diskrepanzen regelmäßig nur in den Paaren auftraten, in denen Skala 10 (feucht – trocken) vorkam.

Tab.VI.14 c: Quadratsumme der Residuen zwischen errechneten und reproduzierten Werten des Kosinus zwischen Skalen.

	1	2	3	4	5	6	7	8	9	10	11	12	13	14	15	16	17	18	19	20
1		1	2	1	1	4	3	6	3	21	3	3	2	2	2	0	2	3	7	5
2	1		5	4	3	7	12	4	6	25	11	6	6	9	5	4	5	11	12	8
3	2	5		1	2	4	3	0	0	25	3	1	5	1	4	3	3	1	5	3
4	1	4	1		3	2	3	4	5	28	6	4	8	1	4	2	3	2	3	4
5	1	3	2	3		4	7	4	5	13	7	10	4	5	6	1	2	7	6	6
6	4	7	4	2	4		0	1	2	20	4	4	4	1	1	1	3	1	1	1
7	3	12	3	3	7	0		4	1	19	4	1	8	0	4	3	4	1	2	1
8	6	4	0	4	4	1	4		1	4	0	7	3	2	4	3	3	4	1	0
9	3	6	0	5	5	2	1	1		2	0	5	2	2	3	1	1	4	3	1
10	21	25	25	28	13	20	19	4	2		39	18	19	18	21	26	13	19	11	21
11	3	11	3	6	7	4	4	0	0	39		2	12	2	3	2	5	2	3	3
12	3	6	1	4	10	4	1	7	5	18	2		7	3	3	0	4	3	3	3
13	2	6	5	8	4	4	8	3	2	19	12	7		11	7	4	1	9	5	7
14	2	9	1	1	5	1	0	2	2	18	2	3	11		5	3	4	0	2	2
15	2	5	4	4	6	1	4	4	3	21	3	3	7	5		5	6	4	5	4
16	0	4	3	2	1	1	3	3	1	26	2	0	4	3	5		10	3	4	5
17	2	5	3	3	2	3	4	3	1	13	5	4	1	4	6	10		5	2	3
18	3	11	1	2	7	1	1	4	4	19	2	3	9	0	4	3	5		1	2
19	7	12	5	3	6	1	2	1	3	11	3	3	5	2	5	4	2	1		1
20	5	8	3	4	6	1	1	0	1	21	3	3	7	2	4	5	3	2	1	
21	3	9	1	2-	4	1	0	1	1	21	1	1	5	1	2	1	3	0	1	1

(4) Der semantische Raum

Marktler faßte die Urteile der 16 Personen zu einer Matrix der Ordnung $(46 \cdot 16) \times 21$ zusammen und unterzog dieselbe einer Hauptachsentransformation, die in Verbindung mit den Formeln (25) – (29) beschrieben wurde.

Unter Zugrundelegung der Dimensionszahl $R = 3$ und Vernachlässigung aller anderen Eigenrichtungen wurde folgende Matrix **F** gefunden, deren Elemente entsprechend (34) die Richtungskosinus der Skalen mit den drei Hauptrichtungen, also $\cos(j,m)$, $j = 1,\ldots,21$, $m = 1,2,3$ sind.

Tab.VI.15: Matrix **F** der Richtungskosinus. Es ist jeweils der Winkel zwischen P^+ (rechtes Prädikat) und Eigenrichtung angegeben.

	P^-	P^+	m 1	2	3	Zeilen-quadrat-summe
1	tief	- hoch	0.88461	0,31238	0,34624	1
2	schwach	- stark	0,42459	0,86302	-0,27371	1
3	rauh	- glatt	0,97178	-0,21508	-0,09688	1
4	leer	- voll	0,76454	0,64063	-0,07123	1
5	klein	- groß	0,38432	0,86824	-0,31377	1
6	kalt	- warm	0,97171	-0,12997	0,19719	1
7	eckig	- rund	0,96497	-0,25926	-0,04022	1
8	sanft	- wild	-0,61172	0,70685	0,35519	1
9	leise	- laut	-0,39472	0,72485	0,56461	1
10	feucht	- trocken	-0,75040	-0,29049	0,59374	1
11	frisch	- abgestanden	-0,92066	-0,35774	-0,15625	1
12	nahe	- entfernt	-0,90823	-0,37692	-0,18178	1
13	seicht	- tief	0,47608	0,46940	-0,74364	1
14	gut	- schlecht	-0,99974	-0,01374	-0,01845	1
15	verschwommen	- klar	0,90741	0,40284	-0,11973	1
16	jung	- alt	-0,86961	-0,26966	-0,41360	1
17	gespannt	- gelöst	0,85485	-0,51649	-0,04964	1
18	schön	- häßlich	-0,99868	0,00676	-0,05099	1
19	hart	- weich	0,85177	-0,52355	-0,01975	1
20	bitter	- süß	0.95285	-0,27429	0,12974	1
21	dunkel	- hell	0.97120	-0,06987	0,22780	1

Die Pole der Eigenrichtungen werden nun durch die Prädikate charakterisiert, die sich in ihrem Umfeld befinden.

Eigenrichtung m=1	P^-	P^+
14: -0,99974	schlecht	gut
18: -0,99868	häßlich	schön
3: 0,97178	rauh	glatt
6: 0,97171	kalt	warm
21: 0,97120	dunkel	hell
7: 0,96497	eckig	rund

Man identifiziert die Eigenrichtung unschwer als den "Faktor", den Osgood (1951) "evaluation" genannt hat.

Eigenrichtung m=2	P^-	P^+
5: 0,86824	klein	groß
2: 0,86302	schwach	stark
9: 0,72485	leise	laut

m=2 wird mit OSGOOD's "potency" zu identifizieren sein.

Eigenrichtung m=3	P^-	P^+
13: -0,74364	tief	seicht
10: 0,59374	feucht	trocken
9: 0,56461	leise	laut
16: -0,41360	alt	jung

Mit einiger Phantasie kann man in "jung - laut - seicht" auf der einen, "alt - leise - tief" auf der anderen Seite die Polarität von oberflächlicher Betriebsamkeit gegenüber tiefgehender Bedächtigkeit erkennen und mit OSGOOD's "activity" in Verbindung bringen.

⬩⬥◆⬥⬩

Die Matrix U kann hier nur auszugsweise wiedergegeben werden, da sie von der Dimension (46·16)×3 ist. Wir beschränken uns auf den Vergleich von zwei Begriffen der Tab.VI.7, nämlich der "Deutschen" (5) mit den "Österreichern" (32). Jede der 16 Personen steuerte je einen Wortpunkt zu D und Ö bei. Die Koordinaten der 2×16 Wortpunkte auf den drei Eigenrichtungen sind in der folgenden Tabelle VI.16 wiedergegeben.

Tab.VI.16: Sechzehn Personen aus dem Großraum Linz beurteilen "die Deutschen" und "die Österreicher". Die Zahlen stellen Richtungskosinus der Wortpunkte mit den drei Eigenrichtungen dar.

	Deutsche m 1	2	3	Österreicher m 1	2	3
1	0,16013	-0,95992	0,23003	0,65478	-0,18799	-0,73206
2	0,05685	0,73946	0,67080	0,87660	-0,39141	0,27996
3	0,95596	0,29284	-0,01949	-0,88589	-0,20342	0,41692
4	-0,85323	0,33197	0,40223	0,58644	-0,16265	0,79350
5	-0,69798	0,65423	0,29121	-0,00829	0,65564	0,75503
6	-0,32350	0,82742	-0,45905	0,81865	-0,30551	-0,48630
7	-0,33819	0,90651	0,25271	0,42559	-0,08971	-0,90046
8	-0,34257	0,70480	0,62121	0,32161	-0,10764	-0,94074
9	-0,45807	0,59602	-0,65949	-0,89601	0,25505	-0,36348
10	-0,16991	0,86643	0,46950	0,84019	0,51347	0,17443
11	0,15121	0,77227	0,61704	0,74336	-0,07773	-0,66436
12	-0,02700	0,59567	0,80278	0,67512	0,72621	0,12973
13	-0,83806	0,02129	-0,54516	-0,64704	0,26034	0,71663
14	0,21490	0,75291	0,62205	0,96359	-0,20772	-0,16834
15	0,09001	0,88413	0,48850	0,57403	0,72702	0,37674
16	0,02226	-0,97968	-0,19932	0,55168	-0,67354	0,49192

In der nachfolgenden Abb.VI.8 wurden die Projektionen der 2 × 21 Prädikatenpunkte und der 2 × 16 Wortpunkte auf die durch die Eigenrichtungen (1) und (2) ("evaluation" und "potency") gebildete Ebene darstellt.

Die Position der 2 × 16 Wortpunkte ist von Urteilsfehlern wohl kaum noch verfälscht. In ihr dürften sich Auffassungsunterschiede manifestieren, die sich grob wie folgt kategorisieren lassen: Eine Mehrheit von Urteilspersonen sieht die "Deutschen" zwischen "häßlich", "dunkel", "hart", "wild", "laut" angesiedelt. Die meisten Punkte befinden sich in der Nähe des Randes, was bedeutet, daß die Koordinaten der dritten Komponente klein sein müssen, "activity" also bei der Beurteilung der "Deutschen" eine eher indifferente Rolle spielt. – Eine weniger zahlreiche Gruppe von Personen sieht die "Deutschen" eher wertneutral bei "laut", "groß" und "stark". – D_3 schließlich befindet sich in der Nachbarschaft von "jung" und "frisch", D_{16} ebenso wie D_1 zwischen "klein" und "leise". Eine kleine Gruppe von Personen hat von den "Österreichern" ungefähr die Vorstellung, die von der Bundeshymne vermittelt wird: nicht "leer" und "seicht", sondern "tief" und "voll", auch "stark". – Die Mehrheit sieht den "Österreicher" allerdings so, wie er sich in den Heurigenliedern darstellt: "süß", "sanft", "hell", "warm", "rund". Die ins Innere der Kreisfläche abgedrifteten Punkte sind durch größere Koordinaten auf "activity" gekennzeichnet. Bei den Ö–Punkten handelt es sich dabei überwiegend um negative Werte (tiefgehende Bedächtigkeit), bei den D–Punkten um positive Werte (oberflächliche Betriebsamkeit). Bemerkenswert ist, daß ein Viertel der Ö–Punkte sich in Gesellschaft von D–Punkten befindet.

Abb.VI.8: "Deutsche" und "Österreicher" auf einer Ebene des semantischen Raumes.

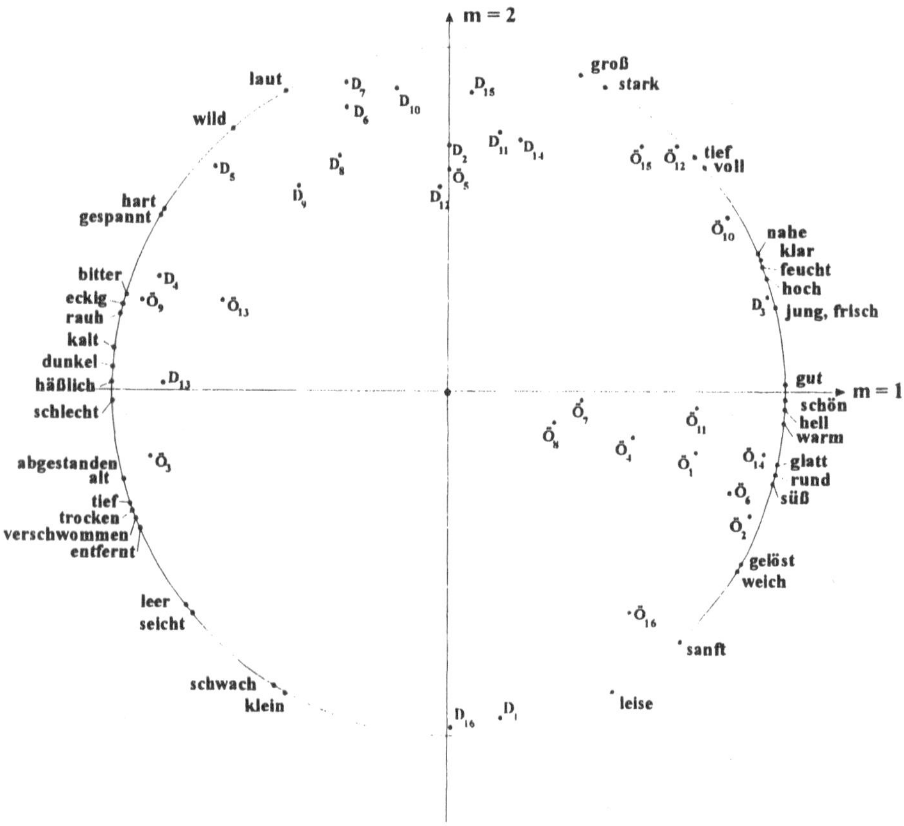

KAPITEL VII: ÄHNLICHKEIT

Personen oder Gegenstände sind einander ähnlich, wenn sie sich in gewissen, für die Wahrnehmung relevanten Merkmalen wenig voneinander unterscheiden. Sind die Unterschiede besonders klein, so sehen die Personen oder Gegenstände "einander zum Verwechseln ähnlich", wie z.B. häufig Zwillinge oder Eier. Gelegentlich wird auch das Rondo der Sonate 21 ("Waldstein") von L. van Beethoven für das Allegro der c-moll Sonate (D 958) von F. Schubert gehalten. - Man darf es als erwiesen ansehen, daß wir Grade der Ähnlichkeit - oder Unähnlichkeit - unterscheiden. Aussagen wie "die Tochter sehe dem Vater ähnlicher als der Mutter" sprechen dafür, daß wir Objektpaare nach dem Grad ihrer Ähnlichkeit ordnen können. Nachfolgende Tabelle VII.1 enthält das Ergebnis eines solchen Ordnungsversuches: Zwei Teilnehmer an einem Seminar beurteilten die 36 Paare, die sich mit den neun Bundesländern Österreichs bilden lassen, nach dem Grad ihrer Ähnlichkeit.

Man lernt die Ausprägungen des Merkmals "Ähnlichkeit" genauer kennen, wenn man die Objektpaare paarweise hinsichtlich ihrer Ähnlichkeit ordnen läßt, soferne man es den Urteilspersonen zumuten kann, 630 Paarvergleiche durchzuführen. Über die Auswertung der Ergebnisse, die man solcherart erzielt, informiere man sich bei Sixtl (1982) oder bei Borg et al. (1987).

Tab.VII.1: Rangzahlen der Ähnlichkeit von 36 Objektpaaren. Es sind zuerst die Zahlen der Urteilsperson Friedrich S. angeführt, in Klammern die von Rudolf D.. Je größer die Rangzahl, desto größer die Unähnlichkeit.

	W	NÖ	OÖ	St	K	S	T	V
NÖ	3 (11)	-						
OÖ	11 (5)	9 (11)	-					
St	8 (8)	6 (7)	4 (11)	-				
K	11 (2)	10 (11)	2 (2)	3 (0)	-			
S	14 (7)	12 (9)	3 (9)	8 (10)	4 (3)	-		
T	15 (7)	13 (3)	5 (4)	9 (7)	6 (8)	2 (11)	-	
V	16 (4)	14 (9)	6 (8)	10 (10)	7 (4)	3 (6)	1 (4)	-
B	2 (6)	1 (9)	10 (5)	7 (6)	10 (11)	13 (4)	14 (12)	15 (9)

W: Wien; NÖ: Niederösterreich; OÖ: Oberösterreich; St: Steiermark; K: Kärnten; S: Salzburg; T: Tirol; V: Vorarlberg; B: Burgenland.

⬩⬩ ⧫ ⬩⬩

Es wäre abwegig, die Daten der beiden Urteilspersonen zu mitteln, denn man muß damit rechnen, daß es sich nicht um zwei, durch unabhängige Urteilsfehler verfälschte Abbildungen ein und derselben Rangordnung der Ähnlichkeit handelt, sondern um Abbilder verschiedener Rangordnungen. Es ist schwer zu sagen, was in einem solchen Fall eine "mittlere Rangordnung" darstellen soll. Jedenfalls repräsentiert sie nicht die Rangordnung einer "mittleren Person". Man vergleiche hiezu Sixtl (1993, S.53f).

VII.1: Eine Ähnlichkeitsfunktion

Es wurde bereits erwähnt, daß der Eindruck der Ähnlichkeit mit den Unterschieden zusammenhängt, welche zwei Objekte in gewissen Merkmalen aufweisen. Diese Unterschiede werden wahrgenommen, miteinander verknüpft und in einen globalen Eindruck der Ähnlichkeit umgesetzt. Wir wollen das folgendermaßen anschreiben:

$$d_{ij} = F\left[\phi_m |x_{im}-x_{jm}|\right] \;, \; m = 1,\ldots,r \;. \qquad (1)$$

Dabei bedeutet $|x_{im}-x_{jm}|$ den wahrgenommenen Unterschied, den die beiden Objekte i,j in dem Merkmal m aufweisen. Der Eindruck der Ähnlichkeit wird von r Merkmalen hervorgerufen. - Die Funktionen $\phi_1, \phi_2,\ldots,\phi_r$ bestimmen, wie stark die einzelnen Unterschiede den Ähnlichkeitseindruck beeinflussen, sie sind also Gewichtsfunktionen. - F bezeichnet schließlich die Art, wie die gewichteten Unterschiede in einen globalen Eindruck der Ähnlichkeit umgesetzt werden.

Es sind zwei Annahmen, welche die Identifizierung der Funktionen ϕ und F ermöglichen. Man vergleiche hiezu Tversky (1980).

Wenn wir feststellen können, daß "die Tochter dem Vater recht ähnlich sehe", dann wohl deshalb, weil wir in der Lage sind, die Unterschiede der beiden in den Merkmalen "Augenfarbe", "Nasenlänge", "Mundform", "Gesichtsoval", "Profil", "Körpergröße" usw. miteinander zu verbinden. Man nimmt nun einfach an, daß die gewichteten Unterschiede in (1) addierbar sind. Die Ähnlichkeitsfunktion nimmt damit die Form an:

$$d_{ij} = F\left[\sum_{m=1}^{r} \phi_m |x_{im} - x_{jm}|\right] . \tag{2}$$

Maße der Ähnlichkeit von Objektpaaren, welche (2) entsprechen, nennt man "metrisch mit additiven Differenzen".

Die zweite Annahme bezieht sich auf eine Menge von Objekten, die paarweise durch Ähnlichkeitsmaße d verbunden sind: Gibt es für je zwei Objekte i,j eine Menge von Objekten, so daß für jedes Objekt k aus dieser Menge gilt:

$$d_{ik} + d_{kj} = d_{ij} , \tag{3}$$

so spricht man von "segmentaler Additivität" der Ähnlichkeitsmaße.

Die beiden Annahmen, die in (2) und (3) dargestellt sind, führen zu folgenden Aussagen über die Funktionen ϕ und F (TVERSKY & KRANTZ 1970):

- Sind Ähnlichkeitsmaße metrisch mit additiven Differenzen, so können sie segmentale Additivität nur dann aufweisen, wenn F die Umkehrung von ϕ ist: $F = \phi^{-1}$.
- Alle Ähnlichkeitsmaße, die sowohl metrisch mit additiven Differenzen sind als auch segmentale Additivität aufweisen, gehören zur Klasse der Potenz- oder Minkovskimetriken, d.h. sie haben die Form:

$$\boxed{d_{ij} = \left[\sum_{m=1}^{r} |x_{im} - x_{jm}|^p\right]^{1/p} , p \geq 1} . \tag{4}$$

Jede einzelne dieser Metriken ist durch ihren Parameter p bestimmt.

Gemäß (4) erfolgt die Gewichtung der wahrgenommenen Unterschiede dadurch, daß diese zur p-ten Potenz erhoben werden:

$$\phi_m |x_{im} - x_{jm}| = |x_{im} - x_{jm}|^p , \quad m = 1,\ldots,r ,$$

während F darin besteht, daß die p-te Wurzel der gewichteten und addierten Unterschiede gezogen wird.

Man erkennt in (4), daß $d = 0$ nur dann eintritt, wenn zwei Objekte in allen Merkmalen gleiche Ausprägungen haben, also die größte Ähnlichkeit aufweisen, die überhaupt möglich ist. Demgegenüber bedeutet $d > 0$ eine geringere Ähnlichkeit, also "mehr Unähnlichkeit". Man kann d als "Abstand" deuten: je geringer die Ähnlichkeit, desto größer der Abstand zwischen zwei Objekten.

VII.2: Ähnlichkeitsräume

Eine Punktmenge zusammen mit einem Abstand d heißt "metrischer Raum", wenn auf alle Paare bzw. Tripel von Punkten folgende Aussagen zutreffen: $d_{ij} \geq 0$; $d_{ij} = d_{ji}$ (Symmetrie); $d_{ik} + d_{kj} \geq d_{ij}$ (Dreiecksungleichung). Alle drei Aussagen treffen auf die Ähnlichkeitsmaße zu, die man mit (4) gewinnt: Es wurde bereits erörtert, daß die Werte, welche (4) annimmt, nie negativ sein können. Die Symmetrie der Ähnlichkeitsmaße ergibt sich aus dem Umstand, daß

$$|x_{im} - x_{jm}|^p = |x_{jm} - x_{im}|^p .$$

Die Erfüllung der Dreiecksungleichung wird im Anhang (**A-6**) bewiesen. Die Objekte, die wir uns jetzt als Punkte vorstellen, spannen also mit (4) einen metrischen Raum auf, den wir einen "Ähnlichkeitsraum" nennen wollen.

Jeder Ähnlichkeitsraum ist durch einen Metrikparameter p bestimmt. Wir werden jetzt untersuchen, wie Ähnlichkeitsräume mit verschiedenen Parametern sich voneinander unterscheiden. Dazu wählen wir einen Punkt i aus und suchen die Menge jener Punkte auf, die von i den gleichen Abstand $d_{ij} = \varepsilon$ haben, wobei j ein Punkt dieser Menge sein soll.

Abb.VII.1: ε–Umgebung des Punktes i bei verschiedenen Metrikparametern p und r = 2 Merkmalen.

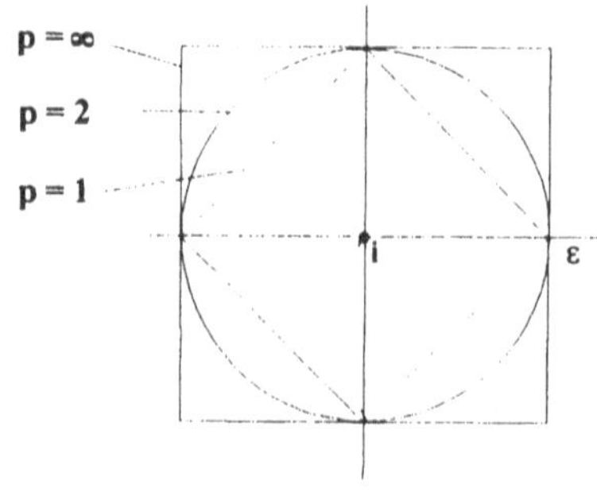

Bei p = 1 ist die ε–Umgebung des Punktes ein auf einem Eckpunkt stehendes

Quadrat, und ein auf einem Eckpunkt stehender Würfel, wenn r = 3 ist. Bei p = 2 ist die ε–Umgebung ein Kreis mit Radius ε, und eine Kugel, wenn r = 3 ist. Ein metrischer Raum mit Parameter p = 2 heißt "euklidisch", alle andern, mit p ≠ 2, "nicht–euklidisch".

Wenn p gegen Unendlich geht, so nähert sich die ε–Umgebung einem achsenparallelen Quadrat, bei r = 3 einem achsenparallelen Würfel. Das bedeutet, daß der Abstand mehr und mehr durch das Merkmal bestimmt wird, in dem i und j sich stärker unterscheiden. Kleinere Unterschiede verlieren dabei ihren Einfluß. Nachfolgendes Zahlenbeispiel veranschaulicht diesen Sachverhalt, der uns Anlaß gibt, Vermutungen über die Auswahl des Metrikparameters anzustellen: Wenn eine Urteilsperson alle Merkmale gleichmäßig berücksichtigt, so wird p den Wert 1 annehmen. Wenn dagegen jene Merkmale, in denen zwei Objekte sich deutlich unterscheiden, einen größeren Einfluß auf den Eindruck von der Ähnlichkeit haben, so wird sich das in einem größeren Wert von p ausdrücken. Dabei braucht es sich bei verschiedenen Objektpaaren nicht einmal um dieselben Merkmale zu handeln. Im Extremfall der "Supremumsmetrik" (p = ∞) erscheinen einer solchen Person zwei Objekte dann als ähnlich bzw. unähnlich, wenn der größte aller Unterschiede zwischen ihnen klein bzw. groß ist, auch wenn die Unterschiede in allen anderen Merkmalen nicht sehr viel kleiner sind. Mit einem großen Wert von p dürfte zu rechnen sein, wenn sich die Urteilsperson durch eine große Anzahl von Wahrnehmungsmerkmalen bei der Bildung des globalen Eindrucks von der Ähnlichkeit überfordert fühlt.

Tab.VII.2: Der abnehmende Einfluß des kleineren Unterschiedes bei wachsendem Metrikparameter auf das Ähnlichkeitsurteil.

p	$\|x_{i1} - x_{j1}\|^p$	$\|x_{i2} - x_{j2}\|^p$	d_{ij}^p	d_{ij}
1	2	3	5	5
2	4	9	13	3,61
3	8	27	35	3,14
8	256	6561	6817	3,01
∞	–	–	–	3,00

KAPITEL VIII: DIE ANALYSE ALLGEMEINER, AUCH NICHTEUKLIDISCHER RÄUME

Es geht jetzt darum, diejenigen Wahrnehmungsmerkmale aufzudecken, die einer gegebenen Matrix von Abständen (Ähnlichkeitsmaßen), wie sie etwa in Tab.VII.2 angeführt sind, zugrundeliegen. Genauer gesagt: Es sind der Metrikparameter p, die Anzahl r der Merkmale und die Merkmalsausprägungen x zu bestimmen, die, in die Ähnlichkeitsfunktion (4.VII) eingesetzt, die Matrix der Abstände zwischen den Objekten hervorbringen.

Man beginnt mit irgendwelchen "Startwerten" p, r, x. Die damit errechneten Abstände d werden sich von den vorgegebenen Abständen natürlich mehr oder weniger unterscheiden. Diese Startwerte werden nun iterativ solange verändert, bis man Abstände errechnet, die sich von den vorgegebenen Abständen kaum noch unterscheiden. Wie diese Iterationen durchzuführen sind, wird im folgenden Abschnitt erörtert.

VIII.1: Ein Gradientenverfahren

Wir betrachten zunächst eine Funktion in zwei Veränderlichen: $z = f(x,y)$, die an einer - vorläufig noch unbekannten - Stelle ein Minimum aufweist. Wir beginnen die Suche nach dem Minimum in einem Punkt P, der die Koordinaten $(x \mid y)$ hat. Wie kann man die Richtung ausfindig machen, in der man sich von P wegbewegen muß, um sich dem Minimum zu nähern? Bewegt man sich zunächst willkürlich zu einem Punkt mit den Koordination $(x+dx \mid y+dy)$, so erfährt z eine Veränderung, die man wie folgt darstellen kann:

$$\begin{aligned} \Delta z &= f(x+dx,y+dy) - f(x,y) \\ &= \underbrace{f(x+dx,y+dy) - f(x,y+dy)}_{\substack{\text{Veränderung in der} \\ \text{x-Richtung} \\ {}_x\Delta z}} + \underbrace{f(x,y+dy) - f(x,y)}_{\substack{\text{Veränderung in der} \\ \text{y-Richtung} \\ {}_y\Delta z}} \end{aligned}$$

Die beiden Differenzenquotienten ${}_x\Delta z/dx$, ${}_y\Delta z/dy$ haben als Grenzwerte die partiellen Ableitungen der Funktion f nach x bzw. y, d.h. sie unterscheiden sich von diesen umso weniger, je kleiner dx und dy gewählt werden:

$$\frac{{}_x\Delta z}{dx} = \frac{\delta\, f(x,y)}{\delta\, x} + \varepsilon_1 \,; \qquad \frac{{}_y\Delta z}{dy} = \frac{\delta\, f(x,y)}{\delta\, y} + \varepsilon_2 \,.$$

Die Veränderung von z läßt sich damit wie folgt darstellen:

$$\begin{aligned}\Delta z &= {}_x\Delta z + {}_y\Delta z \\ &= \frac{\delta\, f(x,y)}{\delta\, x}\cdot dx + \varepsilon_1 dx + \frac{\delta\, f(x,y)}{\delta\, y}\cdot dy + \varepsilon_2 dy \,.\end{aligned}$$

Denkt man sich nun den Punkt sehr nahe bei P, so verschwinden die Fehler ε_1 und ε_2, und man erhält das "totale Differential":

$$\lim_{\substack{dx \to 0 \\ dy \to 0}} \Delta z = dz = \frac{\delta\, f(x,y)}{\delta\, x}\cdot dx + \frac{\delta\, f(x,y)}{\delta\, y}\cdot dy \,.$$

Man versteht unter dem Gradienten von z einen Vektor, dessen Elemente die partiellen Ableitungen der Funktion nach den Veränderlichen sind:

$$\mathbf{grad\ z'} = \left[\frac{\delta\, f(x,y)}{\delta\, x}, \frac{\delta\, f(x,y)}{\delta\, y}\right] ,$$

und unter einem Ortsvektor einen Vektor, dessen Elemente die Differentiale der Veränderlichen sind:

$$\mathbf{v'} = (dx, dy) \,.$$

Der Ortsvektor geht dabei von dem Punkt P aus.

Das totale Differential dz kann nun wie folgt dargestellt werden:

$$dz = \mathbf{grad\ z'} \cdot \mathbf{v} = |\mathbf{grad\ z}| \cdot |\mathbf{v}| \cdot \cos\varphi \,.$$

Dabei ist $|\mathbf{grad\ z}|$ bzw. $|\mathbf{v}|$ der Betrag des Gradienten- bzw. Ortsvektors und φ der Winkel, den diese beiden Vektoren mit dem Punkt P bilden.

Die Veränderung dz ist ersichtlich abhängig von der Wahl des Punktes, dem wir uns zubewegen wollen. Steuern wir einen Punkt an, der auf derselben Niveau- oder Höhenschichtlinie liegt wie P, so ist dz = 0. Aus

$$0 = |\mathbf{grad\ z}| \cdot |\mathbf{v}| \cdot \cos\varphi$$

folgt aber $\cos\varphi = 0$, also $\varphi = 90°$. Das bedeutet, daß der Gradient im Punkte P senkrecht auf der Niveaulinie steht. Damit kann man aber auch schon die Frage beantworten, in welcher Richtung man sich von P wegbewegen muß, damit die Veränderung dz möglichst groß wird: man muß sich in der

Richtung des Gradienten bewegen, also $\varphi = 0$ und damit $\cos\varphi = 1$ wählen:

$$dz_{max} = |\mathbf{grad\ z}| \cdot |\mathbf{v}| \cdot 1 .$$

Die Funktion nimmt in der Richtung des Gradienten am stärksten zu, in der Gegenrichtung am stärksten ab. Da wir zu dem Minimum von f "hinabsteigen" wollen, wählen wir den Ortsvektor so, daß er die Komponenten hat:

$$\boxed{\mathbf{v}' = -\lambda \cdot \left(\frac{\delta\ f(x,y)}{\delta\ x}, \frac{\delta\ f(x,y)}{\delta\ y}\right)} . \tag{1}$$

Mit λ wird die Entfernung des Punktes festgelegt, zu dem wir uns von P aus hinabbewegen, es gilt doch:

$$|\mathbf{v}| = \lambda \cdot |\mathbf{grad\ z}| . \tag{2}$$

Wenn man von jedem Punkt aus, den man auf diese Weise erreicht, erneut in die Richtung des steilsten Abstiegs weiterwandert, wird man schließlich an dem Punkt ankommen, von dem aus ein weiterer Abstieg nicht möglich ist, der also das Minimum der Funktion darstellt. Damit können wir uns aber auch schon der Lösung unseres Problems zuwenden.

VIII.2: Die Dekomposition von Abstandsmatrizen

Die Objektkoordinaten, von denen gemäß (4.VII) die Abstände zwischen den Objekten abhängen, lassen sich wie folgt darstellen:

$$\mathbf{P} = \begin{bmatrix} x_{11} & \dots & x_{1m} & \dots & x_{1r} \\ \vdots & & \vdots & & \vdots \\ x_{k1} & \dots & x_{km} & \dots & x_{kr} \\ \vdots & & \vdots & & \vdots \\ x_{n1} & \dots & x_{nm} & \dots & x_{nr} \end{bmatrix} \qquad \mathbf{P}_0 = \begin{bmatrix} \hat{x}_{11} & \dots & \hat{x}_{1m} & \dots & \hat{x}_{1r} \\ \vdots & & \vdots & & \vdots \\ \hat{x}_{k1} & \dots & \hat{x}_{km} & \dots & \hat{x}_{kr} \\ \vdots & & \vdots & & \vdots \\ \hat{x}_{n1} & \dots & \hat{x}_{nm} & \dots & \hat{x}_{nr} \end{bmatrix}$$

Dabei ist n die Anzahl der Objekte.

Wir setzen zunächst voraus, daß die Zahl der Wahrnehmungsmerkmale und der Metrikparameter, also r und p, bekannt sind.

Die Objekte sollen die Koordinaten haben, die in $\mathbf{P}_0$ enthalten sind, so daß sich die gegebenen Abstände zwischen ihnen gemäß (4.VII) wie folgt errechnen:

$$\hat{d}_{ij} = \left[\sum_{m=1}^{r} | \hat{x}_{im} - \hat{x}_{jm} |^{p} \right]^{\frac{1}{p}}, \quad i,j = 1,\ldots,n \; .$$

Die Elemente von **P** stellen im Unterschied dazu die Koordinaten irgend eines Punktes dar, von dem aus wir unsere Wanderung beginnen, also Startwerte, die man beliebig wählen kann. Auch mit ihnen lassen sich Abstände berechnen:

$$d_{ij} = \left[\sum_{m=1}^{r} | x_{ij} - x_{jm} |^{p} \right]^{\frac{1}{p}}, \quad i,j = 1,\ldots,n \; .$$

Diese Werte werden sich von den $\hat{d}_{ij}$ mehr oder weniger unterscheiden. Wir messen diese Unterschiede mit dem "Streß":

$$S = \sqrt{\frac{\sum_{i<j}(d_{ij} - \hat{d}_{ij})^2}{\sum_{i<j} d_{ij}^2}}, \quad 0 \leq S. \tag{3}$$

Jeder Matrix **P** von beliebig gewählten Objektkoordinaten ist ein bestimmter Wert von S zugeordnet, der Matrix $\mathbf{P}_0$ allerdings der Wert $S = 0$. Die Funktion (3), die von den Veränderlichen $x_{11},\ldots,x_{nr}$ abhängt, besitzt also ein Minimum. Dieses wollen wir jetzt mit dem Gradientenverfahren ansteuern. Dazu ist erforderlich, daß wir entsprechend (1) die Elemente des Gradientenvektors **grad** S aufsuchen, also S partiell nach x_{km}, $k=1,\ldots,n$; $m=1,\ldots,r$ ableiten.

Wir setzen zunächst:

$$R = \sum_{i<j} (d_{ij} - \hat{d}_{ij})^2, \quad T = \sum_{i<j} d_{ij}^2 \; ,$$

und erhalten damit:

$$\frac{\delta S}{\delta x_{km}} = \frac{1}{2} \left(\frac{R}{T} \right)^{-\frac{1}{2}} \cdot \frac{TR' - T'R}{T^2} \; .$$

Wenn man die rechte Seite mit $\sqrt{R/T} \cdot \sqrt{T/R}$ multipliziert, erhält man weiter:

$$\frac{\delta S}{\delta x_{km}} = \frac{1}{2} \cdot S \cdot \frac{T}{R} \cdot \left[\frac{TR' - T'R}{T^2}\right] = \frac{1}{2} \cdot S \cdot \left[\frac{R'}{R} - \frac{T'}{T}\right] . \qquad (4)$$

Wir haben nun R' und T' zu bestimmen:

$$R' = \frac{\delta R}{\delta x_{km}} = 2 \sum_{j=1}^{n} (d_{kj} - \hat{d}_{kj}) \cdot \frac{\delta d_{km}}{\delta x_{km}} .$$

Bei der Ableitung von d_{kj} nach x_{km} ist zu beachten, daß:

$$\frac{\delta \,| x_{km} - x_{kj} |}{\delta x_{km}} = \sigma_{kj,m} = \begin{cases} -1 & \text{wenn } x_{km} < x_{jm} , \\ 0 & \text{wenn } x_{km} = x_{jm} , \\ 1 & \text{wenn } x_{km} > x_{jm} . \end{cases}$$

Damit wird:

$$R' = 2 \sum_{j=1}^{n} (d_{kj} - \hat{d}_{kj}) \cdot \frac{| x_{km} - x_{jm} |^{p-1}}{d_{kj}^{p-1}} \cdot \sigma_{kj,m} . \qquad (5)$$

Es ist ferner:

$$T' = \frac{\delta T}{\delta x_{km}} = 2 \sum_{j=1}^{n} d_{kj} \cdot \frac{| x_{km} - x_{jm} |^{p-1}}{d_{kj}^{p-1}} \cdot \sigma_{kj,m} . \qquad (6)$$

Setzt man (5) und (6) in (4) ein, so erhält man nach Kürzen und Zusammenfassen:

$$\boxed{\frac{\delta S}{\delta x_{km}} = S \cdot \sum_{j=1}^{n} \left[\frac{d_{kj} - \hat{d}_{kj}}{R} - \frac{d_{kj}}{T}\right] \cdot \frac{| x_{km} - x_{jm} |^{p-1}}{d_{kj}^{p-1}} \cdot \sigma_{kj,m}} . \qquad (7)$$

Die Richtung des steilsten Abstieges von P aus ist entsprechend (1) durch folgenden Ortsvektor bestimmt:

$$\boxed{v' = - \lambda \left[\frac{\delta S}{\delta x_{11}}, \ldots, \frac{\delta S}{\delta x_{1r}}, \ldots, \frac{\delta S}{\delta x_{nr}}\right]} . \qquad (8)$$

Man addiert die einzelnen Komponenten dieses Vektors zu den entsprechenden Startwerten und erhält verbesserte Koordinaten, nämlich:

$$_1x_{km} = x_{km} - \lambda \cdot \frac{\delta S}{\delta x_{km}} ,$$

und einen Streß, der bereits etwas kleiner ist als der ursprüngliche. Diesen Vorgang wiederholt man so lange, bis der Streß nicht mehr kleiner wird.

Es empfiehlt sich, das Minimum mehrfach von verschiedenen Startpunkten aus anzusteuern, um nicht in ein relatives Minimum zu geraten.
Der kleinste Wert, den der Streß annimmt, wird nicht null sein, wenn man mit einer falschen Anzahl von Wahrnehmungsmerkmalen und / oder einem falschen Metrikparameter gerechnet hat. Man wird daher das Verfahren zuerst mit $p = 1$ und verschiedenen Werten von r, dann mit $p = 2$ und verschiedenen Werten von r durchführen usw. Dabei wird sich eine gewisse Kombination p^*, r^* ergeben, bei welcher der Streß kleiner ist als bei allen anderen Kombinationen. Diese wird man dann als die am besten passende Lösung akzeptieren.

VIII.3: Ein Anwendungsbeispiel

In Tab.VII.1 sind die Ähnlichkeitsmaße wiedergegeben, die zwei Urteilspersonen den Bundesländern Österreichs zuordneten.
Die Anwendung des Gradientenverfahrens auf die Daten der Urteilsperson Friedrich S. erbrachte den kleinsten Streß bei einem Metrikparameter $p = 6$ und einer Zahl von $r = 2$ Wahrnehmungsmerkmalen. Der Streß betrug bei dieser Kombination $S = 0{,}009$.

Abb.VIII.1: Die Konfiguration der 9 Bundesländer.

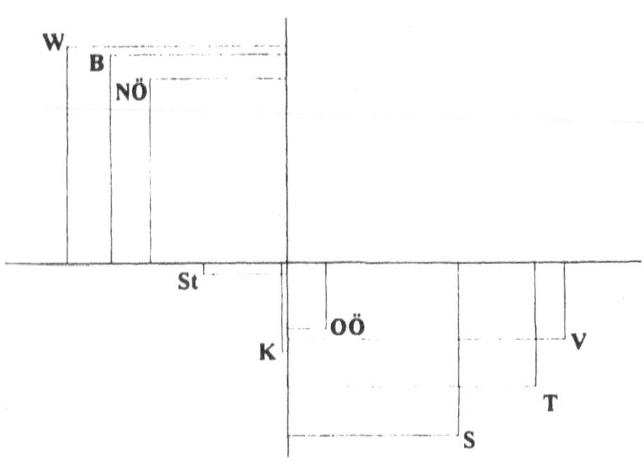

Die beiden Wahrnehmungsmerkmale, welche die Analyse zutage gefördert hat, dürften sich wie folgt deuten lassen: Die Anordnung der Bundesländer auf der Abszisse wird von den Anteilen der Ostvölker (Slawen, Magyaren) einerseits, den Anteilen der Westvölker (Bajuwaren, Franken, Alemannen) andererseits bestimmt. Die Anordnung der Bundesländer auf der Ordinate entspricht ihrem Landschaftscharakter: vorwiegend pannonisch (oben) gegenüber vorwiegend alpin.

In der nachfolgenden Tabelle sind die Koordinaten wiedergegeben, aus denen sich die Ähnlichkeitsurteile der Urteilsperson Rudolf D. aufbauen dürften. Der kleinste Streß von der Größenordnung S = 0,05 wurde bei einem Metrikparameter p = 1 und r = 4 Wahrnehmungsmerkmalen erzielt.

Tab.VIII.1: Objektkoordinaten der Urteilsperson Rudolf D.

Wien	0,1435	0,6924	0,6551	-0,0326
Niederösterreich	-0,0653	-0,0971	-1,1590	0,0630
Oberösterreich	0,5922	-0,3636	0,4184	0,2187
Steiermark	-0,9943	0,1376	-0,1136	-0,1620
Kärnten	0,5102	0,3776	-0,0406	-0,4781
Salzburg	-0,1066	-0,1090	0,2128	-1,0932
Tirol	0,1994	-0,1354	-0,2703	0,9226
Vorarlberg	-0,1570	0,5979	0,0839	0,6403
Burgenland	-0,1219	-1,1004	0,2132	-0,0786

Die Merkmale lassen sich allerdings kaum deuten. Man muß einräumen, daß es Urteilspersonen geben kann, die dem Versuchsleiter Zufallszahlen abliefern, sei es, weil sie nichts von sich preisgeben wollen, sei es, weil ihnen daran liegt, den Versuchsleiter zu narren. Das Gradientenverfahren liefert in jedem Fall Objektkoordinaten, mit denen man auch Zufallszahlen reproduzieren kann. "The inherent danger is that [it] will take up any data, even pure noise, and comes up with a model", sagt schon SHERMAN (1972).

TEIL C

LERNEN: FALSCHE UND RICHTIGE ANALOGIEN

Nicht der Sieg der Wissenschaft ist das, was unser ...... Jahrhundert auszeichnet, sondern der Sieg der wissenschaftlichen Methode über die Wissenschaft.

FRIEDRICH NIETZSCHE:
Prinzip einer neuen Wertsetzung

KAPITEL IX: MARKOVPROZESSE

In diesem Abschnitt werden wir einen bedeutsamen Gegenstand der psychologischen Forschung - das Lernen - mit einer mathematisch hochentwickelten Theorie - den Markovprozessen - in Beziehung setzen. Dabei wird sich zeigen, daß der Forschungsgegenstand von den Psychologen verunstaltet wurde, um ihn mit Markovprozessen identifizieren zu können. Es läßt sich nicht genau entscheiden, ob die mathematische Theorie mißverstanden wurde, so als ob Markovprozesse eine Art von Lernen wären, oder ob eine veränderte Wahrnehmung des Lernens die Psychologen veranlaßte, dieses für eine Art von Markovprozessen zu halten. Jedenfalls müssen alle, welche die mathematische Theorie in ihrer abstrakten Strenge mit dem vergleichen, was die Lernfähigkeit von Lebewesen ausmacht, den Eindruck gewinnen, daß manche Psychologen eine merkwürdige Auffassung vom Lernen haben. Es sind zwei Eigenschaften von Markovprozessen, welche diesen Eindruck verursachen, nämlich die sog. Markoveigenschaft und die Zeithomogenität gewisser Markovprozesse. Die erste Eigenschaft bezieht sich auf die Geschichts- oder Gedächtnislosigkeit bewegter Moleküle, welche schließlich die Entwicklung der Markovprozesse anregte, die zweite darauf, daß Moleküle ihr Verhalten mit der Zeit nicht ändern. Wer also Lernprozesse mit Markovprozessen identifiziert, behauptet allen Ernstes, daß Lebewesen ohne Gedächtnis lernen und ihr Verhalten nicht - auch nicht als Folge von Übung - ändern. Es ist merkwürdig, daß manche Autoren diesen Eindruck abzumildern versuchten, indem sie die genannten Eigenschaften als solche der mathematischen Theorie und nicht als solche des Lernens hinstellten. Man sehe etwa bei Bower (1959, S.111), Norman (1972), Irtel (1993, S.113) nach. In borbakisch abstrakter Weise tun dies auch Iosifescu et al. (1969).

Man betrachtet in jedem Falle Lernen als einen von der Zeit abhängigen Zufallsprozeß. Die Zeit ist dabei eine diskrete Variable, insofern als sie in Lern- oder Übungsschritten gemessen wird: n = 1,2,... Auch die von der Zeit abhängende Zufallsvariable $\mathbf{X}_n$ weist diskrete Ausprägungen - sogenannte Zustände - auf. In einem Fall wird es sich dabei um die Verzweigungen eines Labyrinths handeln, das eine Übungsratte durchläuft; in einem anderen Fall um die Reaktion einer Übungsperson, die "richtig" sein kann aufgrund der richtigen Hypothese oder "richtig" aufgrund einer irrelevanten Hypothese oder "falsch" aufgrund einer falschen Hypothese über die Bedeutung eines gewissen Signals; in einem dritten Fall wird es sich um die Zahl der Vokabeln handeln, die ein Lateinschüler nach dem n-ten Memorieren mit der richtigen Übersetzung versehen kann. Man sagt, der Prozeß befinde sich nach dem n-ten Schritt im Zustand i, wenn $\mathbf{X}_n = i_n$ eingetreten ist.

IX.1: Die Markoveigenschaft

Die Zustände, welche der Prozeß nacheinander annimmt, also $\mathbf{X}_0 = i_0$; $\mathbf{X}_1 = i_1$; $\mathbf{X}_2 = i_2$; ... können von früheren Zuständen in verschiedenster Form abhängen. Die Analyse einer solchen "stochastischen Sequenz" kann sich überaus kompliziert gestalten, wenn die Abhängigkeitsstruktur kompliziert ist. Eine sehr einfache Form der Abhängigkeit wird im folgenden Beispiel untersucht.

Beisp.IX.1: Ein Spieler und die "Spielbank" treffen folgende Vereinbarung: Wirft der Spieler "Zahl", so erhält er von der Bank einen ECU; wirft er "Wappen", so muß er der Bank einen ECU bezahlen. - Die Wahrscheinlichkeit, daß sich der Besitzstand des Spielers um einen ECU vermehrt, ist bei jedem Wurf gleich der Wahrscheinlichkeit, daß er sich um einen ECU vermindert, nämlich 0,5:

$$\Pr(\xi_n = 1) = \Pr(\xi_n = -1) = 0{,}5 \quad \text{bei } n = 1,\ 2,\ \ldots .$$

Der Besitzstand des Spielers beziffert sich nach n Würfen wie folgt:

$$X_n = \xi_1 + \xi_2 + \ldots + \xi_n .$$

Auf diesen folgt der Besitzstand nach n+1 Würfen:

$$\mathbf{X}_{n+1} = \begin{cases} X_n + 1\ , \text{ wenn } \xi_{n+1} = 1 & \text{(er würfelt "Zahl")} \\ X_n - 1\ , \text{ wenn } \xi_{n+1} = -1 & \text{andernfalls.} \end{cases}$$

Die Größe, welche X_{n+1} erreichen kann, hängt zum einen ab von der Größe, die X_n hat, zum anderen vom Ausgang des (n+1)-ten Wurfes. Sie hängt jedoch nicht von der Art ab, wie X_n zustande gekommen ist: Angenommen, der Spieler habe in n Spielen k-mal einen ECU gewonnen, dann ist

$$X_n = k \cdot 1 + (n-k) \cdot (-1) = 2k - n \ .$$

Diesen Wert kann man auf $\binom{n}{k}$ verschiedenen "Pfaden" erreichen (vgl. hiezu SIXTL 1993, 194f). Es spielt aber keine Rolle, auf welchem davon X_n erreicht wurde. Der Wert, den X_{n+1} annimmt, hängt von dem Geschehen vor n gar nicht ab. Die Wahrscheinlichkeit der beiden Zustände von X_{n+1}, wenn X_n erreicht wurde, ist somit einfach:

$$\Pr(\mathbf{X}_{n+1} = X_n + 1 \,|\, X_n) = \Pr(\xi_{n+1} = 1) = 0{,}5 \ .$$

$$\Pr(\mathbf{X}_{n+1} = X_n - 1 \,|\, X_n) = \Pr(\xi_{n+1} = -1) = 0{,}5 \ .$$

Diese auf die unmittelbare "Vorgeschichte" beschränkte Abhängigkeit bezeichnet man als Markoveigenschaft des Prozesses.

⋄♦ ♦ ♦⋄

Wir betrachten nun einen Pfad von der Länge n:

$$\mathbf{X}_n = i_n, \ \mathbf{X}_{n-1} = i_{n-1}, \ \ldots, \ \mathbf{X}_1 = i_1, \ \mathbf{X}_0 = i_0 \ .$$

Er führt vom Anfangszustand i_0 nach n Schritten zu i_n. Seine Wahrscheinlichkeit kann mit Hilfe der "Kettenregel zusammengesetzter Ereignisse" (vgl. hiezu etwa FERSCHL 1970) wie folgt berechnet werden:

$$\overleftarrow{\Pr(\mathbf{X}_n = i_n, \ \mathbf{X}_{n-1} = i_{n-1}, \ \ldots, \ \mathbf{X}_1 = i_1, \ \mathbf{X}_0 = i_0)} =$$

$$\Pr(\mathbf{X}_0 = i_0) \cdot \Pr(\mathbf{X}_1 = i_1 \,|\, \mathbf{X}_0 = i_0) \cdot \ldots \cdot \Pr(\mathbf{X}_n = i_n \,|\, \mathbf{X}_{n-1} = i_{n-1}, \ldots, \mathbf{X}_0 = i_0) \ .$$

Man bezeichnet $\Pr(\mathbf{X}_0 = i_0)$ als Anfangswahrscheinlichkeit: Das ist die Wahrscheinlichkeit, daß der erste Schritt des Prozesses von i_0 aus erfolgt. – Alle anderen Ausdrücke stellen "bedingte Wahrscheinlichkeiten" dar, daß $\mathbf{X}_m = i_m$ eintritt, wenn der Prozeß davor die Zustände i_0, i_1, …, i_{m-1} annimmt. Man bezeichnet einen von der Zeit abhängigen Zufallsprozeß als **Markovprozeß**, wenn alle dabei auftretenden bedingten Wahrscheinlichkeiten folgender Gleichung genügen:

$$\boxed{\Pr(\mathbf{X}_m = i_m \,|\, \mathbf{X}_{m-1} = i_{m-1}, \ \ldots, \ \mathbf{X}_0 = i_0) = \Pr(\mathbf{X}_m = i_m \,|\, \mathbf{X}_{m-1} = i_{m-1})} \ . \qquad (1)$$

Der Leser erkennt bereits die Markoveigenschaft des Prozesses: Hat dieser die Zustände i_0, i_1, …, i_{m-1} durchlaufen, so gelangt er in den Zustand

i_m mit derselben Wahrscheinlichkeit, mit der er dahin gelangt wäre, wenn er bei m–1 mit i_{m-1} begonnen hätte. Der Pfad, auf dem davor i_{m-1} erreicht wurde, kann den weiteren Verlauf nicht beeinflussen.

Mit Hilfe der Markoveigenschaft sowie der Kettenregel stellt man die Wahrscheinlichkeit aller Pfade von der Länge n = 1, 2, ... als einzelne Produkte dar:

$$\overleftarrow{\Pr(\mathbf{X}_n = i_n, \mathbf{X}_{n-1} = i_{n-1}, \ldots, \mathbf{X}_1 = i_1, \mathbf{X}_0 = i_0)} = \\ \Pr(\mathbf{X}_0 = i_0) \cdot \Pr(\mathbf{X}_1 = i_1 \mid \mathbf{X}_0 = i_0) \cdot \ldots \cdot \Pr(\mathbf{X}_n = i_n \mid \mathbf{X}_{n-1} = i_{n-1}) \; . \qquad (2)$$

Die Faktoren $\Pr(\mathbf{X}_m = i_m \mid \mathbf{X}_{m-1} = i_{m-1})$, m = 1, 2, ..., n heißen Übergangswahrscheinlichkeiten oder "transition probabilities".

Hat der Prozeß die Zustände i_0, i_1, ..., i_{m-1} durchlaufen, und gelangt er in den Zustand i_m mit derselben Wahrscheinlichkeit, mit der er dahin gelangt wäre, wenn er mit i_{m-1} begonnen hätte, so gelangt er auch in den Zustand i_{m+t} mit einer Wahrscheinlichkeit, die gleich ist

$$\Pr(\mathbf{X}_{m+t} = i_{m+t} \mid \mathbf{X}_{m-1} = i_{m-1}) \; , \; t = 0, 1, 2, \ldots \; . \qquad (3)$$

Dies bezeichnet man als die "erweiterte Markoveigenschaft".

Seien m, n Zeitpunkte und m – n = t. Die Wahrscheinlichkeit des Ereignisses $\mathbf{X}_m = i_m \mid \mathbf{X}_n = i_n$ heißt konsequenterweise Übergangswahrscheinlichkeit der Ordnung t. Wir schreiben sie wie folgt an:

$$\Pr(\mathbf{X}_m = i_m \mid \mathbf{X}_n = i_n) = p_{ij}(n,m) \; . \qquad (4)$$

Alle Übergangswahrscheinlichkeiten der Ordnung t werden zu einer "stochastischen Matrix" derselben Ordnung zusammengefaßt:

$$\mathbf{P}(n,m) = \begin{bmatrix} p_{11}(n,m) & p_{12}(n,m) & \cdots & p_{1r}(n,m) \\ p_{21}(n,m) & p_{22}(n,m) & & p_{2r}(n,m) \\ \vdots & \vdots & & \vdots \\ p_{r1}(n,m) & p_{r2}(n,m) & & p_{rr}(n,m) \end{bmatrix} .$$

Die Menge der Zustände, in denen sich der Prozeß befinden kann, bildet den

Zustandsraum $S = \{1, 2, ..., r\}$. In der i-ten Zeile der stochastischen Matrix stehen die Wahrscheinlichkeiten, mit denen der Prozeß von i in einen der Zustände von **S** übergeht. Daher muß die Zeilensumme 1 ergeben:

$$\sum_{j \in S} p_{ij}(n,m) = \sum_{j \in S} Pr(\mathbf{X}_m = j \mid \mathbf{X}_n = i) = Pr(S \mid \mathbf{X}_n = i) = 1 \ . \tag{5}$$

Der Prozeß muß schließlich in einen der Zustände von S übergehen.

◆◆◆

Für beliebige Zustände i, j, k und beliebige Zeitpunkte $n < h < m$ gelten die Gleichungen von Chapman-Kolmogorov:

$$\boxed{\sum_{k \in S} p_{ik}(n,h) \cdot p_{kj}(h,m) = p_{ij}(n,m)} \ . \tag{6}$$

Mit diesen bildet man folgende Verknüpfung der stochastischen Matrizen:

$$\mathbf{P}(n,h) \cdot \mathbf{P}(h,m) = \mathbf{P}(n,m) \ .$$

Stochastische Matrizen beliebiger Ordnung können demnach durch Multiplizieren stochastischer Matrizen erster Ordnung berechnet werden:

$$\text{I}: \quad \mathbf{P}(n,n+1) \cdot \mathbf{P}(n+1,n+2) = \mathbf{P}(n,n+2) \ ,$$

$$\text{II}: \quad \mathbf{P}(n,n+2) \cdot \mathbf{P}(n+2,n+3) = \mathbf{P}(n,n+3) \ .$$

Ersetzt man den ersten Faktor von II durch die linke Seite von I, so erhält man:

$$\mathbf{P}(n,n+1) \cdot \mathbf{P}(n+1,n+2) \cdot \mathbf{P}(n+2,n+3) = \mathbf{P}(n,n+3) \ .$$

Fortgesetzte Anwendung dieses Verfahrens führt zum Ergebnis:

$$\boxed{\mathbf{P}(n,m) = \mathbf{P}(n,n+1) \cdot \mathbf{P}(n+1,n+2) \cdot \ldots \cdot \mathbf{P}(m-1,m)} \ . \tag{7}$$

IX.2: Zeithomogene Markovprozesse

Ein Markovprozeß heißt **zeithomogen** oder kurz: homogen, wenn alle Übergangsmatrizen erster Ordnung einander gleich sind, also:

$$\mathbf{P}(n,n+1) = \mathbf{P}(n+1,n+2) = \ldots = \mathbf{P} \ .$$

Die stochastische Matrix der Ordnung $t = m - n$ hat dann, entsprechend (7), die Darstellung:

$$P(n,m) = \underbrace{P \cdot P \cdot \ldots \cdot P}_{t\text{-mal}} = P^{t} . \tag{8}$$

es spielt also nur noch der Abstand zweier Zeitpunkte voneinander, nicht deren Position auf der Zeitachse, eine Rolle. Die Gleichungen von Chapman–Kolmogorov (6) werden unter diesen Umständen wie folgt angeschrieben: man setzt $m - n = t$; $h - n = r$; $m - h = s$ und $r + s = t$ und erhält:

$$\sum_{k \in S} p_{ik}^{(r)} \cdot p_{kj}^{(s)} = p_{ij}^{(t)} . \tag{9}$$

(lies: "p_{ij} oben t") .

Mit diesen Gleichungen errechnet man nun die Wahrscheinlichkeit, daß der Prozeß sich nach t Schritten im Zustand j befindet:

$$p_j(t) = \sum_{i \in S} p_i(0)\, p_{ij}^{(t)} . \tag{10}$$

$p_j(t)$ heißt "Zustandswahrscheinlichkeit" und $p_i(0)$ "Anfangswahrscheinlichkeit". Das ist, wie schon erwähnt, die Wahrscheinlichkeit dafür, daß der erste Schritt des Prozesses von i aus erfolgt. Man ordnet die Zustands- bzw. Anfangswahrscheinlichkeit aller Zustände zu Vektoren:

$$q_t' = \{p_1(t), p_2(t), \ldots, p_r(t)\} ,$$

$$q_0' = \{p_1(0), p_2(0), \ldots, p_r(0)\} ,$$

und erhält damit für (10) die Matrixdarstellung:

$$\boxed{q_t' = q_0' \cdot P^t} . \tag{11}$$

IX.3: Eine kanonische Repräsentation der stochastischen Matrix

Ein gedächtnisloser Markovprozeß kann mit einem Lernprozeß verwechselt werden, wenn seine Zustände eine gewisse Struktur aufweisen. Mit dieser werden wir uns jetzt befassen.

Der Zustand j ist "von i aus erreichbar", wenn es wenigstens eine Schrittzahl n gibt, so daß $p_{ij}^{(n)} > 0$ ist. Man sagt, die Zustände i und j "kommunizieren miteinander", wenn $p_{ij}^{(n)} > 0$ und zugleich $p_{ji}^{(m)} > 0$ für mindestens eine Schrittzahl m gilt. Alle Zustände, welche miteinander kommunizieren, bilden eine einzige Äquivalenzklasse, sie können sich nicht in verschiedenen Äquivalenzklassen befinden, wohl aber kann es einseitige Übergänge von einer Klasse in andere geben.

Abb.IX.1: Einseitiger Übergang von der Äquivalenzklasse {i,j} in die Äquivalenzklasse {k,l}: $p_{kj}^{(m)} = 0$ für m = 1,2,.....

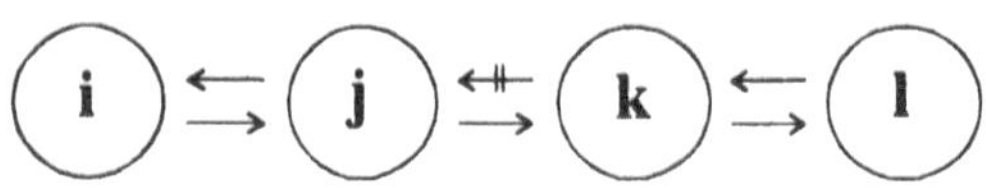

Wir stellen uns nun vor, daß der erste Schritt des Prozesses von i aus erfolgt und die erste Wiederkehr von i nach ein, zwei, ..., n Schritten registriert wird. Das führt auf die Folge von Ereignissen:

$$(i_0 i),\ (i_0 \bar{i}\, i),\ (i_0 \bar{i}\, \bar{i}\, i),\ (i_0 \bar{i}\, \bar{i}\, \bar{i}\, i) \text{ usw. },$$

wobei $\bar{i}$ "nicht i" bedeutet, also irgendeinen Zustand aus **S** mit Ausnahme von i. Die Wahrscheinlichkeit der ersten Wiederkehr von i nach n Schritten wird wie folgt angeschrieben:

$$f_{ii}^{(n)} = \Pr(\mathbf{X}_n = i_n;\ \mathbf{X}_m = \bar{i}_m,\ m = 1,2,\ldots,n-1 \mid \mathbf{X}_0 = i_0)\ . \qquad (12)$$

Selbstverständlich ist $f_{ii}^{(0)} = 0$. Die Wiederkehr von i "nach irgendeiner Schrittzahl" hat nun folgende Wahrscheinlichkeit:

$$f_{ii}^{*} = \sum_{n=1}^{\infty} f_{ii}^{(n)}\ . \qquad (13)$$

Ein Zustand i heißt **rekurrent** oder wiederkehrend, wenn $f_{ii}^{*} = 1$, wenn also seine Wiederkehr sicher ist. Ein Zustand i heißt dagegen **transient** oder vergänglich, wenn $f_{ii}^{*} < 1$, also wenn eine positive Wahrscheinlichkeit dafür besteht, daß er nicht wiederkehrt.

Man kann beweisen (siehe z.B. FERSCHL 1970), daß die Zustände einer jeden Äquivalenzklasse entweder alle rekurrent oder alle transient sind. Es ist aus diesem Grunde möglich, die Zustände bzw. Äquivalenzklassen so anzu–

ordnen, daß der Prozeß entweder zu einem Zustand derselben Klasse oder zu einem Zustand einer davor angeordneten Klasse fortschreiten kann. Man sagt, daß Zustände bzw. Klassen, welche nach diesem Kanon angeordnet sind, eine kanonische Repräsentation der stochastischen Matrix darstellen.

Abb.IX.2: Kanonische Repräsentation von rekurrenten Klassen **R** und transienten Klassen **T**. Pfeile deuten die Richtungen an, in welche der Prozeß fortschreiten kann, unterbrochene Pfeile Richtungen, in die sich der Prozeß nicht zu bewegen vermag.

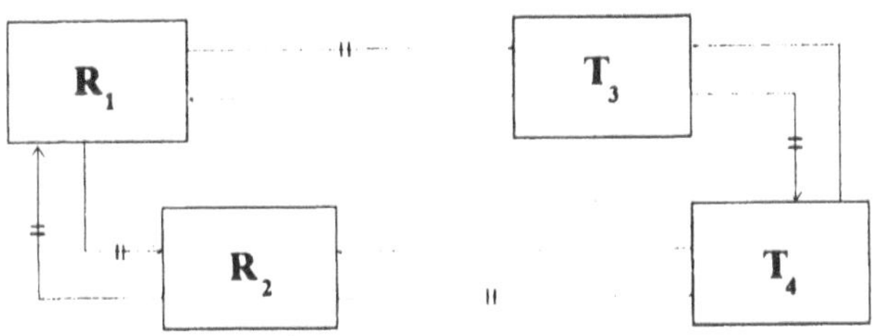

Ordnet man die Zeilen und Spalten der stochastischen Matrix entsprechend der kanonischen Repräsentation der Zustände, so bilden sich Submatrizen von Übergangswahrscheinlichkeiten, und zwar je eine Submatrix für jede rekurrente und jede transiente Klasse, sowie Submatrizen der Wahrscheinlichkeiten einseitiger Übergänge von transienten in transiente bzw. von transienten in rekurrente Klassen.

Die Submatrizen einer stochastischen Matrix, welche sich aus der kanonischen Repräsentation der Abb.IX.2 ergeben, sind folgendermaßen angeordnet:

R_1	0	0	0
0	R_2	0	0
A_{31}	0	T_3	0
0	A_{42}	A_{43}	T_4

(14)

Man erkennt, daß die Zustände zweier Klassen, welche nicht durch einseitige Übertrittsmöglichkeiten verbunden sind, Nullmatrizen bilden.

Die Zustände von Klassen, welche durch einseitige Übertrittsmöglichkeiten verbunden sind, bilden Submatrizen von "Übertrittswahrscheinlichkeiten":

A_{43} für $T_4 \rightarrow T_3$; A_{42} für $T_4 \rightarrow R_2$ und A_{31} für $T_3 \rightarrow R_1$.

◆ ◆ ◆

Wir vereinigen nun einerseits die rekurrenten, andererseits die transienten Zustände aller Klassen zu neuen Klassen und erhalten dadurch eine aus vier Sorten von Submatrizen bestehende stochastische Matrix:

$$\mathbf{P} = \begin{array}{|c|c|} \hline \mathbf{R} & \mathbf{0} \\ \hline \mathbf{A} & \mathbf{T} \\ \hline \end{array} \tag{14}$$

Die Submatrix **R** aller rekurrenten Zustände ist selbst eine stochastische Matrix, da alle ihre Zeilensummen gemäß (5) den Wert 1 ergeben. Dasselbe gilt nicht für die Submatrix **T** der transienten Zustände: Es muß dort mindestens eine Zeile geben, wo eine von Null verschiedene Übertrittswahrscheinlichkeit von **T** nach **R** in der Submatrix **A** steht. Mindestens für einen transienten Zustand ist also die Wahrscheinlichkeit des Überganges in einen anderen transienten Zustand kleiner als 1. Die Submatrix **T** ist demzufolge keine selbständige stochastische Matrix wie **R**.

Wir betrachten nun Potenzen der stochastischen Matrix (14):

$$\begin{array}{|c|c|} \hline \mathbf{R} & \mathbf{0} \\ \hline \mathbf{A} & \mathbf{T} \\ \hline \end{array} \cdot \begin{array}{|c|c|} \hline \mathbf{R} & \mathbf{0} \\ \hline \mathbf{A} & \mathbf{T} \\ \hline \end{array} = \begin{array}{|c|c|} \hline \mathbf{R}^2 & \mathbf{0} \\ \hline \mathbf{AR+TA} & \mathbf{T}^2 \\ \hline \end{array} = \mathbf{P}^2 .$$

Multipliziert man das Ergebnis solcher Multiplikation erneut mit **P**, so erhält man schließlich:

$$\mathbf{P}^t = \begin{array}{|c|c|} \hline \mathbf{R}^t & \mathbf{0} \\ \hline \sum_{s=0}^{t-1} \mathbf{T}^s \mathbf{A} \mathbf{R}^{t-s-1} & \mathbf{T}^t \\ \hline \end{array} . \tag{15}$$

Dabei ist auch $\mathbf{R}^t$ eine stochastische Matrix: ihre Zeilensummen ergeben gemäß (5) den Wert 1. Wegen $\mathbf{R} \cdot \mathbf{1} = \mathbf{1}$ folgt:

$$\mathbf{R}^t \cdot \mathbf{1} = \overbrace{\mathbf{R} \cdot \ldots \cdot \underbrace{\mathbf{R}}^{t\text{-mal}} \cdot \mathbf{1}} = \mathbf{R}^{t-1} \cdot \mathbf{1} = \ldots = \mathbf{R} \cdot \mathbf{1} = \mathbf{1} \quad ,$$

wobei $\mathbf{1}$ der "Einsvektor" ist: $\mathbf{1}' = (1, \ldots, 1)$.

⬩⬥◆⬥⬩

Nun untersuchen wir das Verhalten von $\mathbf{T}^t$: Bei $\mathbf{T}$ muß wenigstens eine Zeilensumme kleiner als 1 sein, da sonst, wie schon erwähnt, der Bereich der transienten Zustände nicht verlassen werden könnte. Man hat also

$$\mathbf{T} \cdot \mathbf{1} = \begin{bmatrix} \sum_j p_{1j} \\ \vdots \\ \sum_j p_{ij} \\ \vdots \\ \sum_j p_{mj} \end{bmatrix} = \mathbf{q} \; ,$$

wobei $\sum_j p_{ij} < 1$ für wenigstens einen transienten Zustand i gilt.
Dies wirkt sich auf die Potenzen von $\mathbf{T}$ folgendermaßen aus: $\mathbf{T}^2 \cdot \mathbf{1} = \mathbf{T} \cdot (\mathbf{T} \cdot \mathbf{1}) = \mathbf{T} \cdot \mathbf{q}$. Die i-te Zeile von $\mathbf{T}^2$ hat folgende Summe:

$$\sum_i p_{ki} \cdot \left[\sum_j p_{ij} \right] < 1 \; . \tag{16}$$

Die Summanden in der eckigen Klammer, also die Elemente von $\mathbf{q}$, sind entweder 1 oder kleiner als 1. Aus diesem Grunde muß, selbst wenn $\sum_i p_{ki} = 1$ gelten sollte, die Summe (16) kleiner als 1 sein. Sei nun die größte dieser Zeilensummen von $\mathbf{T}^2$ gerade $(1-p)$, $p > 0$. Dann gilt die Ungleichung $\mathbf{T}^2 \cdot \mathbf{1} = \mathbf{Tq} \leq (1-p) \cdot \mathbf{1}$. – Nun bilden wir fortlaufend höhere Potenzen von $\mathbf{T}$ und betrachten deren Zeilensummen: $\mathbf{T}^3 \cdot \mathbf{1} \leq (1-p) \cdot \mathbf{T} \cdot \mathbf{1} = (1-p) \cdot \mathbf{q}$; $\mathbf{T}^4 \cdot \mathbf{1} \leq$ $\leq (1-p) \cdot \mathbf{Tq} \leq (1-p)^2 \cdot \mathbf{1}$. – Man erkennt nun, daß die Zeilensummen der Potenzen von $\mathbf{T}$ folgender Ungleichung genügen:

$$\mathbf{T}^{2t} \cdot \mathbf{1} \leq (1-p)^t \cdot \mathbf{1} \; .$$

Daraus folgt aber:

$$\lim_{t \to \infty} \mathbf{T}^{2t} \cdot \mathbf{1} \leq \lim_{t \to \infty} (1-p)^t \cdot \mathbf{1} = 0 \; , \tag{17}$$

da $(1-p) < 1$. Die Wahrscheinlichkeit, daß der Prozeß in einem transienten Zustand ist, geht also mit wachsendem t gegen Null: Der Prozeß kann sich nur zeitlich befristet im transienten Bereich aufhalten.

Beisp.IX.2: Bei dem Spiel "Mensch ärgere Dich nicht" darf ein Spieler seinen Kegel erst dann in Umlauf setzen, wenn er eine "Sechs" gewürfelt hat. Ein Spieler ist also zu Beginn gesperrt und bleibt es, wenn er keine "Sechs" würfelt, also mit Wahrscheinlichkeit $5/6 = 0{,}8\dot{3}$. Würfelt er dagegen eine "Sechs", so darf er die Sperre verlassen und wird aktiver Spieler. Das bleibt er bis zum Schluß der Kampagne. Der Spieleintritt ist durch die folgende stochastische Matrix bestimmt:

	aktiv	gesperrt
aktiv	1	0
gesperrt	$\frac{1}{6}$	$\frac{5}{6}$

t	1	2	3	4	5	6	7	...	∞
T^t	0,83	0,69	0,58	0,48	0,40	0,33	0,28	...	0

Die beigefügte Tabelle läßt erkennen, daß T^t dem Wert Null zustrebt. Es wird wohl aber kaum ein Mensch daraus schließen, daß der Spieler "lernt", eine "Sechs" zu würfeln. Wenn er sich ein zweitesmal auf ein Spiel einläßt, so hat er wieder eine Chance von 1/6, zum Spiel zugelassen zu werden, wie beim erstenmal, und nicht eine Chance von 1 wie ein Spieler, der gelernt hat, eine "Sechs" zu werfen. Das hängt mit der Unveränderlichkeit der stochastischen Matrix, also mit der Zeithomogenität (8) des Prozesses zusammen. Das Verhalten des transienten Zustandes "gesperrt" ist damit zu erklären, daß es ein zwar nicht sehr wahrscheinliches, aber immerhin nicht unmögliches Ereignis ist, eine "Sechs" zu werfen, das daher auch irgendwann einmal eintreten wird, wenn man nur hinreichend oft würfelt.

•♦ ♦ ♦•

Mit dem Austritt des Prozesses aus dem transienten Bereich ist eine Reihe von Fragen verbunden, die wir jetzt untersuchen wollen. Man verwendet hiezu die sog. Fundamentalmatrix:

$$\mathbf{M} = (\mathbf{I} - \mathbf{T})^{-1} , \tag{18}$$

wobei **I** die "Einheitsmatrix" darstellt.

Es gilt der folgende Satz: Kann eine stochastische Matrix in kanonische Form (14) gebracht werden, so existiert die zu $(\mathbf{I} - \mathbf{T})$ inverse Matrix, also **M**, die dann folgende Form hat:

$$M = (I - T)^{-1} = I + T + T^2 + \ldots . = \sum_{t=0}^{\infty} T^t . \qquad (19)$$

Zum Beweis siehe Anhang **A-7**.

Die Elemente von T^t sind Wahrscheinlichkeiten dafür, daß der erste Schritt des Prozesses von dem (transienten) Zustand i aus erfolgt und t Schritte später der (ebenfalls transiente) Zustand j erreicht wird, also $p_{ij}^{(t)}$ (4).

·♦ ♦ ♦·

Wir untersuchen nun, wie oft j während der ersten n Schritte des Prozesses im Durchschnitt auftritt, wenn der erste Schritt von i aus erfolgt. Läßt man den Prozeß n Schritte ablaufen, so zählt man $N_{ij}^{(n)}$–mal j. Diese Zahl ist Ausprägung einer Zufallsvariablen, die folgenden Erwartungswert hat:

$$E\, N_{ij}^{(n)} = \mu_{ij}^{(n)} = \sum_{t=0}^{n} p_{ij}^{(t)} . \qquad (20)$$

Zum Beweis siehe Anhang **A-8**.

Vergleicht man (20) mit (19), so erkennt man sofort, daß

$$\lim_{n \to \infty} \mu_{ij}^{(n)} = \sum_{t=0}^{\infty} p_{ij}^{(t)} \in (I - T)^{-1} = M . \qquad (21)$$

·♦ ♦ ♦·

Wir bezeichnen mit S_T die Teilmenge der Zustände von S, die transiente Zustände sind, und untersuchen, wie oft während der ersten n Schritte im Durchschnitt transiente Zustände angetroffen werden, wenn der erste Schritt von i aus erfolgte. Sei $N_i^{(n)}$ diese Anzahl. Dann ist:

$$N_i^{(n)} = \sum_{j \in S_T} N_{ij}^{(n)} .$$

Es gilt:

$$E\, N_i^{(n)} = \sum_{j \in S_T} E\, N_{ij}^{(n)} = \sum_{j \in S_T} \mu_{ij}^{(n)} \equiv \mu_i^{(n)} ,$$

wobei $\mu_{ij}^{(n)}$ durch (20) gegeben ist. – Mit Hilfe von (21) erkennt man, daß

$$\lim_{n \to \infty} \mu_i^{(n)} = \sum_{j \in S_T} \lim \mu_{ij}^{(n)} \equiv \mu_i .$$

Die Größe μ_i ist also identisch mit der i-ten Zeilensumme von **M**. Daher kann man sie simultan für alle transienten Zustände $i \in S_T$ darstellen:

$$\mathbf{M} \cdot \mathbf{1} = \begin{bmatrix} \mu_1 \\ \vdots \\ \mu_i \\ \vdots \\ \mu_r \end{bmatrix} . \tag{22}$$

Beisp.IX.2 (Fortsetzung): Wir wollen wissen, wie oft ein Spieler vergeblich würfelt, ehe er die Sperre verlassen kann. Mit Hilfe von (22) und (18) erhalten wir:

$$\left[1 - \tfrac{5}{6}\right]^{-1} \cdot 1 = 6 .$$

Der Spieler wird sich also im Durchschnitt sechsmal vergeblich bemühen.

⋄♦ ♦ ♦⋄

Wir untersuchen jetzt die Wahrscheinlichkeit, daß der erste Schritt des Prozesses von dem transienten Zustand i aus erfolgt und nach irgendeiner Anzahl von Schritten im transienten Bereich der Übertritt in den rekurrenten Zustand k erfolgt. Der Übergang von i_0 nach k ist nur ein einziges Mal möglich; eine Rückkehr in den transienten Bereich ist ausgeschlossen. Das geschilderte Ereignis tritt demnach ein, wenn $i_0 \to k$ oder $i_0 \to j_1 \to k$ oder $i_0 \to j_1 \to j_2 \to k$ usw., wobei $j \in S_T$, also j einer der Zustände aus der Teilmenge der transienten Zustände ist. Man erhält für die einzelnen Möglichkeiten des Übertritts nach k folgende Wahrscheinlichkeiten:

$$p_{ii}^{(0)} \cdot p_{ik} , \quad \sum_{j \in S_T} p_{ij}^{(1)} \cdot p_{jk} , \quad \sum_{j \in S_T} p_{ij}^{(2)} \cdot p_{jk} , \text{ usw.}$$

Die Wahrscheinlichkeit, daß der Prozeß den rekurrenten Zustand k erreicht, wenn der erste Schritt von i aus erfolgte, wird mit f_{ik} bezeichnet. Sie wird folgendermaßen berechnet:

$$f_{ik} = \sum_{t=0}^{\infty} \sum_{j \in S_T} p_{ij}^{(t)} \, p_{jk} .$$

Vertauscht man die Reihenfolge der Summation, so ergibt sich folgende Beziehung zwischen Wahrscheinlichkeiten einseitiger Übertritte in den rekurrenten Bereich und der Fundamentalmatrix:

$$f_{ik} = \sum_{j \in S_T} \sum_{t=0}^{\infty} p_{ij}^{(t)} p_{jk} = \sum_{j \in S_T} \left[\sum_{t=0}^{\infty} p_{ij}^{(t)} \right] \cdot p_{jk} . \tag{23}$$

Im Hinblick auf (19) erkennt man, daß in der eckigen Klammer von (23) ein Element der Fundamentalmatrix steht, während p_{jk}, die Wahrscheinlichkeit des Überganges von dem transienten Zustand j in den rekurrenten Zustand k, Element der Submatrix **A** (14) ist. Sämtliche Übertrittswahrscheinlichkeiten von den transienten Zuständen in rekurrente lassen sich demnach in folgendem Matrixausdruck zusammenfassen:

$$\boxed{\mathbf{F} = \mathbf{M} \cdot \mathbf{A}} . \tag{24}$$

In **F** sind alle Austrittswahrscheinlichkeiten f_{ik} enthalten.

•♦ ♦ ♦•

Wir interessieren uns zuletzt für die Wahrscheinlichkeit, daß der Prozeß den rekurrenten Zustand k erreicht, gesetzt, er habe mit irgendeinem der transienten Zustände angefangen. Wir bezeichnen diese Wahrscheinlichkeit mit $f_{k|S_T}$. Der Beginn des Prozesses im transienten Bereich muß ein Ereignis mit der Wahrscheinlichkeit 1 sein. Daher führen wir die "bedingte Anfangsverteilung" der transienten Zustände ein, indem wir die Anfangswahrscheinlichkeiten der transienten Zustände durch die Summe aller Anfangswahrscheinlichkeiten der transienten Zustände dividieren. Wir erhalten entsprechend (10):

$$q'_{0|S_T} = \left\{ p_{1|S_T}(0), \ldots, p_{i|S_T}(0), \ldots, p_{r|S_T}(0) \right\} ; \quad \sum_{i \in S_T} p_{i|S_T}(0) = 1 .$$

Die Wahrscheinlichkeit, daß der Prozeß den transienten Bereich dadurch verläßt, daß er den rekurrenten Zustand k erreicht, ist nun mit (24) in Verbindung mit (11) leicht zu errechnen:

$$f_{k|S_T} = q'_{0|S_T} \cdot \mathbf{M} \cdot \mathbf{A}_k , \tag{25}$$

wobei $\mathbf{A}_k$ die k-te Spalte der Submatrix **A** darstellt. Im Hinblick darauf, daß $\mathbf{M} \cdot \mathbf{A}$ die Austrittswahrscheinlichkeiten f_{ik} enthält, kann (25) auch wie folgt dargestellt werden:

$$f_{k|S_T} = \sum_{i \in S_T} p_{i|S_T} \cdot f_{ik} \; . \tag{25}$$

Ist k ein "absorbierender Zustand", d.h. ein Zustand, den der Prozeß niemals mehr verläßt, sobald er ihn einmal erreicht hat, so heißt $f_{k|S_T}$ "Absorptionswahrscheinlichkeit".

Beisp.IX.2 (Fortsetzung): Man berechne die Wahrscheinlickeit, daß ein Spieler die Sperre verlassen und ein aktiver Spieler werden kann (d.h. vom Zustand "aktiv" absorbiert wird). – Da der Prozeß nur einen transienten Zustand, nämlich "gesperrt", aufweist, ist $\mathbf{q}'_{0|S_T} = \{1\}$, und wir erhalten mit (25):

$$f_{\text{aktiv}\,|\,\text{gesperrt}} = 1 \cdot \left[1 - \tfrac{5}{6}\right]^{-1} \cdot \tfrac{1}{6} = 1 \; .$$

Der Spieler möge also seine Ungeduld mit der sicheren Aussicht auf den bevorstehenden Spieleintritt besänftigen!

KAPITEL X: LERNEN ALS HOMOGENER MARKOVPROZESS ?

Wie bereits erwähnt, weist ein Markovprozeß in jedem Stadium seines Verlaufes dieselbe Übergangsmatrix auf, wenn er zur Klasse der homogenen Prozesse (8.IX) gehört. Bildet dabei die Menge der Zustände eine einzige Klasse, so strebt der Prozeß mit der Zeit entweder einer stabilen Grenzverteilung zu, die er dann nicht mehr verläßt, oder einer Reihe von Grenzverteilungen, die er zyklisch durchläuft. Da die Zustandswahrscheinlichkeiten (10.IX) dabei kleiner als 1 bleiben, kann gar nicht der Eindruck entstehen, daß von Schritt zu Schritt etwas "gelernt" und zuletzt mit Perfektion beherrscht werde. Bilden die Zustände eine einzige Klasse, so sind diese notwendig rekurrent (sofern ihre Anzahl endlich ist). Ein ganz anderer Eindruck stellt sich ein, wenn der Zustandsraum aus transienten und rekurrenten Zuständen besteht, wobei letztere zudem auch noch absorbierend sein müssen, da andernfalls der Prozeß nach seinem Eintritt in den rekurrenten Bereich zu einem Prozeß der oben geschilderten Art wird. Bei Vorhandensein transienter Zustände macht auch ein homogener Prozeß den Eindruck, daß er zu dem oder den absorbierenden Zuständen hingezogen wird und dabei die transienten Zustände "überwindet". Dies läßt manchen Betrachter übersehen, daß die Wahrscheinlichkeit, mit welcher der Prozeß in einen rekurrenten Zustand übergeht, in jedem Stadium seines Verlaufes dieselbe ist, die zu Beginn dafür bestand. Das ist so ziemlich das Gegenteil dessen, was man sich unter "Lernen" vorstellt.

X.1: Ratten in einem Labyrinth

BARTHOLOMEW (1973) versuchte, die stochastische Matrix zu ermitteln, von der er glaubte, daß sie einem Lernprozeß von Ratten zugrunde liegt, indem er zählte, wie oft Ratten die verschiedenen Gänge eines Labyrinths in der einen oder anderen Richtung durchlaufen.

Abb.X.1: Das Labyrinth von BARTHOLOMEW mit Benutzungshäufigkeiten.

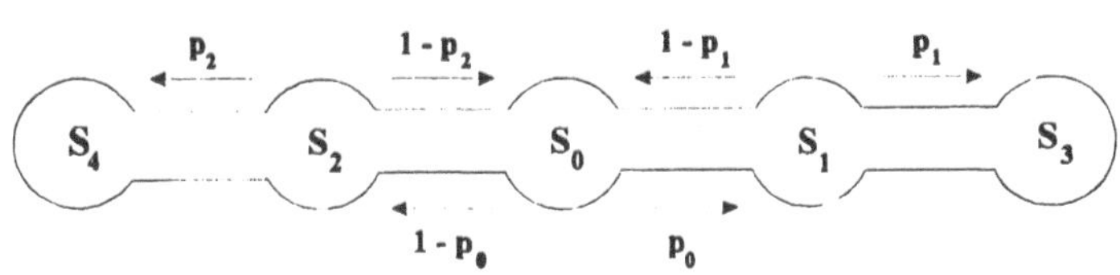

Die Ratten beginnen ihre Irrfahrt durch das Labyrinth bei S_0. Die Zustände S_3 und S_4 sind "absorbierende": Die Ratten finden dort Futter. S_0, S_1, S_2 sind dementsprechend transiente Zustände, so daß die stochastische Matrix in kanonische Form (14.IX) gebracht werden kann.

Tab.X.1: Die kanonische Repräsentation der stochastischen Matrix zu Abb.X.1.

	S_4	S_3	S_2	S_1	S_0
S_4	1	0	0	0	0
S_3	0	1	0	0	0
S_2	p_2	0	0	0	$1-p_2$
S_1	0	p_1	0	0	$1-p_1$
S_0	0	0	$1-p_0$	p_0	0

$$(\mathbf{I} - \mathbf{T}) = \begin{bmatrix} 1 & 0 & -(1-p_2) \\ 0 & 1 & -(1-p_1) \\ -(1-p_0) & -p_0 & 1 \end{bmatrix}$$

Bartholomew vermutet offensichtlich, daß eine Ratte, die nach S_2 oder S_1 gelangt, sich unveränderlich mit Wahrscheinlichkeit $1-p_2$ bzw. $1-p_1$ für den Weg zurück nach S_0 entscheidet, auch wenn sie wiederholt erfahren hat, daß sie dort kein Futter findet. Die Ratte Bartholomew's lernt offensichtlich nichts aus früheren Erfahrungen. Dennoch gelangt sie zum Futter. Wir beweisen dies mit Hilfe der Formeln (24.IX) und (25.IX):
Die Fundamentalmatrix $(\mathbf{I} - \mathbf{T})^{-1}$ hat hier folgenden Bau:

$$\mathbf{M} = (\mathbf{I} - \mathbf{T})^{-1} = \frac{1}{p_0p_1 + (1-p_0)p_2} \begin{bmatrix} 1-p_0(1-p_1) & p_0(1-p_2) & (1-p_2) \\ (1-p_0)(1-p_1) & 1-(1-p_0)(1-p_1) & (1-p_1) \\ (1-p_0) & p_0 & 1 \end{bmatrix}$$

Wir errechnen mit (24):

$$\mathbf{M} \cdot \mathbf{A} = \frac{1}{p_0p_1 + (1-p_0)p_2} \begin{bmatrix} [1-p_0(1-p_1)]p_2 & p_0(1-p_2)p_1 \\ (1-p_0)(1-p_1)p_2 & [1-(1-p_0)(1-p_1)]p_1 \\ (1-p_0)p_2 & p_0p_1 \end{bmatrix}$$

Die "bedingte Anfangsverteilung" der transienten Zustände S_2, S_1, S_0 hat die Form $q'_{0|S_T} = (0, 0, 1)$, da die Ratte ihren Weg nur in S_0 beginnt. Die Wahrscheinlichkeit, daß sie bei S_4 bzw. S_3 Futter findet, ist somit entsprechend (25.IX):

$$f_{s_4|s_T} = \frac{(1-p_0)p_2}{p_0p_1 + (1-p_0)p_2} \quad \text{bzw.} \quad f_{s_3|s_T} = \frac{p_0p_1}{p_0p_1 + (1-p_0)p_2} .$$

Die Wahrscheinlichkeit, daß sie überhaupt Futter findet, also in S_4 oder S_3 ankommt, kann gar nicht größer sein als sie ist, nämlich:

$$f_{s_4|s_T} + f_{s_3|s_T} = 1 .$$

⬩⬥ ◆ ⬥⬩

Wir untersuchen nun, wie oft die Ratte in den transienten Zuständen S_2, S_1, S_0 zu finden ist, wenn sie ihren Weg in S_0 beginnt. Entsprechend (20.IX) stehen die durchschnittlichen Häufigkeiten dieser Aufenthalte in der zu S_0 gehörenden Zeile der Fundamentalmatrix. Beispielsweise finden wir mit (21.IX):

$$\lim_{n\to\infty} \mu^{(n)}_{s_0s_0} = \frac{1}{p_0p_1 + (1-p_0)p_2} .$$

Wenn wir eine natürliche Ratte, nachdem sie wieder hungrig geworden ist, erneut in S_0 zur Nahrungssuche aussetzen, so wird sie, da sie sich in dem Labyrinth bereits auskennt, S_4 oder S_3 ansteuern und erst gar nicht nach S_0 zurückkehren. Ist dagegen die Ratte eine Schöpfung von Bartholomew, so kennt sie sich in dem Labyrinth nicht aus. Ihre Übergangswahrscheinlichkeiten haben sich nicht verändert, sie kehrt immer wieder nach S_0 zurück, und zwar mit einer Häufigkeit, deren Erwartungswert genau so groß ist wie beim ersten Durchlaufen des Labyrinths.

Bartholomew hat uns nicht verraten, warum seine Ratten mit unabänderlichen Wahrscheinlichkeiten die Gänge des Labyrinths in der einen oder anderen Richtung durcheilen. Es mag vielleicht die Tatsache, daß man auch damit das Ziel erreicht, einen angelsächsischen Pragmatiker verführen, das andauernde Wiederholen eines Zufallsexperiments für Lernen zu halten.

X.2: Begriffsbildung

Man begreift die Bedeutung von Wörtern einer fremden Sprache auch ohne

Hilfe eines Übersetzers. Das geht ungefähr so vor sich: In Gegenwart einer Katze fällt ein bestimmtes Wort. Man bildet die Hypothese, das Wort sei die Übersetzung von "Katze". Dann erlebt man, daß dasselbe Wort in Gegenwart eines Esels fällt. Die Hypothese ist damit widerlegt und man bildet eine neue, etwa, daß das Wort auf die graue Farbe des Felles von Katze und Esel deute. Wenn man nun an einem trüben Tag die Farbe des Himmels mit diesem Wort bezeichnet und einem zugestimmt wird, so sieht man sich in seiner Vermutung bestätigt. Entscheidend ist, daß Vermutungen, die sich als falsch erweisen, von anderen Vermutungen abgelöst werden, und Vermutungen, die sich nicht als falsch erweisen, fortbestehen, wobei vorläufig nicht entscheidbar ist, ob sie zutreffen oder bloß zufällig als richtig erscheinen, was sich in der Folge dann freilich herausstellt.

Man kann somit die Hypothesen in Verbindung mit dem Erfolg, den ihre Anwendung einbringt, gruppieren. Es gibt:

- richtige Hypothesen, deren Anwendung immer zu ihrer Bestätigung führt,
- falsche Hypothesen, deren Anwendung immer zu ihrer Widerlegung führt.

Die irrelevanten Hypothesen, mit denen man einmal oder auch mehrfach Erfolg hatte, lassen sich weiter unterteilen in:

- Hypothesen, die bei neuerlicher Anwendung wieder einen Erfolg ein-einbringen,
- Hypothesen, deren neuerliche Anwendung zu einem Mißerfolg führt.

Man stelle sich nun folgendes Experiment vor: Einer Untersuchungsperson werden in zufälliger Aufeinanderfolge Kunstwörter vorgesetzt, die unten angegeben sind. Die Person soll von jedem derselben entscheiden, ob es "alpha" darstellt oder nicht.

Tab.X.2: Kunstwörter, die zum Lernen der Bedeutung von "alpha" verwendet werden.

1	A L f a	13	a L f A
2	L A f a	14	L a f A
3	A L a f	15	L f A a
4	L A a f	16	L a A f
5	f A L a	17	L f a A
6	f L A a	18	f L a A
7	a A L f	19	A a L f
8	a L A f	20	A a f L
9	f a A L	21	f A a L
10	f a L A	22	a A f L
11	a f A L	23	A f a L
12	a f L A	24	A f L a

Alle Folgen des linken Blockes haben gemeinsam, daß die beiden Großbuchstaben A und L nebeneinander stehen. Sie repräsentieren die Bedeutung von "alpha", während in den Folgen des rechten Blocks die beiden Buchstaben mindestens durch einen Kleinbuchstaben voneinander getrennt sind.

Wenn die Urteilsperson für oder gegen "alpha" entscheidet, je nachdem, ob ihr eines der Kunstwörter 1 - 12 bzw. 13 - 24 vorgesetzt wird, so bekommt sie vom Versuchsleiter bestätigt, daß das richtig ist. Wenn sie die Zuordnung von "alpha" zu den Blöcken vertauscht, so bekommt sie jedesmal zu hören, daß ihre Entscheidung falsch ist. Die Vermutung, daß jedes Kunstwort, das sich wie "alpha" liest, eben "alpha" repräsentiere, ist nicht falsch, weil sie nicht in jedem Falle falsch ist, sondern bloß irrelevant. Handelt es sich nämlich um die Folge 1, so wird die Vermutung bestätigt; handelt es sich dagegen um Folge 13, so wird sie widerlegt.

In jedem Fall bestehen Vermutungen fort, solange sie sich nicht als falsch erweisen. Einmal widerlegte Hypothesen werden aber nicht aus dem Verkehr gezogen. Bush & Estes (1959) behaupten, daß sie "in den Vorrat der Hypothesen zurückgelegt" werden, so daß sie zu einem späteren Zeitpunkt wieder auftreten können. Dadurch bleibt der Prozeß der Begriffsbildung ein einfacher Markovprozeß (vgl. hiezu auch Norman 1972, Tack 1976). Es widerspricht allerdings der Erfahrung, derzufolge wir Vermutungen, die sich schon einmal als falsch erwiesen haben, wiedererkennen. Das macht aber den Prozeß der Begriffsbildung von seiner Vorgeschichte abhängig. Man spricht daher der Untersuchungsperson das Gedächtnis für falsche Vermutungen kurzerhand ab. Sie macht dann vielleicht den Eindruck, beschränkt zu sein;

die Art und Weise, wie sie Begriffe bildet, kann aber einfach durch folgende stochastische Matrix dargestellt werden (vgl. RESTLE & GREENO 1970):

	R	I+	I-	F
R	1	0	0	0
I+	0	p	(1-p)	0
I-	c	ip	i(1-p)	q
F	c	ip	i(1-p)	q

Dabei ist R der "absorbierende Zustand", den die Untersuchungsperson erreicht, sobald sie weiß, welche Kunstwörter "alpha" repräsentieren und welche nicht. Erzielt sie mit einer irrelevanten Vermutung einen Treffer (I+), so kann sie im Anschluß daran auch einen Fehler erzielen, also nach I– übergehen. Dafür besteht die Wahrscheinlichkeit (1–p). Erzielt die Untersuchungsperson einen Fehler, so ersetzt sie ihre Vermutung durch eine andere. Mit Wahrscheinlichkeit c ist das die richtige, mit Wahrscheinlichkeit q eine falsche. Die Wahrscheinlichkeit des Überganges von I– nach I– bzw. nach I+ kommt folgendermaßen zustande: die beiden Übergänge kommen nur dann in Frage, wenn die neue Hypothese weder die richtige noch eine falsche ist. Die Wahrscheinlichkeit hierfür ist 1–c–q = i. Die Wahrscheinlichkeit, daß die Untersuchungsperson eine Vermutung aufstellt, die wieder irrelevant ist und mit dieser auch noch einen Treffer erzielt, ist dementsprechend ip. Ähnlich erklärt man sich die Wahrscheinlichkeit des Überganges von I– nach I–. Die letzte Zeile der stochastischen Matrix ist der vorletzten gleich. Hat nämlich die Untersuchungsperson eine falsche Vermutung, so ersetzt sie dieselbe durch eine andere. Diese ist mit Wahrscheinlichkeit c die richtige, mit Wahrscheinlichkeit q wieder eine falsche usw. Die Gleichheit der beiden Zeilen erlaubt es, den Zustandsraum zu "verklumpen" (dieser Begriff wird in **A-9** erläutert) und den Markovprozeß mit der verkleinerten stochastischen Matrix (1) darzustellen:

	R	I	F
R	1	0	0
I	0	p	(1-p)
F	c	ip	1-(c+ip)

(1)

Dies ist zugleich die kanonische Repräsentation (14.IX) der Zustände. – Wir bilden:

$$\mathbf{I} - \mathbf{T} = \begin{bmatrix} 1\text{-}p & -(1\text{-}p) \\ -ip & (c+ip) \end{bmatrix},$$

erhalten die Fundamentalmatrix (18.IX):

$$\mathbf{M} = (\mathbf{I} - \mathbf{T})^{-1} = \frac{1}{(1-p)\cdot c} \begin{bmatrix} (c+ip) & (1-p) \\ ip & (1-p) \end{bmatrix},$$

und berechnen mit (24.IX) die Austrittswahrscheinlichkeit:

$$\mathbf{M} \cdot \mathbf{A} = \mathbf{M} \cdot \begin{bmatrix} 0 \\ c \end{bmatrix} = \begin{bmatrix} 1 \\ 1 \end{bmatrix}.$$

Es ist also gar nicht notwendig, daß die Untersuchungsperson ein Verständnis des Begriffes entwickelt. Auch die wiederholte Ausführung von Zufallsexperimenten nach Maßgabe der stochastischen Matrix (1) führt mit Sicherheit in den absorbierenden Zustand. Mit (11.IX) errechnet man die Wahrscheinlichkeiten der drei Zustände nach n Schritten. Die Wahrscheinlichkeit des absorbierenden Zustandes in Abhängigkeit von n stellt man als "stochastische Lernkurve" dar (vgl. etwa TACK 1976). Wenn man beispielsweise Zufallsexperimente nach Maßgabe der folgenden stochastischen Matrix ausführt:

$$P = \begin{bmatrix} 1 & 0 & 0 \\ 0 & 0{,}5 & 0{,}5 \\ 0{,}2 & 0{,}4 & 0{,}4 \end{bmatrix}, \qquad (1)$$

so erhält man die untere der beiden Kurven, die in Abb.X.2 wiedergegeben sind, soferne der Prozeß zufällig mit einer irrelevanten Hypothese beginnt, und die obere bei Start mit einer falschen.

Abb.X.2: Zwei stochastische "Lernkurven", die man auch ohne Lernen mit der stochastischen Matrix (1) erzielt.

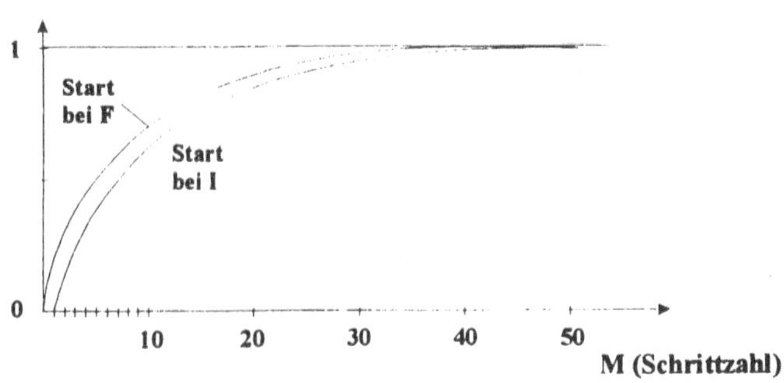

Nach 50 Schritten ist es so gut wie sicher, daß der Prozeß den absorbierenden Zustand erreicht hat.

Auch die Ratte des vorigen Kapitels erreichte mit Sicherheit die Futterstelle. Dort stellte sie das Durcheilen des Labyrinths ein und widmete sich der Nahrungsaufnahme. Die beschränkte Untersuchungsperson von Bush & Estes erreicht den absorbierenden Zustand, ohne daß eine Äußerlichkeit wie Futter sie davon abhielte, weiterhin falsche oder irrelevante Vermutungen aus dem Vorrat der Hypothesen auszuwählen. Die gedächtnislose Person erkennt falsche Hypothesen doch auch dann nicht wieder, wenn sie sich im absorbierenden Zustand befindet. Was befähigt sie also, in diesem Zustand nur noch richtige Hypothesen auszuwählen? Diese Frage ist nicht zu beantworten. Man schafft Abhilfe, indem man die an sich gedächtnislose Person mit einer Erinnerung an ihren letzten Fehler ausstattet. Inwiefern diese Erinnerung sie erkennen läßt, daß sie sich im absorbierenden Zustand befindet, wird verständlich, wenn man ihre Hypothesen mit den Rückmeldungen des Versuchsleiters in Beziehung setzt. Man betrachte die folgende stochastische Sequenz:

Hypothese	F	F	F	I	F	I	I	F	I	F	R	R	R ....
Rückmeldung	f	f	f	r	f	r	r	f	r	f	r	r	r ....

Die Untersuchungsperson hört vom Versuchsleiter "falsch" (f), wenn sie eine falsche Hypothese äußert und "richtig" (r), wenn sie eine irrelevante oder richtige Hypothese vorbringt. Die stochastische Matrix (1) läßt erkennen, daß die Person von I nach R nur über F gelangt. Alle Subfolgen von I werden also durch mindestens ein "f" abgeschlossen. Die Subfolge der R tritt dagegen nach dem letzten "f" auf.

Wir untersuchen nun die erste Wiederkehr von f nach n Schritten entsprechend (12.IX). Mit Hilfe der Gleichungen von Chapman-Kolmogorov (9.IX) und der stochastischen Matrix (1) ergeben sich dafür folgende Wahrscheinlichkeiten:

$$f_{ff}^{(1)} = \Pr(f \mid f) = 1 - (c+ip) = 1 - c - ip \;,$$

$$f_{ff}^{(2)} = \Pr(f\ r \mid f) = \Pr(f \mid r)\cdot\Pr(r \mid f) = (1-p)\cdot ip \;,$$

$$f_{ff}^{(3)} = \Pr(f\ r\ r \mid f) = \Pr(f \mid r)\cdot\Pr(r \mid r)\cdot\Pr(r \mid f) = (1-p)\cdot p\cdot ip \;,$$

$$\vdots$$

$$f_{ff}^{(n)} = \Pr(f\ r_{n-1} \ldots r_1 \mid f) = (1-p)\cdot p^{n-2}\cdot ip = i\cdot(1-p)\cdot p^{n-1} \;.$$

Wir bilden nun entsprechend (13.IX):

$$\sum_{n=1}^{\infty} f_{ff}^{(n)} = (1-c-ip) + i\cdot(1-p)\cdot \sum_{n=2}^{\infty} p^{n-1} \;.$$

Die Summe rechts hat folgenden Wert:

$$\sum_{n=2}^{\infty} p^{n-1} = p + p^2 + \ldots . = \frac{p}{1-p} \;.$$

Setzt man dies oben ein, so erhält man:

$$\sum_{n=1}^{\infty} f_{ff}^{(n)} = (1-c-ip) + i\cdot(1-p)\cdot\frac{p}{1-p} = 1 - c \;.$$

Dabei ist c die Wahrscheinlichkeit des Überganges von F nach R. Gilt $c > 0$, so ist $1 - c < 1$, f also ein transienter Zustand; es gibt dann einen "letzten Fehler", in Erinnerung dessen die Untersuchungsperson erkennen kann, daß sie sich im absorbierenden Zustand befindet. Das hilft ihr darüber hinweg, daß sie ja gar nicht begreifen lernte, was "alpha" bedeutet. Bush & Estes haben uns also eine Erklärung der Begriffsbildung vorgelegt, die "Begreifen" in des Wortes eigentlicher Bedeutung erübrigt: Ein entsprechend konstruierter Automat, der vollständig bewußtlos Zufallsexperimente nach Maßgabe der stochastischen Matrix (1) ausführt, macht einen "letzten Fehler" und meldet das dem Versuchsleiter in Form der Behauptung, er habe sich einen "Begriff gebildet". Der Automat kann den Begriff allerdings nicht anwenden und entlarvt sich damit als Hochstapler: für jede Wiederholung der Zufallsexperimente steht ihm wieder nichts als die seinerzeitige stochastische Matrix (1) zur Verfügung.

X.3: Paarlernen

Man vergegenwärtige sich einen Schüler, der Vokabeln büffelt: sein Bestreben ist, auf gewisse Wörter der deutschen Sprache mit entsprechenden der lateinischen zu antworten, also z.B. auf "lieben" mit "amare". Man betrachtet das deutsche Wort als Reiz, das lateinische als Reaktion. Die Reaktion auf "lieben" heißt richtig, wenn sie in "amare" besteht, sonst falsch. Der Schüler wird nach jedem Memorieren der Vokabeln abgefragt. Dabei stellt sich heraus, daß in der Regel der Anteil richtiger Reaktionen mit jedem erneuten Memorieren wächst. Man schließt daraus, daß für die Wahrscheinlichkeit einer richtigen Reaktion die Ungleichung gilt:

$$\pi_{i+1} \geq \pi_i \; , \quad i = 0, 1, 2, \ldots \tag{2}$$

Die Wahrscheinlichkeit π strebt mit der Anzahl i der Wiederholungen gegen 1. Man weiß aus Erfahrung, daß die Wirkung des Memorierens, gemessen mit der Differenz $\pi_{i+1}-\pi_i$, in den Anfangsstadien groß ist und sich allmählich vermindert. Zuletzt wird der Fortschritt von einer großen Wahrscheinlichkeit zur Perfektion ($\pi = 1$) nur noch durch eine sehr große Anzahl von Wiederholungen ermöglicht. Die einfachste Vermutung, welche diese Erfahrungen zum Ausdruck bringt, ist wohl die folgende:

$$\pi_{i+1} - \pi_i = B \cdot (\pi_i - \pi_{i-1}) \; , \quad B < 1 \; . \tag{3}$$

Die Wirkung erneuten Memorierens ist demnach ein konstanter Bruchteil des Fortschrittes, der in der Lernphase davor erzielt wurde. Man leitet daraus folgende Lernfunktion ab, die bei Tack (1976) "lineares Modell" heißt:

$$\pi_{i+1} = A + B\cdot\pi_i \; . \tag{4}$$

Diese Funktion erfüllt (3):

$$\pi_{i+1} - \pi_i = A + B\cdot\pi_i - (A + B\cdot\pi_{i-1}) = B\cdot(\pi_i - \pi_{i-1}) \; .$$

Über die beiden Parameter A und B können folgende Aussagen gemacht werden: π_{i+1} ist eine Wahrscheinlichkeit, d.h. es muß $A + B\cdot\pi_i \leq 1$ sein. Wegen (2) muß zugleich zutreffen, daß $A + B\cdot\pi_i \geq \pi_i$. Beide Aussagen müssen auch dann noch gelten, wenn Perfektion erreicht wird, also bei $\pi = 1$. Aus

$$A + B\cdot 1 \leq 1 \quad \text{und} \quad A + B\cdot 1 \geq 1$$

folgt: $A + B = 1$ und $A = 1 - B$. Die Lernfunktion (4) hat jetzt die Form:

$$\pi_{i+1} = (1 - B) + B \cdot \pi_i \ . \tag{4}$$

Wir dürfen davon ausgehen, daß vor dem ersten Memorieren die Wahrscheinlichkeit einer richtigen Reaktion null ist. Mit $\pi_0 = 0$ entwickeln wir:

$$\begin{aligned}
\pi_1 &= (1 - B) \ , \\
\pi_2 &= (1 - B) + B\cdot(1 - B) \ , \\
\pi_3 &= (1 - B) + B\cdot(1 - B) + B^2\cdot(1 - B) \ , \\
&\ \vdots \\
\pi_i &= (1 - B) + B\cdot(1 - B) + \ldots + B^{i-1}\cdot(1 - B) \\
&= 1 - B + B - B^2 + \ldots - B^{i-1} + B^{i-1} - B^i \ ,
\end{aligned}$$

und erhalten die folgende einparametrige Lernfunktion:

$$\boxed{\pi_i = 1 - B^i \ , \quad i = 0, 1, 2, \ldots} \ . \tag{5}$$

Da B kleiner als 1 ist, hat π_i den Grenzwert:

$$\pi_\infty = \lim_{i\to\infty} \pi_i = \lim_{i\to\infty} (1 - B^i) = 1 \ .$$

Es stellt sich also asymptotisch Perfektion ein. Je weniger B sich von 1 unterscheidet, desto mehr Wiederholungen sind notwendig, ehe Perfektion erreicht wird: B wird also umso größer sein, je länger die Vokabelliste ist und je mehr Wiederholungen der Schüler nötig hat, damit die Wahrscheinlichkeit einer richtigen Reaktion einen vorgegebenen Wert erreicht. B wächst mit der Länge der Vokabelliste von 0 gegen 1; B wächst dabei umso langsamer, je entwickelter die Lernfähigkeit des Schülers ist. Wir schreiben: $B = B(n,\nu)$. Dabei ist n die Anzahl der Vokabeln, die gelernt werden sollen, und ν eine bestimmte Person.

Wir formulieren nun das folgende, durchaus prüfbare Prinzip: Zwei Personen unterschiedlicher Lernfähigkeit erzielen mit Vokabellisten unterschiedlicher Länge dieselbe Lernfunktion, d.h. denselben Parameter B, wenn

$$n_1 : n_2 = k_1 : k_2 \ ,$$

wobei k_1 und k_2 die Lernfähigkeit der beiden Personen darstellen. Beträgt die Lernfähigkeit der Person 1 das c–fache der Lernfähigkeit der Person 2, so erzielen die beiden gleiche Lernfunktionen mit Vokabellisten, deren eine die c–fache Länge der anderen hat. Die Verknüpfung der beiden Variablen n und k in B muß einerseits diese Eigenschaft aufweisen, andererseits muß B mit wachsendem n gegen 1 streben. Eine Funktion, welche beides leistet, ist die folgende:

$$B(n,\nu) = \frac{n}{n + k_\nu} \; , \; k_\nu \geq 0 \; . \tag{6}$$

Die Lernfunktion (5) nimmt mit (6) folgende Gestalt an:

$$\boxed{\pi_{i,\nu} = 1 - \left(\frac{n}{n + k_\nu}\right)^i} \; . \tag{7}$$

Tab.X.3: Werte des Parameters B bei verschiedenen Längen n der Vokabellisten und Personen unterschiedlicher Lernfähigkeit.

n	1	2	10	20	50	100	1000
$k_1 = 2$	0,33	0,50	0,83	0,91	0,96	0,98	0,998
$k_2 = 10$	0,09	0,17	0,50	0,67	0,83	0,91	0,99

Beide Personen erzielen gleiche Lernfunktionen, wenn die Vokabelliste von Person 1 gerade 1/5 der Länge jener Liste hat, die Person 2 erhält. Wir betrachten $B(20,1) = B(100,2) \approx 0{,}91$. Wieviele Wiederholungen benötigen beide, um jeweils die Hälfte der Vokabeln ihrer Liste richtig aufzusagen? Wir setzen in (7) ein:

$$0{,}5 = 1 - 0{,}91^i \; ,$$

und lösen nach i auf:

$$i = \frac{\ln 0{,}5}{\ln 0{,}91} \approx 7{,}4 \; .$$

Beide benötigen also 7 – 8 Wiederholungen; Person 1 übersetzt dann 10 Vokabeln richtig, Person 2 dagegen 50.

Hat man $B(n,\nu)$ einmal bestimmt, so kann man auch die Lernfähigkeit der Person ν messen, da die Länge der Vokabelliste bekannt ist. Man löst (6) nach k_ν auf und erhält:

$$k_\nu = n \cdot \frac{1 - B(n,\nu)}{B(n,\nu)} \; .$$

Man sollte also bei ein und derselben Person ν mit Vokabellisten unterschiedlicher Länge n denselben Meßwert k_ν erhalten, soferne das Vokabellernen nicht selbst gelernt wird.

⋄⧫◆⧫⋄

Wir wollen zuletzt eine Methode darstellen, mit der man den Parameter B wirksam schätzt. Man gehe von der Lernfunktion (4): $\pi_{i+1} = (1-B) + B\cdot\pi_i$ auf die Funktion: $1-\pi_{i+1} = (1-\pi_i)\cdot B$ über und ersetze die Wahrscheinlichkeiten π durch relative Häufigkeiten, die man in Experimenten gewonnen hat. Das führt auf folgendes Gleichungssystem:

$$\begin{bmatrix} 1-p_1 \\ 1-p_2 \\ \cdot \\ \cdot \\ \cdot \\ 1-p_r \end{bmatrix} = \begin{bmatrix} 1-p_0 \\ 1-p_1 \\ \cdot \\ \cdot \\ \cdot \\ 1-p_{r-1} \end{bmatrix} \cdot B + \begin{bmatrix} e_1 \\ e_2 \\ \cdot \\ \cdot \\ \cdot \\ e_r \end{bmatrix} . \tag{8}$$

Da man die mit einem Fehler behaftete Größe $1-p_{i-1}$ verwendet, um $1-p_i$ zu berechnen, überträgt sich deren Fehler auf den Rechenwert $(1-p_{i-1})\cdot B$, während der Meßwert $(1-p_i)$ selbst wieder mit einem Fehler e_i behaftet ist. Fortlaufende Anwendung von B führt daher auf folgende Fehlerketten:

$$\begin{aligned} 1-p_1 &= (1-p_0)\cdot B + e_1 , \\ 1-p_2 &= (1-p_1)\cdot B + e_2 = (1-p_0)\cdot B^2 + e_1 B + e_2 , \\ 1-p_3 &= (1-p_2)\cdot B + e_3 = (1-p_0)\cdot B^3 + e_1 B^2 + e_2 B + e_3 , \text{ usw.} \end{aligned}$$

Da $p_0 = \pi_0 = 0$ gesetzt werden darf, ergibt sich für $1-p_i$:

$$1-p_i = B^i + e_1 B^{i-1} + e_2 B^{i-2} + \ldots + e_i . \tag{9}$$

Die Fehler e_i lassen sich mit Hilfe der Binomialverteilung genauer charakterisieren. Für $e_k = 1-p_k-(1-\pi_k) = -(p_k-\pi_k)$ gilt: $E\, e_k = 0$; $\operatorname{Var} e_k \equiv \equiv \sigma_k^2 = \frac{1}{n}(1-\pi_k)\cdot\pi_k$; die Fehler sind unabhängig, d.h. sie haben Kovarianzen $\operatorname{Kov} e_j, e_k = 0$, $k \neq j$. Mit (9) folgert man:

$$\boxed{E\,(1-p_i) = B^i} . \tag{10}$$

Für die Varianz von $1-p_i$ erhält man mit (9) und (10):

$$\mathrm{Var}(1-\mathbf{p}_i) = E(1-\mathbf{p}_i)^2 - E^2(1-\mathbf{p}_i)$$

$$= B^{2i} + \sigma^2 \cdot B^{2i-2} + \sigma^2 \cdot B^{2i-4} + \ldots. + \sigma^2 \cdot B^{2i-2i} - B^{2i} ,$$

also

$$\boxed{\mathrm{Var}(1-\mathbf{p}_i) = \sum_{k=1}^{i} \sigma_k^2 \cdot B^{2(i-k)}} \quad . \tag{11}$$

Die Kovarianz von $(1-p_i)$ und $(1-p_j)$, wobei $i < j$ vorausgesetzt wird, hat folgende Struktur:

$$\mathrm{Kov}\,(1-\mathbf{p}_i),(1-\mathbf{p}_j) = E\,(1-\mathbf{p}_i)(1-\mathbf{p}_j) - E\,(1-\mathbf{p}_i) \cdot E\,(1-\mathbf{p}_j)$$

$$= B^{i+j} + \sigma_1^2 \cdot B^{i+j-2} + \sigma_2^2 \cdot B^{i+j-4} + \ldots + \sigma_i^2 \cdot B^{i+j-2i} - B^i \cdot B^j,$$

also

$$\boxed{\mathrm{Kov}\,(1-\mathbf{p}_i),(1-\mathbf{p}_j) = \sum_{k=1}^{i} \sigma_k^2 \cdot B^{i+j-2k}} \quad . \tag{12}$$

Mit (11) und (12) baut man nun die Varianz–Kovarianzmatrix **M** der Zufallsvariablen $(1-\mathbf{p}_i)$, $i = 1, \ldots, r$ auf. Wir geben sie für $r = 4$ an:

$$\begin{bmatrix} \sigma_1^2 & \sigma_1^2 B & \sigma_1^2 B^2 & \sigma_1^2 B^3 \\ & \sigma_1^2 B^2 + \sigma_2^2 & \sigma_1^2 B^3 + \sigma_2^2 B & \sigma_1^2 B^4 + \sigma_2^2 B^2 \\ & & \sigma_1^2 B^4 + \sigma_2^2 B^2 + \sigma_3^2 & \sigma_1^2 B^5 + \sigma_2^2 B^3 + \sigma_3^2 B \\ & & & \sigma_1^2 B^6 + \sigma_2^2 B^4 + \sigma_3^2 B^2 + \sigma_4^2 \end{bmatrix}$$

Dabei ist, wie schon erwähnt,

$$\sigma_k^2 = \tfrac{1}{n}\,(1-\pi_k)\,\pi_k \,, \quad k = 1, \ldots., 4 \,,$$

und n die Länge der Vokabelliste.

Man transformiert nun die Matrix **M** in ihre Diagonalform:

$$\mathbf{F}'\,\mathbf{M}\,\mathbf{F} = \mathbf{D} \quad .$$

D ist die Diagonalmatrix der Eigenwerte von **M**, die Spalten von **F** stellen die zu den Eigenwerten gehörenden Eigenvektoren dar. Es gilt $\mathbf{F'F} = \mathbf{FF'} = \mathbf{I}$ (Einheitsmatrix). Damit gewinnt man folgende Darstellung von **M**:

$$\mathbf{M} = \mathbf{F\,D\,F'} = (\mathbf{F\,D}^{1/2}) \cdot (\mathbf{D}^{1/2}\,\mathbf{F'}) \ .$$

Nun bilde man $\mathbf{D}^{1/2}\cdot\mathbf{F'} = \mathbf{P'}$. Man überzeugt sich unschwer, daß $\mathbf{P\,P'} = \mathbf{F\,D}^{-1}\,\mathbf{F} = \mathbf{M}^{-1}$, wobei $\mathbf{M}^{-1}$ die zur Momentenmatrix $\mathbf{M}$ inverse Matrix darstellt.

Mit $\mathbf{P}$ wird das Gleichungssystem (8) in ein anderes umgewandelt:

$$\underbrace{\mathbf{P'}\begin{bmatrix} 1-p_1 \\ 1-p_2 \\ \vdots \\ 1-p_r \end{bmatrix}}_{\tilde{\mathbf{q}}} = \underbrace{\mathbf{P'}\begin{bmatrix} 1-p_0 \\ 1-p_1 \\ \vdots \\ 1-p_{r-1} \end{bmatrix}}_{\tilde{\mathbf{A}}} \cdot B + \underbrace{\mathbf{P'}\begin{bmatrix} e_1 \\ e_2 \\ \vdots \\ e_r \end{bmatrix}}_{\tilde{\mathbf{e}}} \tag{13}$$

Die Varianz-Kovarianzmatrix, die zu $\tilde{\mathbf{q}}$ gehört, ist $\sigma^2\cdot\mathbf{I}$; die Werte von $\tilde{\mathbf{q}}$ stellen also unkorrelierte Zufallsvariablen gleicher Varianz dar. Man überzeugt sich nämlich, daß:

$$\mathrm{E}\,[\tilde{\mathbf{q}} - \mathrm{E}\,\tilde{\mathbf{q}}]'[\tilde{\mathbf{q}} - \mathrm{E}\,\tilde{\mathbf{q}}] = \mathbf{P'\,M\,P} = \mathbf{D}^{-1/2}\,\mathbf{F'}\cdot\mathbf{F\,D}^{1/2}\cdot\mathbf{D}^{1/2}\,\mathbf{F'}\cdot\mathbf{F\,D}^{-1/2} = \mathbf{I} \ .$$

Man gewinnt nun einfach den Kleinstquadratschätzer für B:

$$\hat{B} = (\tilde{\mathbf{A}}'\,\tilde{\mathbf{A}})^{-1} \cdot \tilde{\mathbf{A}}' \cdot \tilde{\mathbf{q}} \ . \tag{14}$$

Dieser Schätzer von B hat die Varianz:

$$\mathrm{Var}\,\hat{B} = \sigma^2 \cdot (\tilde{\mathbf{A}}'\,\tilde{\mathbf{A}})^{-1} \ , \tag{15}$$

wobei man σ^2 wie folgt schätzt:

$$s^2 = \frac{1}{r-1} \cdot \tilde{\mathbf{e}}'\,\tilde{\mathbf{e}} \ . \tag{16}$$

Die Elemente (11) und (12) der Varianz-Kovarianzmatrix $\mathbf{M}$ müssen, wie schon früher bei verschiedenen Gelegenheiten (Beispiel I.2, Kapitel IV.4 und V.5) iterativ gewonnen werden: an die Stelle der σ_k^2 setze man fürs erste:

$$\sigma_{k0}^2 = \tfrac{1}{n}(1-p_k)\,p_k \ ,$$

und an die Stelle von B:

$$B_0 = \frac{\Sigma\,(1-p_i)\ (1-p_{i-1})}{\Sigma\,(1-p_{i-1})^2} \ , \tag{17}$$

das ist der Kleinstquadratschätzer von B, den man aus (8) gewinnt, wenn man die Tatsache ignoriert, daß die Zufallsvariablen $(1 - p_i)$ ungleiche Varianzen haben und korreliert sind.

Hat man einmal $\hat{B}$ entsprechend (14) gewonnen, so kann man die Wahrscheinlichkeit der Differenzen $p_i - \pi_i$ angeben: Zu p_i kommt (14): $\pi_i = (1 - \hat{B}) + \hat{B}p_{i-1}$. Die Differenz $p_i - \pi_i$ hat eine Wahrscheinlichkeit, die gleich ist der Wahrscheinlichkeit, mit der p_i auftritt, wenn π_i der Parameter einer Binomialverteilung ist, deren zweiter Parameter n durch die Länge der Vokabelliste gegeben ist.

$$\Pr(p_i - \pi_i) = \Pr(p_i) = \binom{n}{np_i} \pi_i^{np_i} (1 - \pi_i)^{n(1-p_i)} . \tag{18}$$

Man kann daher bei jeder der Wahrscheinlichkeiten $\pi_1, \pi_2, \ldots, \pi_r$ ein Intervall zur Sicherheit $S = 1-\alpha$ angeben:

$$\Pr(\pi_i - \varepsilon < p_i < \pi_i + \varepsilon) = 1 - \alpha .$$

Dann sollte die Anzahl von Punkten $(p_{i-1} | p_i)$, die in r Versuchen außerhalb dieses Intervalls zu liegen kommen, nicht größer sein als $r \cdot \alpha$.

TEIL D

SIMULATION VON VERHALTEN

"... – aber haben wir die Geheimnisse des Sichtbaren erschöpft? Der Positivismus und der Naturalismus lieferten doch nur grobe Ausschnitte, nur Oberflächenreliefs. Hier läßt sich ansetzen. Im Sichtbaren sind alle Hinweise auf den unsichtbaren Plan. Und daß ein solcher vorhanden ist, muß an Modellen nachzuweisen sein. Dem gelten die Versuche, die Hieroglyphen-sprache zu verschmelzen mit der Sprache der Vernunft..."

ERNST JÜNGER (1988): Strahlungen I.

KAPITEL XI: PROBABILISTISCHE GESETZE DER REAKTION

In den vorangegangenen Kapiteln wurde die Reaktion als Funktion der Reiz- und der Organismusbedingung betrachtet:

$$R = f(S \mid \xi) \ . \tag{1}$$

S und ξ stehen für die Reiz- bzw. Organismusvariablen. Die Funktion f zeigt an, wie die Reaktion R sich mit diesen beiden Bedingungen verändert. In zahlreichen Fällen konnten wir ihren Charakter mit Hilfe von Beobachtungen erkennbar machen. Plausibilitätsbetrachtungen, Randbedingungen, gesunder Menschenverstand halfen dann in einigen Fällen, formalisierte Gesetze der Reaktion aufzustellen, also die Ursachen beobachteten Verhaltens zu erklären. Solche formalisierten Gesetze lassen sich in Computerprogramme umsetzen, man kann mit ihnen Verhalten "simulieren". Das gibt ihnen in den Augen mancher Zeitgenossen den Anschein von Modellen als Vorbilder, nach denen sich das Verhalten quasi "richtet". Allerdings trifft dies nicht gleichermaßen auf alle Gesetze der Reaktion zu. BOSSEL (1989) unterscheidet "statistische" von "strukturtreuen" Modellen. Bei ersteren wird die Beziehung zwischen S und R durch Korrelation und Regression hergestellt, ohne daß dabei strukturelle Beziehungen zwischen Reiz und Reaktion eine Rolle spielen. Davon unterscheidet er die "strukturtreuen Modelle". Die Funktionen ihrer Elemente sind denen des realen Systems nachgebildet. Parameterwerte müssen deshalb identifizierbaren Größen des realen Systems entsprechen und unterscheiden sich dadurch von Regressions- und Korrelationsparametern, die keine solche Entsprechung aufweisen. Modelle dieser Art müssen sich aber durch "Strukturtreue", also Übereinstimmung der Strukturen, auszeichnen.

Wir glauben im Gegensatz zu BOSSEL, daß unsere Chancen, Licht ins Dunkel der "black box" zu bringen, nicht überschätzt werden sollten. Trotzdem begnügen wir uns nicht mit der bloßen "empirischen Gültigkeit" unserer formalisierten Gesetze, sondern verbinden mit jedem einen Geltungsbereich, der weiter ist als der Beobachtungsbereich. Konkret meinen wir damit folgendes: Anstelle von R in (1) beobachten wir R*:

$$R^* = R + \underbrace{[R^* - f(S \mid \xi)]}_{e} \ , \tag{2}$$

wobei e, das Residuum, die Größe haben sollte, die aufgrund der jeweiligen Fehlertheorie zu erwarten ist, und keine andere. Dies verstehen wir unter "empirischer Gültigkeit". Residuen können den Blick auf den Geltungsbereich nicht verstellen. Haben wir etwa

$$R_1 = f(S \mid \xi_1) \quad \text{und} \quad R_2 = f(S \mid \xi_2)$$

gefunden, und können wir durch einen experimentellen Eingriff ξ_2 so verändern, daß es ξ_1 gleich wird, so erwarten wir, daß auch $R_2 = R_1$ eintritt, allerdings mit der Unschärfe, welche durch die Größe der Residuen vorherbestimmt ist. Wir erwarten, um eine Bezeichnung von Bossel zu gebrauchen, von unseren formalisierten Gesetzen "Verhaltensgültigkeit": Treten unter gewissen Umständen Verbindungen zwischen S und R auf, die sich mit dem formalisierten Gesetz nicht bilden lassen, so sehen wir dessen Geltungsbereich enger gesteckt, als wir zunächst vermutet hatten und werden seine Revision ins Auge fassen.

Ich glaube, daß wir mit dieser Strategie der fortschreitenden Revision aufgrund neuer Erfordernisse einen Grad von Gültigkeit formalisierter Gesetze erzielen können, der mit "strukturtreuen" Modellen zwar angestrebt, aber nicht erreicht wird: diese Modelle bilden schließlich nicht das Innere der "black box" strukturtreu ab, sondern bestenfalls die Vorstellung, die jemand sich von diesem Inneren macht.

Ich glaube ferner, daß nicht einmal ein formalisiertes Gesetz von außerordentlicher Verhaltensgültigkeit Spekulationen über seine "Strukturtreue" rechtfertigt. Reichenbach (1951) und Popper (1959) haben klar gemacht, daß die Verifikation eines Gesetzes bei jeder Anwendung in Form der Übereinstimmung des Rechenwertes $f(S \mid \xi)$ mit dem Beobachtungswert R^* neu gelingt – oder scheitert: Die oftmalige und vielseitige Bewährung beweist nicht die "Strukturtreue" eines Gesetzes und stellt aus diesem Grunde auch keine Bürgschaft für seine künftige Bewährung dar.

◆ ◆ ◆

Wir wollen uns nun den Gesetzen der Reaktion zuwenden, die von Bossel (1989) als "statistische Modelle" bezeichnet werden. Statistik und Wahrscheinlichkeitstheorie treten bei deren Erforschung an zwei verschiedenen Stellen in Funktion: Einerseits erzeugen Fehler der Beobachtung oder

Messung sowie mangelhafte Kontrolle der maßgeblichen Variablen Abweichungen der Beobachtungswerte R* von den Rechenwerten $f(S \mid \xi)$, wodurch das Bild von f entstellt wird. Wir können diese, in (2) beschriebenen Residuen nicht vermeiden, sondern nur mit den Mitteln der statistischen Fehlerrechnung ausgleichen, um das Bild von f soweit als möglich erkennbar zu machen. Andererseits ist Verhalten kein Geschehen von deterministischem Charakter: Die Reaktionen von Lebewesen sind zufällige Ereignisse, die bei gleichen Reiz- und Organismusbedingungen nur mit einer gewissen Wahrscheinlichkeit gleich ausfallen. Die Messung der Reaktionsparameter ist mit einem Fehler behaftet, der nicht vom Messenden, sondern von dem der Messung unterliegenden System selbst verursacht wird. Das Simulieren von Verhalten wird aus diesem Grunde zu einem gewissen Teil Simulieren der Zufälligkeit von Verhalten sein müssen. Kennen wir, um ein Beispiel zu zitieren, einmal die Wahrscheinlichkeit, mit der eine gewisse Reizintensität von einer Untersuchungsperson wahrgenommen wird, so können wir das Verhalten dieser Person, das hier aus den Äußerungen "wahrgenommen" bzw. "nicht wahrgenommen" besteht, auch schon mit einem Vorrat von "binomisch verteilten Zufallszahlen" simulieren. Nach einer ausreichenden Anzahl von Simulationen sollten wir in etwa jene Häufigkeit von "Wahrnehmungsreaktionen" erzielt haben, die festgestellt wird, wenn man das Wahrnehmungsexperiment mit der Person selbst ebensooft durchführt.

Mit Hilfe interagierender Gesetze der Reaktion kann man auch komplexe Verhaltensweisen simulieren. Versuche dieser Art werden bei DUTTON und STARBUCK (1971) beschrieben.

XI.1: Erzeugen von Zufallszahlen

Wenn man sagt, "Zufallszahlen weisen die Verteilung V auf", so stimmt das in den seltensten Fällen mit der Wirklichkeit überein. Es handelt sich nämlich um eine verkürzte Darstellung eines anderen Sachverhaltes, dem zufolge diese Zahlen auf eine Weise gewonnen werden, die gewährleistet, daß eine große Anzahl von ihnen asymptotisch die Verteilung V aufweist.

Am einfachsten ist es, gleichverteilte Zufallszahlen zu erzeugen: man gewinnt sie durch "statistische Versuche" mit einem rouletteartigen Instrument, einem Würfel oder einer Walze. Das ist mühsam. Daher überläßt man es dem Computer, sie mit Hilfe gewisser Prozeduren zu erzeugen. Solcherart gewonnene Zahlen nennt man Pseudozufallszahlen. Manche Prozeduren weisen Defekte in dem Sinne auf, daß auch große Mengen von mit ihnen produzierten Zufallszahlen sich der vorgegebenen Verteilung nicht anschmiegen. Man lese diesbezüglich bei Mihram (1972), Rubinstein (1981), Attlersbach et al. (1986), Ripley (1987) nach.

Gleichverteilte Zufallszahlen können mit Hilfe geeigneter Transformationen in Zufallszahlen umgewandelt werden, die eine andere, vorgegebene Verteilung aufweisen. Es genügt daher, daß man imstande ist, gleichverteilte Zufallszahlen zu erzeugen.

Die Transformation, die im konkreten Fall erforderlich ist, findet man auf folgende Weise: Sei **X** eine Zufallsvariable mit Verteilungsfunktion F_x. Nun erzeugt man durch die Transformation

$$y = F_x \tag{3}$$

eine andere Zufallsvariable, welche die Grenzen $0 \leq y \leq 1$ hat. Diese Zufallsvariable besitzt die Verteilungsfunktion $F_y = y$, ist also über $[0,1]$ gleichverteilt. Davon überzeugt man sich auf einfache Weise:

$$F_y(y_0) \overset{(1)}{=} \Pr(y \leq y_0) \overset{(2)}{=} \Pr(\mathbf{F}_x \leq y_0) \overset{(3)}{=} \Pr[\mathbf{X} \leq F^{-1}(y_0)] \overset{(4)}{=} F_x F_x^{-1}(y_0) = y_0 \ .$$

Es ist daher tatsächlich

$$\boxed{F_y(y_0) = y_0} \ . \tag{4}$$

(1) $F_y(y_0) = \Pr(y \leq y_0)$ definiert die Verteilungsfunktion von y.

(2) y wird durch F_x ersetzt: $y = F_x$.

(3) Das "Urbild" von F_x ist x. Die Wahrscheinlichkeit, mit der F_x Werte annimmt, die kleiner / gleich y_0 sind, gleicht der Wahrscheinlichkeit, mit der die Urbilder von F_x kleiner / gleich dem Urbild von y_0 sind.

(4) $F_x^{-1}(y_0) = x_0$: x_0 ist nämlich jenes Urbild von y_0, dessen Abbild durch F_x gerade y_0 ist.

Mit dem Ergebnis (4) erzeugt man auf sehr einfache Weise Zufallszahlen x, welche die Verteilungsfunktion F_x besitzen, sich also "wie **X** verteilen":

Man entnimmt einem Vorrat gleichverteilter Zufallszahlen (z.B. der Tab. A des Anhanges) eine Zahl y_0 und löst (3) nach x auf:

$$\boxed{F_x^{-1}(y_0) = x_0} \quad . \qquad (5)$$

Eine große Anzahl solcherart gewonnener Zufallszahlen x_0 hat asymptotisch die Verteilungsfunktion F_x.

Wie man Zufallszahlen für gewisse Verteilungen tatsächlich gewinnt, wird nun an einzelnen Beispielen demonstriert.

(1) Zufallszahlen diskreter Zufallsvariablen

Die Verteilungsfunktion diskreter Zufallsvariablen ist treppenförmig. Daraus ergibt sich eine "Zerlegung" von y, die in Abb.XI.1 veranschaulicht wird.

Abb.XI.1: Verteilungsfunktion einer diskreten Zufallsvariablen.

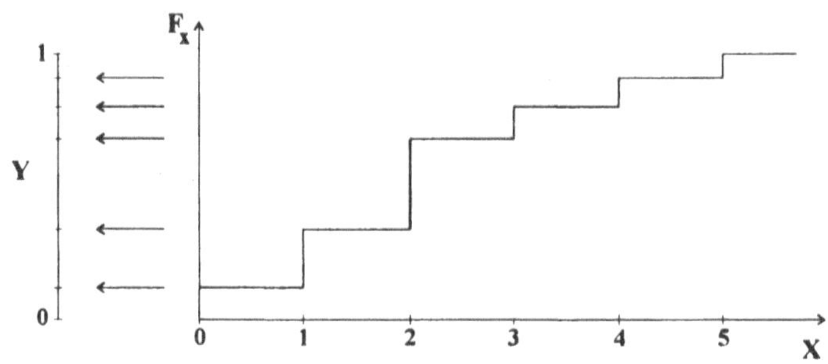

Die Zufallsvariable (3): $y = F_x$ wird durch die Treppenfunktion in Intervalle I_k zerlegt, deren Breite gleich ist der Sprunghöhe von F_x an der Stelle $\mathbf{X} = k$. Daher gilt:

$$\Pr(y_{k-1} < \mathbf{Y} \leq y_k) = F_x(k) - F_x(k-1) = \Pr(\mathbf{X} = k) \ . \qquad (6)$$

Die Wahrscheinlichkeit des Ereignisses $\mathbf{X} = k$ ist somit gleich der Wahrscheinlichkeit, einer gleichverteilten Zufallsvariablen eine Zahl y_0 zu entnehmen, für die gilt:

$$y_{k-1} < y_0 \leq y_k \ . \qquad (7)$$

Zufallszahlen, welche "wie **X** verteilt" sind, gewinnt man somit folgendermaßen: Man entnimmt einem Vorrat von gleichverteilten Zufallszahlen wahllos eine Zahl y_0; trifft auf diese (7) zu, so ersetzt man sie durch k. Solcherart gewonnene Zahlen sind dann "verteilt wie **X**".

Beisp.XI.1: Man erzeuge Zufallszahlen, welche eine Binomialverteilung mit Parameter n = 5 und π = 0,3 aufweisen:

$$\Pr(\mathbf{X} = k) = \binom{5}{k} \cdot 0{,}3^k \cdot 0{,}7^{5-k} \quad , \; k = 0, 1, \ldots, 5 \, .$$

x	0	1	2	3	4	5
100· Pr(**X** = k)	16,81	36,02	30,87	13,23	2,83	0,24
100· F_x	16,81	52,83	83,70	96,93	99,76	100
$y_{k-1} < y_0 \leq y_k$	01-16	17-52	53-83	84-96	97-99	00
k	0	1	2	3	4	5

In der vorletzten Zeile der Tabelle sind die Bereiche von zweistelligen Zufallszahlen angegeben, denen entsprechend den Erörterungen in Verbindung mit (7) jeweils der Wert **X** = k zugeordnet wird, der in der letzten Zeile angeführt ist.

Nun entnehmen wir der Tabelle **A** des Anhanges zweistellige Zufallszahlen (z.B. die der ersten Zeile) und ordnen sie ihrem k zu (Wert in Klammer):

10 (0) 09 (0) 72 (2) 25 (1) 33 (1) 76 (2) 52 (1) 01 (0)
35 (1) 86 (3) 34 (1) 67 (2) 35 (1) 48 (1) 76 (2) 80 (2)
95 (3) 90 (3) 91 (3) 17 (1) 39 (1) 29 (1) 27 (1) 49 (1)
45 (1) .

Diese 25, nach den Parametern n = 5 und π = 0,3 binomisch verteilten Zufallszahlen bilden folgende Verteilung:

k	0	1	2	3	4	5	Σ
h_k	3	13	5	4	0	0	25
25·Pr(**X**=k)	4,20	9,01	7,72	3,31	0,70	0,06	25

Die Häufigkeiten, welche diese 25 Zufallszahlen aufweisen, unterscheiden sich von den Erwartungswerten, welche in der letzten Zeile obiger Tabelle angegeben sind. Die Behauptung, es handle sich um 25, nach den Parametern $n = 5$ und $\pi = 0{,}3$ binomische verteilte Zufallszahlen, bedeutet also, daß die Häufigkeiten Erwartungswerte haben, die dieser Verteilung entsprechen: $E(\mathbf{h}_k) = 25 \cdot Pr(\mathbf{X} = k)$.

(2) Zufallszahlen stetiger Zufallsvariablen

Beisp.XI.2: Sei **Z** standardnormalverteilt mit Verteilungsfunktion $\phi(z)$. Dann ist entsprechend (3) und (4) $y = \phi(z)$ eine stetige Zufallsvariable, die über [0,1] gleichverteilt ist. Man suche aus einem Vorrat gleichverteilter Zufallszahlen wahllos eine Zahl y_0 aus und bilde $\phi^{-1}(y_0) = z_0$ (man suche in der Normalverteilungstabelle **B** den Wert z_0 auf, der y_0 entspricht). Es gilt

$$\mathbf{Z}_0 \sim N(0,1) \ ,$$

d.h. z_0 ist eine "standardnormalverteilte Zufallszahl". Man verwendet in der Regel dreistellige Zufallszahlen von 001 bis 999, die man als $y_0 = 0{,}001$ bis $y_0 = 0{,}999$ deutet. Dabei schneidet man von der Normalverteilung unten und oben kleine Stücke ab. Das kann man hinnehmen, es sei denn, die Verteilung extremer Werte der Normalverteilung ist Gegenstand der Simulation.

In der Tab. **A** des Anhanges findet man in der 5. Zeile von unten folgende Dreierblöcke von Zufallszahlen, die wir als y_0 anschreiben:

y_0	0,740	0,294	0,390	0,277	0,557	0,322	0,709	0,779	0,017	0,119
z_0	0,643	-0,542	-0,279	-0,592	0,143	-0,462	0,550	0,769	-2,120	-1,180

In der zweiten Zeile stehen die z–Werte, die man in der Normalverteilungstabelle zu den angegebenen y–Werten findet. Ist $y_0 < 0{,}500$, so erhält man $z_0 = -\phi^{-1}(1-y_0)$.

Sollen die Zahlen einer Normalverteilung mit vorgegebenen Parametern gehorchen, also z.B. $\mathbf{X} \sim N(\mu,\sigma^2)$, so ermittelt man zunächst standardnormalverteilte Zufallszahlen z_0 und gewinnt $x_0 = \mu + \sigma \cdot z_0$.

(3) Bivariat normalverteilte Zufallszahlen

Man benötigt für die Simulation von Streudiagrammen oder der Stichprobenverteilung des Korrelationskoeffizienten bivariat normalverteilte Zufallszahlen, also Paare von normalverteilten Zufallszahlen, die Mittelwerte und Varianzen sowie eine Kovarianz von vorgegebener Größe aufweisen. Man geht also von folgendem Zufallsvektor aus:

$$<\mathbf{X},\mathbf{Y}> \sim N\left[(\mu_x,\mu_y);\ \begin{pmatrix}\sigma_x^2 & \sigma_{xy}\\ \sigma_{yx} & \sigma_y^2\end{pmatrix}\right]. \qquad (8)$$

μ_x, μ_y ... Mittelwerte; σ_x^2, σ_y^2 ... Varianzen, $\sigma_{xy} = \sigma_{yx}$... Kovarianz von **X** und **Y**.

Die Objekte werden anhand ihrer x- und y-Werte als Punkte in das folgende Koordinatensystem eingetragen:

Abb.XI.2:

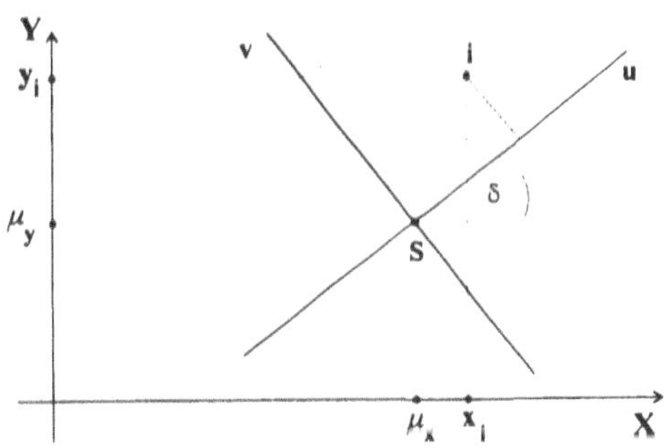

Man führt zunächst eine Parallelverschiebung des Koordinatensystems in den Schwerpunkt S durch. Die Objekte haben nun die Koordinaten $(x-\mu_x)$, $(y-\mu_y)$. Dann führt man eine Koordinatentransformation durch:

$$\begin{aligned} u &= (x-\mu_x)\cos\delta + (y-\mu_y)\sin\delta\,,\\ v &= -(x-\mu_x)\sin\delta + (y-\mu_y)\cos\delta\,. \end{aligned} \qquad (9)$$

Der Drehwinkel δ wird dabei so gewählt, daß die Komponenten **U**, **V** voneinander unabhängig werden, also eine Kovarianz von null aufweisen. Dies erreicht man mit einem Drehwinkel, der folgendermaßen bestimmt wird:

$$\tan 2\,\delta = 2\cdot \frac{\sigma_{xy}}{\sigma_x^2 - \sigma_y^2}\,. \tag{10}$$

Die Transformation (9) mit durch (10) bestimmtem Drehwinkel nennt man "Hauptachsentransformation". Der Zufallsvektor **<U,V>** ist ebenfalls bivariat normalverteilt:

$$\langle \mathbf{U},\mathbf{V} \rangle \sim N\left[(0,0);\ \begin{pmatrix} \sigma_u^2 & 0 \\ 0 & \sigma_v^2 \end{pmatrix}\right], \tag{11}$$

wobei die Varianzen σ_u^2, σ_v^2 folgende Darstellung besitzen:

$$\begin{aligned} \sigma_u^2 &= \tfrac{1}{2}\,(\sigma_x^2 + \sigma_y^2) + \tfrac{1}{2}\sqrt{(\sigma_x^2 - \sigma_y^2)^2 + 4\,\sigma_{xy}^2}\,, \\ \sigma_v^2 &= \tfrac{1}{2}\,(\sigma_x^2 + \sigma_y^2) - \tfrac{1}{2}\sqrt{(\sigma_x^2 - \sigma_y^2)^2 + 4\,\sigma_{xy}^2}\,. \end{aligned} \tag{12}$$

Nun standardisiert man die beiden Komponenten:

$$\frac{u - 0}{\sigma_u} = z_1\,, \quad \frac{v - 0}{\sigma_v} = z_2\,.$$

Der Vektor $\langle \mathbf{Z}_1,\mathbf{Z}_2 \rangle$ besitzt eine bivariate Standardnormalverteilung mit unabhängigen Komponenten:

$$\langle \mathbf{Z}_1,\mathbf{Z}_2 \rangle \sim N\left[(0,0);\ \begin{pmatrix} 1 & 0 \\ 0 & 1 \end{pmatrix}\right]. \tag{13}$$

Zur Gewinnung bivariat normalverteilter Zufallszahlen benötigt man nun noch die Umkehrung der Transformation (9): Aus

$$\begin{bmatrix} u \\ v \end{bmatrix} = \underbrace{\begin{bmatrix} \cos & \sin \\ -\sin & \cos \end{bmatrix}}_{\mathbf{A}} \begin{bmatrix} x-\mu_x \\ y-\mu_y \end{bmatrix}$$

folgt:

$$\underbrace{\begin{bmatrix} \cos & -\sin \\ \sin & \cos \end{bmatrix}}_{\mathbf{A}^{-1}} \begin{bmatrix} u \\ v \end{bmatrix} = \begin{bmatrix} x-\mu_x \\ y-\mu_y \end{bmatrix}. \tag{14}$$

Man überzeuge sich, daß $\mathbf{A}\cdot\mathbf{A}^{-1} = \begin{bmatrix} 1 & 0 \\ 0 & 1 \end{bmatrix}$, $\mathbf{A}^{-1}$ also die zu $\mathbf{A}$ inverse Matrix ist.

Nun ergibt sich folgender Gang der Herstellung bivariat normalverteilter Zufallszahlen:

(1) Man bilde Paare von Zahlen (y_{i1}, y_{i2}), $i = 1, \ldots, n$, die voneinander unabhängig und gleichförmig verteilt sind.

(2) Man bilde $\phi^{-1}(y_{1i}) = z_{1i}$, $\phi^{-1}(y_{2i}) = z_{2i}$ mit Hilfe der Normalverteilungstabelle **B**.

(3) Man berechne $u_i = z_{1i} \cdot \sigma_u$, $v_i = z_{2i} \cdot \sigma_v$ unter Heranziehung von (12).

(4) Nun bestimme man mit (14) Paare von Zahlen (x_i, y_i):

$$A^{-1} \cdot \begin{bmatrix} u_i \\ v_i \end{bmatrix} + \begin{bmatrix} \mu_x \\ \mu_y \end{bmatrix} = \begin{bmatrix} x_i \\ y_i \end{bmatrix} . \tag{15}$$

Die Zahlenpaare (x_i, y_i) weisen die bivariate Normalverteilung (8) auf. Der Korrelationsparameter ρ_{xy} ist dabei durch folgende Beziehung berücksichtigt: $\sigma_{xy} = \rho_{xy} \cdot \sigma_x \cdot \sigma_y$.

XI.2: Beispiele zur Simulation

(1) Die Simulation der Psychometrischen Funktion, die in Tab.I.4 wiedergegeben ist.

Tab.XI.1:

J	S	Pr(J)	$a_{\nu.5j}$: k=1	$a_{\nu.5j}$: k=0	h_1	h_0	$P(a_{\nu.5j}=1)$
1	94	0,215	01 - 21	22 - 00	2	8	0,2
2	96	0,301	01 - 30	31 - 00	2	8	0,2
3	98	0,402	01 - 40	41 - 00	3	7	0,3
4	99,5	0,483	01 - 48	49 - 00	4	6	0,4
5	100	0,510	01 - 51	52 - 00	5	5	0,5
6	100,5	0,537	01 - 53	54 - 00	5	5	0,5
7	102	0,615	01 - 61	62 - 00	5	5	0,5
8	104	0,708	01 - 70	71 - 00	7	3	0,7
9	106	0,786	01 - 78	79 - 00	8	2	0,8

In Spalte "S" sind die Gewichte der Reize in Gramm wiedergegeben. In

"Pr(j)" finden sich die Wahrscheinlichkeiten der Ereignisse $a_{\nu.5j} = 1$ (also "j schwerer als 5").

Wir wollen nun die Häufigkeiten der Urteile "j schwerer als 5" in n = 10 Versuchen simulieren. Die Zufallsvariablen $a_{\nu.5j}$, j = 1, .., 9 sind binomisch verteilt mit Parametern n = 1 und Pr(j). Die Zufallsvariable (3): $y = F_x$ wird dadurch in 2 Intervalle zerlegt, deren Breite gleich ist der Sprunghöhe von F_x an der Stelle x = k, k = 1, 0. Diese Intervalle haben die Grenzen [0,Pr(j)],]Pr(j),1]. Man kann daher sofort Bereiche von Zufallszahlen angeben, denen man k = 1 bzw. k = 0 zuordnet. Sie sind in den entsprechend überschriebenen Spalten der Tab.XI.1 angeführt.

Nun erzeugen wir für jeden der 9 Reize 10 gleichförmig verteilte Zufallszahlen und bestimmen gemäß (7) die Häufigkeiten von k = 1 bzw. k = 0. Um der Übersichtlichkeit willen verwenden wir die gleiche Auswahl von 10 Zufallszahlen für alle Zeilen der Tabelle, nämlich:

07 19 38 41 49 63 69 76 79 87 .

Diese Zahlen wurden der letzten Zeile der Tab. A des Anhanges entnommen. Von ihnen fallen 2 in den Bereich 01 – 21, somit ist die simulierte Häufigkeit des Urteils $a_{\nu.5j} = 1$ gerade 2, die relative Häufigkeit $P(a_{\nu.5j} = 1) = 0{,}2$ usw. Wir erhalten folgendes "Bild" einer Psychometrischen Funktion:

Abb.XI.3:

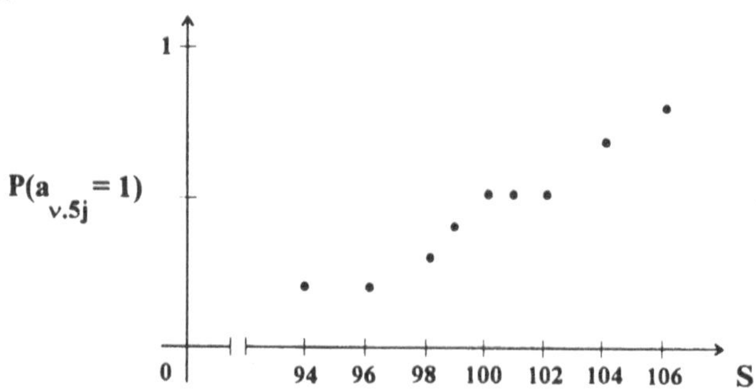

⋄♦⧫♦⋄

(2) Simulation einer extrem großen Wahrscheinlichkeit.

Im Zusammenhang mit Abb.I.3 ergab sich, daß in Versuchen relative Häufigkeiten von 1 auftreten können. Sprechen solche Ergebnisse gegen den

"Probabilismus" in der Psychologie oder sind sie bei großen Wahrscheinlichkeiten "normale" Erscheinungen ? Für das Gewicht S = 110,81 Gramm ist $p(a_{\nu.5j} = 1) = 0{,}9$. Somit ist der Zahlenbereich 01 – 90 auf k = 1 und der Bereich 91 – 00 auf k = 0 abzubilden. Es ergibt sich, daß alle 10 der oben verwendeten Zahlen in den Bereich fallen, dem k = 1 zuzuordnen ist. Somit ist $p(a_{\nu.5j} = 1) = 1$. Die Wahrscheinlichkeit eines solchen Resultates ist leicht errechnet:

$$\Pr(\mathbf{X} = 10 \mid 10;0{,}9) = \binom{10}{10} \cdot 0{,}9^{10} \cdot 0{,}1^{0} \approx 0{,}35 \; .$$

Wenn also im Bereich der großen bzw. kleinen Gewichte relative Häufigkeiten von 1 oder 0 sich häufen, so ist dies, zumal bei kleinen Anzahlen von Versuchen, durchaus nicht ungewöhnlich und sollte keine Bedenken gegen den Probabilismus wecken. Führt man nicht n = 10, sondern doppelt soviele Vergleiche durch, so wird

$$\Pr(\mathbf{X} = 20 \mid 20;0{,}9) = 0{,}9^{20} \approx 0{,}12 \; .$$

Auch jetzt ist eine relative Häufigkeit von 1 noch kein ausgesprochen seltenes Ereignis.

(3) Simulation eines Streudiagrammms.

In Abb.II.2 wurde das Streudiagramm der Skalenwerte und Prädikatenmittelpunkte aus zwei Untersuchungen wiedergegeben. Wir führen hier die Koordinaten der 15 Punkte des Streudiagrammes an.

Tab.XI.2:

(-4,87|-4,74), (-1,55|-1,67), (-0,11| 0,30), (2,12| 2,18),
(4,41| 3,93), (-3,21|-3,21), (-2,41|-2,22), (-1,37|-1,28),
(-0,23|-0,40), (-0,83|-0,69], (0,29| 0,25), (1,43| 1,13),
(1,01| 1,24), (2,15| 2,12), (3,27| 3,06).

Die Zahlen eines Paares hängen vom gleichen Skalenwert bzw. Prädikatenmittelpunkt ab, sollten also gleich sein. Abweichungen gehen zu Lasten von Fehlern. Wir schreiben das folgendermaßen an:

$$x = \alpha_1 + \beta_1 \cdot z + e \; ; \qquad y = \alpha_2 + \beta_2 \cdot z + f \; . \tag{16}$$

Die Fehler e, f haben Erwartungswerte und Kovarianzen von null (sie sind regellos), ihre Varianzen werden mit σ_e^2 und σ_f^2 bezeichnet.

Die Minderung der Korrelation zwischen den 15 Meßwerten wurde durch Fehler beider Untersuchungen verursacht. Man stellt das leicht dar:

$$\begin{aligned}
\operatorname{Var} \mathbf{X} &= E[\mathbf{X} - E\,\mathbf{X}]^2 = E[\beta_1(\mathbf{Z} - E\,\mathbf{Z}) + e]^2 = \beta_1^2 \cdot \operatorname{Var} \mathbf{Z} + \sigma_e^2 , \\
\operatorname{Var} \mathbf{Y} &= E[\mathbf{Y} - E\,\mathbf{Y}]^2 = E[\beta_2(\mathbf{Z} - E\,\mathbf{Z}) + f]^2 = \beta_2^2 \cdot \operatorname{Var} \mathbf{Z} + \sigma_f^2 , \\
\operatorname{Kov} \mathbf{X},\mathbf{Y} &= E[\mathbf{X} - E\,\mathbf{X}][\mathbf{Y} - E\,\mathbf{Y}] = E[\beta_1(\mathbf{Z} - E\,\mathbf{Z}) + e][\beta_2(\mathbf{Z} - E\,\mathbf{Z}) + f] \\
&= \beta_1\beta_2 \cdot \operatorname{Var} \mathbf{Z} ,
\end{aligned}$$

und erhält damit folgende Darstellung der Korrelation zwischen **X** und **Y**:

$$\rho_{xy} = \frac{\operatorname{Kov} \mathbf{X},\mathbf{Y}}{\sqrt{\operatorname{Var} \mathbf{X}}\ \sqrt{\operatorname{Var} \mathbf{Y}}} = \frac{\beta_1\beta_2 \cdot \operatorname{Var} \mathbf{Z}}{\sqrt{\beta_1^2 \operatorname{Var} \mathbf{Z} + \sigma_e^2}\ \sqrt{\beta_2^2 \operatorname{Var} \mathbf{Z} + \sigma_f^2}} . \qquad (17)$$

Man erkennt unmittelbar: $\sigma_e^2 = \sigma_f^2 = 0 \Rightarrow \rho_{xy} = 1$; $\sigma_e^2, \sigma_f^2 > 0 \Rightarrow \rho_{xy} < 1$. Die zweite Untersuchung aus dem Jahre 1994 wurde mit einer kleineren Anzahl von Urteilspersonen durchgeführt, die Fehler dürften aus diesem Grunde größer als in der Untersuchung des Jahres 1973 sein. Das hat zur Folge, daß die Korrelation von **Y** mit **Z** kleiner ist als die von **X** mit **Z**. Wir stellen die beiden Korrelationen dar:

$$\begin{aligned}
\rho_{xz} &= \frac{\operatorname{Kov} \mathbf{X},\mathbf{Z}}{\sqrt{\operatorname{Var} \mathbf{X}}\ \sqrt{\operatorname{Var} \mathbf{Z}}} = \frac{\beta_1 \operatorname{Var} \mathbf{Z}}{\sqrt{\operatorname{Var} \mathbf{X}}\ \sqrt{\operatorname{Var} \mathbf{Z}}} = \beta_1 \sqrt{\frac{\operatorname{Var} \mathbf{Z}}{\operatorname{Var} \mathbf{X}}} , \\
\rho_{yz} &= \frac{\operatorname{Kov} \mathbf{Y},\mathbf{Z}}{\sqrt{\operatorname{Var} \mathbf{Y}}\ \sqrt{\operatorname{Var} \mathbf{Z}}} = \frac{\beta_2 \operatorname{Var} \mathbf{Z}}{\sqrt{\operatorname{Var} \mathbf{Y}}\ \sqrt{\operatorname{Var} \mathbf{Z}}} = \beta_2 \sqrt{\frac{\operatorname{Var} \mathbf{Z}}{\operatorname{Var} \mathbf{Y}}} .
\end{aligned} \qquad (18)$$

Nun drücken wir mit (18) $\sqrt{\operatorname{Var} \mathbf{X}}$ und $\sqrt{\operatorname{Var} \mathbf{Y}}$ aus und setzen in (17) ein:

$$\rho_{xy} = \beta_1\beta_2 \operatorname{Var} \mathbf{Z} \cdot \frac{\rho_{xz}}{\beta_1 \sqrt{\operatorname{Var} \mathbf{Z}}} \cdot \frac{\rho_{yz}}{\beta_2 \sqrt{\operatorname{Var} \mathbf{Z}}} .$$

Wir erhalten also

$$\boxed{\rho_{xy} = \rho_{xz} \cdot \rho_{yz}} , \qquad (19)$$

wobei wir $\rho_{xz} > \rho_{yz}$ erwarten.

⬩⬩ ◆ ⬩⬩

Wir wollen uns nun der Untersuchung von (19) und der in Verbindung damit geäußerten Ungleichung zuwenden. Dazu ist erforderlich, die Korrelationen zwischen **X** und **Z** bzw. zwischen **Y** und **Z** abzuschätzen, die beide durch Meßfehler e bzw. f gemindert werden. Im Hinblick auf (16) müssen Werte

$$\hat{x} = \alpha_1 + \beta_1 \cdot z \,, \qquad \hat{y} = \alpha_2 + \beta_2 \cdot z$$

bestimmt werden, so daß

$$x - \hat{x} = e \qquad \text{und} \qquad y - \hat{y} = f$$

resultiert. Dann kann man die Korrelationen ρ_{xz}, ρ_{yz} mit Hilfe der Korrelationen zwischen x und $\hat{x}$ bzw. y und $\hat{y}$ abschätzen.

Die Werte, welche $\hat{x}$ bzw. $\hat{y}$ annehmen, berechnet man mit einem Parameter, der sich mit Hilfe des Minimums der Quadratsumme von e bzw. f abschätzen läßt:

$$\sum_{i=1}^{n} (e_i^2 + f_i^2) = \sum_{i=1}^{n} [(x_i - \hat{x}_i)^2 + (y_i - \hat{y}_i)^2] \,. \tag{20}$$

Es handelt sich dabei offensichtlich weder um Residuen, die bei Regression von y gegen x, noch um Residuen, die bei Regression von x gegen y auftreten (vgl. diesbezüglich SIXTL 1993, S.149f), sondern um eine Kombination aus beiden, also um die Abstände zwischen den Punkten $(x_i \,|\, y_i)$ und $(\hat{x}_i \,|\, \hat{y}_i)$, welche auf die Regressionsgerade senkrecht stehen. Diese sowie eine auf sie senkrecht stehende Gerade zur Abbildung der senkrechten Residuen können wir formal mit Hilfe der Orthogonaltransformation (9) gewinnen, wobei wir zunächst den Drehwinkel nicht angeben müssen.

Mit der Umkehrtransformation (14) lassen sich dann die Werte errechnen, welche $\hat{x}$, $\hat{y}$ annehmen. Da nämlich $(\hat{x}_i \,|\, \hat{y}_i)$ ein Punkt der Regressionsgeraden ist, hat v_i den Wert Null, so daß man mit (14) unmittelbar die gewünschten Werte errechnet:

$$u_i \cdot \cos\delta = \hat{x}_i - \mu_x \,, \qquad u_i \cdot \sin\delta = \hat{y}_i - \mu_y \,. \tag{21}$$

Nun ergeben sich, weiter im Hinblick auf (14):

$$x_i - \hat{x}_i = -v_i \cdot \sin\delta \;; \qquad y_i - \hat{y}_i = v_i \cdot \cos\delta \quad ,$$

also die Schätzer von $e_i = x_i - \hat{x}_i$ und $f_i = y_i - \hat{y}_i$. Diese Ergebnisse setzt man in (20) ein und erhält:

$$\sum_{i=1}^{n} (e_i^2 + f_i^2) = \underbrace{(\sin^2 \delta + \cos^2 \delta)}_{1} \cdot \sum_{i=1}^{n} v_i^2 . \qquad (22)$$

Stellen wir die v_i^2 durch (9) dar, so erkennen wir, daß die Quadratsumme (22) eine Funktion des Drehwinkels δ ist:

$$\sum_{i=1}^{n} v_i^2 = \sum_{i=1}^{n} [-(x_i - \mu_x)\cdot \sin \delta + (y_i - \mu_y)\cdot \cos \delta]^2 = Q(\delta) .$$

Wir suchen daher unter allen möglichen Drehwinkeln denjenigen heraus, bei dem (22) den kleinsten Wert annimmt ("Methode der Kleinsten Quadrate"). Das geschieht durch Ableiten von (22) nach δ und Nullsetzen:

$$\frac{d\ Q(\delta)}{d\ \delta} = 2\cdot \sum_{i=1}^{n} [-(x_i - \mu_x)\cdot \sin \delta + (y_i - \mu_y)\cdot \cos \delta]\cdot[-(x_i - \mu_x)\cdot \cos \delta - (y_i - \mu_y)\cdot \sin \delta]$$

$$= 0 .$$

Führt man alle Multiplikationen aus und dividiert die Summen durch n, so erhält man folgende Gleichung:

$$(\sigma_x^2 - \sigma_y^2) \cos \delta\cdot \sin \delta = \sigma_{xy}(\cos^2 \delta - \sin^2 \delta) . \qquad (23)$$

Mit Hilfe der folgenden Hilfssätze der Trigonometrie:

$$\cos^2 \delta - \sin^2 \delta = \cos 2\delta \quad \text{und} \quad \cos \delta\cdot \sin \delta / \cos 2\delta = \tfrac{1}{2} \tan 2\delta$$

entsteht aus (23) die Formel (10), welche die Drehwinkel der Hauptachsentransformation angibt:

$$\tan 2\delta = 2\cdot \frac{\sigma_{xy}}{\sigma_x^2 - \sigma_y^2} . \qquad (10)$$

Wie dort werden die x;y-Koordinaten durch Drehung um den Winkel δ in u;v-Koordinaten übergeführt. Dem Punkt $i = (x_i \mid y_i)$ entspricht jetzt ein Punkt $\hat{i} = (\hat{x}_i \mid \hat{y}_i)$, welcher auf der u-Koordinate liegt. Der Abstand der beiden Punkte voneinander ist $|v_i| = \sqrt{(x_i - \hat{x}_i)^2 + (y_i - \hat{y}_i)^2}$. Die nachfolgende Abb. XI.4 veranschaulicht den Sachverhalt.

Abb.XI.4:

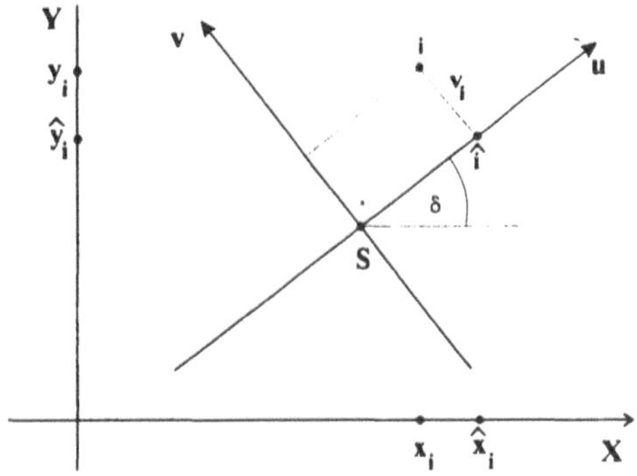

Nun können wir die Daten der Tab.XI.2 auswerten und (19) untersuchen. Wir erhalten $\bar{x} = 0{,}005$ und $\bar{y} = -0{,}006$ als Schätzer für μ_x und μ_y; ferner $s_x^2 = 6{,}234$ und $s_y^2 = 5{,}708$ als Schätzer für σ_x^2 und σ_y^2 sowie Kov x,y =5,946 als Schätzer von σ_{xy}. – Mit diesen Ergebnissen schätzen wir sowohl den Drehwinkel δ als auch die Korrelation zwischen x und y. Wir erhalten mit (10):

$$2 \cdot \frac{5{,}946}{6{,}234 - 5{,}708} = 22{,}608 = \tan 2\delta; \quad \delta = 43{,}7337 \; (43°44'01").$$

Die Korrelation wird geschätzt mit:

$$\frac{\text{Kov } x,y}{\sqrt{s_x^2 \cdot s_y^2}} = \frac{5{,}946}{\sqrt{6{,}234 \cdot 5{,}708}} = 0{,}997 = r_{xy} .$$

Die Höhe der Korrelation beweist, daß die Ergebnisse der beiden Untersuchungen, von denen im Zusammenhang mit Abb.II.2 berichtet wurde, einander sehr ähnlich sein müssen: die Fehler e und f, welche sich in (16) den Werten $\hat{x}$, $\hat{y}$ überlagern, sind dementsprechend sehr klein.

Da wir δ bereits kennen, ist es möglich, die Koordinaten der Punkte $\hat{i} = (\hat{x}_i \,|\, \hat{y}_i)$ mit (21) auszurechnen. Sie sind in der nachfolgenden Tab.XI.3 angeführt.

Tab.XI.3: Koordinaten der Punkte $\hat{i}$.

(–4,910|–4,698), (–1,643|–1,572), (–0,068|–0,065), (–2,196|–2,101),
(–4,266|–4,081), (–3,279|–3,137), (–2,382|–2,279), (–1,360|–1,301),
(–0,325|–0,311), (–0,788|–0,754), (0,281| 0,269), (1,231| 1,255),
(1,162| 1,111), (2,167| 2,073), (3,236| 3,096).

Die $\hat{x}$– bzw. $\hat{y}$–Koordinaten weisen folgende Varianzen auf: $s^2_{\hat{x}} = 6{,}225$; $s^2_{\hat{y}} = 5{,}698$. Ferner ist Kov $x,\hat{x} = 6{,}225$ und Kov $y,\hat{y} = 5{,}698$. Damit errechnet man $r_{x\hat{x}} = 0{,}999$ als Schätzer für ρ_{xz} und $r_{y\hat{y}} = 0{,}999$ als Schätzer für ρ_{yz}.

Nun können wir zu (19) Stellung nehmen: Während oben $r_{xy} = 0{,}997$ gefunden wurde, erhalten wir:

$$r_{x\hat{x}} \cdot r_{y\hat{y}} = 0{,}999 \cdot 0{,}999 \approx 0{,}998$$

in Übereinstimmung mit (19).

Die beiden Korrelationen sind praktisch gleich, entgegen der im Zusammenhang mit (19) geäußerten Vermutung. – Die Quadratsumme der Residuen (22) setzt sich wie folgt zusammen:

$$\sum_{i=1}^{15} v_i^2 = \sum_{i=1}^{15} e_i^2 + \sum_{i=1}^{15} f_i^2 = 0{,}127 + 0{,}139 = 0{,}266 \quad .$$

Man prüft das unschwer nach, indem man mit den Zahlen der Tabellen XI.2 und XI.3 die Ausdrücke $(x_i - \hat{x}_i)^2 = e_i^2$, $(y_i - \hat{y}_i)^2 = f_i^2$ bildet.

Es zeigt sich, daß der Anteil, den die Fehler der zweiten Untersuchung am Gesamtfehler haben, mit 0,139 oder 52,3 % tatsächlich geringfügig größer ist als der Anteil der ersten mit 0,127. Dieser Unterschied konnte sich allerdings bei Berechnung der Korrelationen auf drei Stellen genau nicht auswirken. Man darf also schließen, daß die verschieden großen Anzahlen von Urteilspersonen (150 in der ersten, 11 in der zweiten) keinen ebenso großen Unterschied der Genauigkeit der Messungen verursacht haben.

•♦ ♦ ♦•

Um eine Vorstellung von der Variabilität zu erhalten, die Daten der vorliegenden Art aufweisen, haben wir einhundertmal je 15 bivariat normalverteilte Daten nach den Vorschriften in Verbindung mit (15) erzeugt und ausgewertet. Dabei wurden die Mittelwerte, Varianzen und die Kovarianz der

Daten in Tab.XI.2 als "Parameter" der Normalverteilung verwendet. In der nachfolgenden Tabelle sind diese Parameter noch einmal, und gemeinsam mit den ihnen entsprechenden Mittelwerten der 100 Simulationen angeführt.

Tab.XI.4:

	$\bar{x}(\mu_x)$	$\bar{y}(\mu_y)$	$s_x^2(\sigma_x^2)$	$s_y^2(\sigma_y^2)$	Kov x,y(σ_{xy})	$r_{xy}(\rho_{xy})$
Parameter	0,005	-0,006	6,234	5,708	5,946	0,997
Mittelwerte	-0,053	-0,071	6,049	5,520	5,759	0,9966

Mit dem vorgegebenen Drehwinkel von $\delta = 43{,}73°$ ergeben sich, wie bereits berichtet, folgende Korrelationen zwischen x und z: ρ_{xz}=0,999, ρ_{yz}=0,999. Die je 100 Korrelationen $r_{x\hat{x}}$ bzw. $r_{y\hat{y}}$ weisen Werte zwischen 0,997 und 1,000 auf. Die Verteilung ihrer Differenzen ist in der nachfolgenden Tabelle wiedergegeben:

Tab.XI.5:

d	0	0,001	0,002	Σ
h(d)	79	18	3	100

Die Differenzen sind also ausnahmslos positiv, aber verschwindend klein.

Das Simulationsexperiment zeigt, daß die Auswertung von Daten, die man mit den Parametern von Tab.XI.4 gewinnt, mit großer Wahrscheinlichkeit wieder zu demselben Ergebnis führt, das oben berichtet wurde, insbesondere, daß die Schätzungen der Prädikatenparameter selbst bei kleinen Anzahlen von Urteilspersonen stabil sind. Ergebnisse dieser Art sollten uns in der Meinung bestärken, daß auch psychologische Daten "robust" sein können. Mit dieser Feststellung schließt sich der Kreis unserer Betrachtungen.

ANHANG

A-1: (Die Entwicklung von Bayes–Schätzern unbekannter Wahrscheinlichkeiten).

Die Wahrscheinlichkeit, daß ein bestimmtes Ereignis in n Versuchen h–mal auftritt, ist gegeben durch

$$f(h\,|\,\pi) = \binom{n}{h} \pi^h (1-\pi)^{n-h}, \quad h=0,1,\ldots,n. \tag{1}$$

π ist die Wahrscheinlichkeit der Ereignisses.

Zuerst nehmen wir an, jede Zahl aus [0,1] komme gleicherweise als Wahrscheinlichkeit des Ereignisses in Frage:

$$h(\pi) = \begin{cases} 1 & \text{wenn } 0<\pi<1 \\ 0 & \text{sonst} \end{cases}. \tag{2}$$

Dann wird

$$f(h) = \int_0^1 f(h\,|\,\pi) h(\pi) d\pi = \int_0^1 \binom{n}{h} \pi^h (1-\pi)^{n-h} \cdot 1 \cdot d\pi$$

$$= \binom{n}{h} \frac{h!(n-h)!}{(n+1)} = \frac{1}{n+1},$$

und man erhält:

$$f(\pi\,|\,h) = \frac{f(h\,|\,\pi) \cdot h(\pi)}{f(h)} = (n+1) \cdot \binom{n}{h} \pi^h (1-\pi)^{n-h}. \tag{3}$$

(3) gibt an, wie wahrscheinlich π ist, wenn wir h beobachten.
Nun berechnen wir, welchen Wert π im Durchschnitt hat, wenn wir h beobachten:

$$E(\pi\,|\,h) = \int_0^1 \pi \cdot (h+1) \binom{n}{h} \pi^h (1-\pi)^{n-h} d\pi$$

$$= (n+1) \binom{n}{h} \cdot \frac{(h+1)!\,(n-h)!}{(n+2)!} = \frac{h+1}{n+2}. \tag{4}$$

Bei h=0 bzw. h=n erwarten wir also, daß die unbekannte Wahrscheinlichkeit π den Wert (4):

$$E(\pi\,|\,0) = \frac{1}{n+2} \quad \text{bzw.} \quad E(\pi\,|\,n) = \frac{n+1}{n+2}$$

hat.

Nun wollen wir noch eine andere Verteilung von π "a priori" untersuchen. Die Beobachtung h=0 erweckt in uns die Überzeugung, daß auch π "in der Nähe von Null" sein müsse. Demgegenüber ist die Annahme einer Gleichver–

teilung von π über [0,1] unrealistisch. Man erkennt, daß (1) bei h=0 die Form hat:

$$f(0|\pi) = (1-\pi)^n .$$

Diese Funktion nimmt große Werte an, wenn π klein ist, und sie geht immer rascher gegen Null, wenn π wächst. Unsere Überzeugung, daß π ein kleiner Wert sein müsse, wenn wir h=0 beobachten, steht damit in Einklang, so daß es vernünftig erscheint, der A-priori-Verteilung der Wahrscheinlichkeit anstelle von (2) folgende Gestalt zu geben:

$$h(\pi) = (n+1)(1-\pi)^n . \tag{5}$$

Es gilt:

$$\int_0^1 h(\pi)d\pi = \int_0^1 (n+1)(1-\pi)^n\, d\pi = (n+1)\left[\frac{1}{n+1}\right] = 1 .$$

Nun errechnen wir, ähnlich wie oben, zuerst

$$f(h) = \int_0^1 \binom{n}{h} \pi^h(1-\pi)^{n-h}\cdot(n+1)(1-\pi)^n d\pi$$

$$= (n+1)\cdot \binom{n}{h} \cdot \frac{h!\,(2\,n-h)!}{(2n+1)!}$$

und erhalten:

$$f(\pi|h) = (2n+1)\cdot \binom{2n}{h} \cdot \pi^h(1-\pi)^{2n-h} . \tag{6}$$

Der Wert, den π im Durchschnitt hat, wenn wir h beobachten, ist jetzt:

$$E(\pi|h) = \frac{h+1}{2(n+1)} . \tag{7}$$

Ein entsprechender Schätzer für den Fall, daß h=n beobachtet wird, ist leicht erzeugt. Wir vermuten in diesem Fall, daß π ein sehr großer Wert sein müsse und geben dem mit der A-priori-Verteilung:

$$h(\pi) = (n+1)\cdot\pi^n \tag{8}$$

Gestalt. Man erhält damit:

$$f(\pi|h) = (2n+1)\cdot \binom{2n}{h} \pi^{n+h}(1-\pi)^{n-h} . \tag{9}$$

Diese Verteilung hat den Erwartungswert:

$$E(\pi|h) = \frac{n+h+1}{2\,(\,n+1)} . \tag{10}$$

Man erhält jetzt mit (7) und (10) bei h=0 bzw. h=n:

$$E(\pi|0) = \frac{1}{2(n+1)}, \quad E(\pi|n) = \frac{2n+1}{2(n+1)}.$$

Tab.A-1: E(π|0), errechnet mit (4) (Bayes 1) und (7) (Bayes 2) bei verschiedenen Werten von n:

n	(4)	(7)
5	0,143	0,083
10	0,083	0,045
15	0,059	0,031
20	0,045	0,0238
50	0,019	0,0098
100	0,0098	0,00495
1000	0,000998	0,0004995
10000	0,000099	0,0005499

(4): $E(\pi|0) = \frac{1}{n+2}$.

(7): $E(\pi|0) = \frac{1}{2(n+1)}$.

•♦ ♦ ♦•

A-2: Es ist zu zeigen, daß

$$\int_{-a}^{a} f(x)dx = \frac{1}{\sqrt{\pi}\, a^{R-2}} \frac{\Gamma\left[\frac{R}{2}\right]}{\Gamma\left[\frac{R-1}{2}\right]} \underbrace{\int_{-a}^{a} (a+x)^{\frac{R-3}{2}} (a-x)^{\frac{R-3}{2}} dx}_{I} = 1 .$$

I stellt ein Beta–Integral über dem Intervall [–a, +a] dar. Um seinen Wert zu bestimmen, führen wir folgende Substitution durch:

$$z = \frac{1}{2a} \cdot x + \frac{1}{2}, \quad 0 \leq z \leq 1 .$$

Es ist also x=2a·z–a und dx=2a·dz. Damit wird I zu:

$$\int_{-a}^{a} (a+x)^{\frac{R-3}{2}} (a-x)^{\frac{R-3}{2}} dx = \int_{0}^{1} (a+2az-a)^{\frac{R-3}{2}} (a-2az+a)^{\frac{R-3}{2}} \cdot 2adz$$

$$= (2a)^{R-2} \underbrace{\int_{0}^{1} z^{\frac{R-3}{2}} (1-z)^{\frac{R-3}{2}} dz}_{II}$$

II ist das gewöhnliche Betaintegral, das den Wert hat

$$\int_0^1 z^{\frac{R-3}{2}} (1-z)^{\frac{R-3}{2}}\, dz = \frac{\Gamma\left(\frac{R-1}{2}\right)\Gamma\left(\frac{R-1}{2}\right)}{\Gamma(R-1)} .$$

Wir erhalten damit

$$\int_{-a}^{a} f(x)dx = \frac{1}{\sqrt{\pi}\, a^{R-2}} \cdot \frac{\Gamma\left(\frac{R}{2}\right)}{\Gamma\left(\frac{R-1}{2}\right)} \cdot (2a)^{R-2} \cdot \frac{\Gamma\left(\frac{R-1}{2}\right)\Gamma\left(\frac{R-1}{2}\right)}{\Gamma(R-1)} .$$

$$= \frac{2^{R-2}}{\sqrt{\pi}} \cdot \underbrace{\frac{\Gamma\left(\frac{R}{2}\right)\Gamma\left(\frac{R-1}{2}\right)}{\Gamma(R-1)}} .$$

Fallunterscheidung:

R ungerade: $$\frac{\Gamma\left(\frac{R}{2}\right)\Gamma\left(\frac{R-1}{2}\right)}{\Gamma(R-1)} = \frac{\sqrt{\pi}}{2^{R-1}} \cdot \frac{(R-1)!}{\left(\frac{R-1}{2}\right)!} \cdot \frac{\left(\frac{R-1}{2}-1\right)!}{(R-2)!} = \frac{\sqrt{\pi}}{2^{R-2}} .$$

R gerade: $$\frac{\Gamma\left(\frac{R}{2}\right)\Gamma\left(\frac{R-1}{2}\right)}{\Gamma(R-1)} = \frac{\left(\frac{R}{2}-1\right)!}{(R-2)!} \cdot \frac{\sqrt{\pi}}{2^{R-2}} \cdot \frac{(R-2)!}{\left(\frac{R-2}{2}\right)} = \frac{\sqrt{\pi}}{2^{R-2}} .$$

Man erhält also beidemal:

$$\frac{2^{R-2}}{\sqrt{\pi}} \cdot \frac{\sqrt{\pi}}{2^{R-2}} = 1.$$

⋄♦ ♦ ♦⋄

A-3: Es ist zu zeigen: $h'(x) = -\frac{K}{a} \cdot x$. Nach Voraussetzung ist $h' = \alpha - ßx$. Da h bei $x=0$ einen Extremwert besitzt, ist $\alpha - ß \cdot 0 = 0$, also $\alpha = 0$. Die Gerade geht durch zwei Punkte $(-a|K)$ und $(a|-K)$. Somit ist

$$ß = \frac{-K-K}{a-(-a)} = -\frac{K}{a} \quad \text{und} \quad h'(x) = -\frac{K}{a} \cdot x .$$

⋄♦ ♦ ♦⋄

A-4:

$$f(y) = \int_{-a}^{a} \Pr(y|x) f(x) dx$$

$$= \int_{-a}^{a} \binom{2a}{a+y} \left(\frac{a+x}{2a}\right)^{a+y} \left(\frac{a-x}{2a}\right)^{a-y} \cdot \frac{1}{\sqrt{\pi}\, a^{R-2}} \frac{\Gamma\left(\frac{R}{2}\right)}{\Gamma\left(\frac{R-1}{2}\right)} \cdot (a+x)^{\frac{R-3}{2}} (a-x)^{\frac{R-3}{2}} dx$$

$$= \frac{1}{\sqrt{\pi}\, a^{R-2}} \frac{\Gamma\left(\frac{R}{2}\right)}{\Gamma\left(\frac{R-1}{2}\right)} \binom{2a}{a+y} \cdot \frac{1}{(2a)^{2a}} \cdot \underbrace{\int_{-a}^{a} (a+x)^{\frac{R-3}{2}+a+y} (a-x)^{\frac{R-3}{2}+a-y} dx}_{I}$$

I ist wieder ein Betaintegral. Wie in (A-2) erhalten wir mit der Substitution $x=2a\cdot z-a$ und $dx=2a\cdot dz$:

$$\int_{-a}^{a} (a+x)^{\frac{R-3}{2}+a+y} (a-x)^{\frac{R-3}{2}+a-y} dx = (2a)^{2a+R-3+1} \underbrace{\int_{0}^{1} z^{\frac{R-3}{2}+a+y} (1-z)^{\frac{R-3}{2}+a-y} dz}_{II}$$

II ist wieder das Standard-Betaintegral über [0,1]:

$$\int_{0}^{1} z^{\frac{R-3}{2}+a+y} (1-z)^{\frac{R-3}{2}+a-y} dz = \frac{\Gamma\left(\frac{R-1}{2}+a+y\right) \Gamma\left(\frac{R-1}{2}+a-y\right)}{\Gamma(R-1+2a)} .$$

Einsetzen von II und I sowie Kürzen ergibt (14.VI).

•♦ ♦ ♦•

A-5: Es ist zu zeigen, daß (14.VI) und (18.VI) äquivalent sind. Dazu benutze man man die Rekursionsformel

$$\Gamma(c+z) = c^{z}\cdot\Gamma(c)\cdot\prod_{j=0}^{z-1}\left(1+\frac{j}{c}\right) \quad , \quad c>0, \ z \text{ ganzzahlig} .$$

$$\Gamma\left(\frac{R-1}{2}+a+y\right) = \left(\frac{R-1}{2}\right)^{a+y}\cdot\Gamma\left(\frac{R-1}{2}\right)\cdot\prod_{j=0}^{a+y-1}\left(1+\frac{2j}{R-1}\right) ,$$

$$\Gamma\left(\frac{R-1}{2}+a-y\right) = \left(\frac{R-1}{2}\right)^{a-y}\cdot\Gamma\left(\frac{R-1}{2}\right)\cdot\prod_{j=0}^{a-y-1}\left(1+\frac{2j}{R-1}\right) ,$$

$$\Gamma(R-1+2a) = (R-1)^{2a}\cdot\Gamma(R-1)\cdot\prod_{j=0}^{2a-1}\left(1+\frac{j}{R-1}\right) .$$

Einsetzen in (14.VI) ergibt:

$$f(y) = \underbrace{\frac{2^{R-2}}{\sqrt{\pi}} \cdot \frac{\Gamma\left[\frac{R}{2}\right]}{\Gamma\left[\frac{R-1}{2}\right]} \cdot \frac{\Gamma\left[\frac{R-1}{2}\right]\Gamma\left[\frac{R-1}{2}\right]}{\Gamma(R-1)}} \cdot \left(\frac{1}{2}\right)^{2a} \cdot \binom{2a}{a+y} \cdot \frac{\Pi(.)\cdot\Pi(.)}{\Pi(.)} .$$

Dieser Ausdruck ist stets 1,
siehe (A-2)

⬩⬥ ◆ ⬥⬩

A-6: Es ist die sogenannte Dreiecks- oder Minkovski-Ungleichung zu beweisen: $d_{ij} \leq d_{ik} + d_{kj}$, die sich entsprechend (4.VII) wie folgt darstellt:

$$\Big[\sum_{m=1}^{r} \underbrace{|x_{im}-x_{jm}|}_{|a_m+b_m|}{}^p\Big]^{1/p} \leq \Big[\sum_{m=1}^{r} \underbrace{|x_{im}-x_{km}|}_{|a_m|}{}^p\Big]^{1/p} + \Big[\sum_{m=1}^{r} \underbrace{|x_{km}-x_{jm}|}_{|b_m|}{}^p\Big]^{p} . \tag{1}$$

Zur Vereinfachung haben wir die Differenzen, wie unter den liegenden Klammern angegeben, durch a und b ersetzt.

Für den Beweis benötigt man:

(1) die "einfache Dreiecksungleichung", derzufolge der Betrag einer Summe nie größer sein kann als die Summe der Beträge:

$$|a + b| \leq |a| + |b| . \tag{2}$$

(2) eine Aussage über das Verhältnis von geometrischem und arithmetischem Mittel:

$$c_1^{\pi_1} \cdot \ldots \cdot c_r^{\pi_r} \leq c_1 \cdot \pi_1 + \ldots + c_r \cdot \pi_r , \tag{3}$$

wobei für die Gewichte π_m gilt:

$$0 \leq \pi_m \leq 1 , \quad \sum_{m=1}^{r} \pi_m = 1 . \tag{4}$$

(3) die sogenannte Hölder'sche Ungleichung:

$$\sum_{m=1}^{r} |a_m||b_m| \leq \left[\sum |a_m|^p\right]^{1/p} \cdot \left[\sum |b_m|^q\right]^{1/q} , \tag{5}$$

wobei (4) erfüllt sein muß, d.h. insbesondere:

$$\frac{1}{p} + \frac{1}{q} = 1 . \tag{6}$$

Da diese Ungleichung weniger bekannt ist, soll sie zuerst bewiesen werden. - Zur Vereinfachung setzen wir:

$$\sum_{m=1}^{r} |a_m|^p \equiv A, \quad \sum_{m=1}^{r} |b_m|^q \equiv B . \tag{7}$$

Damit erhalten wir aufgrund des Verhältnisses von geometrischem und arithmetischem Mittel (3) die folgende Ungleichung:

$$\underbrace{\left[\frac{|a_m|^p}{A}\right]^{1/p} \cdot \left[\frac{|b_m|^q}{B}\right]^{1/q}}_{\text{geometrisches Mittel zweier Zahlen}} \leq \underbrace{\frac{|a_m|^p}{A} \cdot \frac{1}{p} + \frac{|b_m|^q}{B} \cdot \frac{1}{q}}_{\text{arithmetisches Mittel derselben Zahlen}} .$$

Es lassen sich m solcher Ungleichungen bilden, die wir nun summieren. Unter Beachtung von (7) und (6) erhalten wir dabei folgendes Ergebnis:

$$\sum_{m=1}^{r} \left[\frac{|a_m|^p}{A}\right]^{1/p} \cdot \left[\frac{|b_m|^q}{B}\right]^{1/q} \leq \frac{A}{A} \cdot \frac{1}{p} + \frac{B}{B} \cdot \frac{1}{q} = \frac{1}{p} + \frac{1}{q} = 1 .$$

Multipliziert man diese Ungleichung mit $A^{1/p} \cdot B^{1/q}$, so folgt unmittelbar (5).

Nun beweisen wir die Minkovski-Ungleichung, wobei wir $p > 1$ voraussetzen dürfen. Bei $p=1$ erkennt man die Gültigkeit von (1) unmittelbar im Hinblick auf (2):

$$\begin{aligned} d_{ij}^p &= \sum |a_m + b_m|^p \\ &= \sum |a_m + b_m| \, |a_m + b_m|^{p-1} . \end{aligned}$$

Aufgrund der "einfachen Dreiecksungleichung" (2) gilt:

$$\sum |a_m + b_m| \, |a_m + b_m|^{p-1} \leq \sum |a_m| \, |a_m + b_m|^{p-1} + \sum |b_m| \, |a_m + b_m|^{p-1} .$$

Aufgrund der Hölder'schen Ungleichung (5) gilt:

$$\sum |a_m| \, |a_m + b_m|^{p-1} + \sum |b_m| \, |a_m + b_m|^{p-1} \leq$$

$$\leq \left[\sum |a_m|^p\right]^{1/p} \cdot \left[\sum |a_m + b_m|^{(p-1)q}\right]^{1/q} + \left[\sum |b_m|^p\right]^{1/p} \cdot \left[\sum |a_m + b_m|^{(p-1)q}\right]^{1/q} .$$

Wir überzeugen uns, daß wegen (6):

$$\frac{1}{p} + \frac{1}{q} = 1 \Rightarrow (p-1)q = p ,$$

und erhalten folgende Ungleichung:

$$d_{ij}^{p} \leq \Big\{ \underbrace{\Big[\Sigma\,|a_m|^p\Big]^{1/p}}_{d_{ik}} + \underbrace{\Big[\Sigma\,|b_m|^p\Big]^{1/p}}_{d_{kj}} \Big\} \cdot \underbrace{\Big[\Sigma\,|a_m+b_m|^p\Big]^{1/q}}_{d_{ij}^{p/q}} \quad . \qquad (8)$$

Nun beachte man, daß wegen (6):

$$\frac{1}{p} + \frac{1}{q} = 1 \quad \Rightarrow \quad 1 - \frac{1}{q} = \frac{1}{p} ,$$

so daß

$$p - \frac{p}{q} = p(1 - \frac{1}{q}) = p \cdot \frac{1}{p} = 1 .$$

Multipliziert man (8) mit $d^{-p/q}$, so erhält man dementsprechend (1):

$$\boxed{d_{ij} \leq d_{ik} + d_{kj}} \quad .$$

⬩◆⬩

A-7: Es ist zu beweisen:

$$\mathbf{M} = (\mathbf{I} - \mathbf{T})^{-1} = \sum_{t=0}^{\infty} \mathbf{T}^t . \qquad (19.IX)$$

Man entwickle zunächst n Glieder der Summe rechts und multipliziere mit (I–T):

$$(\mathbf{I}-\mathbf{T})(\mathbf{I}+\mathbf{T}+\mathbf{T}^2+\ldots+\mathbf{T}^{n-1}) = \mathbf{I}-\mathbf{T}^n \qquad (1)$$

Nun multipliziere man (1) von links mit $(\mathbf{I}-\mathbf{T})^{-1}$:

$$(\mathbf{I}-\mathbf{T})^{-1}(\mathbf{I}-\mathbf{T})(\mathbf{I}+\mathbf{T}+\mathbf{T}^2+\ldots+\mathbf{T}^{n-1}) = (\mathbf{I}-\mathbf{T})^{-1}(\mathbf{I}-\mathbf{T}^n). \qquad (2)$$

Sofern die zu (I–T) inverse Matrix $(\mathbf{I}-\mathbf{T})^{-1}$ überhaupt existiert, so daß $(\mathbf{I}-\mathbf{T})^{-1}(\mathbf{I}-\mathbf{T}) = \mathbf{I}$, hat (2) die Form:

$$\mathbf{I}+\mathbf{T}+\mathbf{T}^2+\ldots+\mathbf{T}^{n-1} = (\mathbf{I}-\mathbf{T})^{-1}(\mathbf{I}-\mathbf{T}^n). \qquad (3)$$

Läßt man nun n gegen Unendlich wachsen, so wird $\lim_{n\to\infty} \mathbf{T}^n = \mathbf{0}$, wie in (17.IX) bewiesen wurde, und man erhält mit (3):

$$\lim_{n\to\infty}(\mathbf{I}+\mathbf{T}+\mathbf{T}^2+\ldots+\mathbf{T}^{n-1}) = \sum_{t=0}^{\infty} \mathbf{T}^t = (\mathbf{I}-\mathbf{T})^{-1} . \qquad (4)$$

Es ist jetzt nur noch zu beweisen, daß die zu $(\mathbf{I}-\mathbf{T})$ inverse Matrix $(\mathbf{I}-\mathbf{T})^{-1}$ überhaupt existiert. Dazu ist hinreichend, zu beweisen, daß die Determinante von $(\mathbf{I}-\mathbf{T})$ nie null sein kann.

Man weiß, daß die Determinante eines Produktes zweier Matrizen gleich ist dem Produkt der Determinanten dieser Matrizen. Dementsprechend folgt aus (1):

$$\mathrm{Det}(\mathbf{I}-\mathbf{T}^n) = \mathrm{Det}(\mathbf{I}-\mathbf{T}) \cdot \mathrm{Det}(\mathbf{I}+\mathbf{T}+\mathbf{T}^2+\ldots+\mathbf{T}^{n-1}). \tag{5}$$

Da $\lim_{n\to\infty} \mathbf{T}^n=\mathbf{0}$ und folglich $\lim_{n\to\infty} \mathrm{Det}(\mathbf{I}-\mathbf{T}^n)=\mathrm{Det}\,\mathbf{I}=1$, folgt aus (5) in Verbindung mit (4):

$$1 = \mathrm{Det}(\mathbf{I}-\mathbf{T}) \cdot \mathrm{Det}(\mathbf{I}-\mathbf{T})^{-1} ,$$

also $\mathrm{Det}(\mathbf{I}-\mathbf{T}) \neq 0$.

⋄◆⋄

A-8: Es ist zu beweisen:

$$E\,\mathbf{N}_{ij}^{(n)} = \sum_{t=0}^{n} p_{ij}^{(t)} . \tag{1}$$

Wir definieren die Indikatorvariable:

$$y_{ij}^{(t)} = \begin{cases} 1 & \text{wenn } x_t=j\,|\,x_0=i \\ 0 & \text{sonst.} \end{cases}$$

Nun ist

$$\mathrm{N}_{ij}^{(n)} = y_{ij}^{(1)} + y_{ij}^{(2)} + \ldots + y_{ij}^{(n)}$$

und

$$E\,\mathbf{N}_{ij}^{(n)} = E\,y_{ij}^{(1)} + E\,y_{ij}^{(2)} + \ldots + E\,y_{ij}^{(n)} .$$

Da aber

$$\begin{aligned} E\,y_{ij}^{(t)} &= 1\cdot \Pr(x_t=j\,|\,x_0=i) + 0\cdot[1-\Pr(x_t=j\,|\,x_0=1)] \\ &= \Pr(x_t=j\,|\,x_0=i) \\ &= p_{ij}^{(t)}, \end{aligned}$$

folgt unmittelbar die Behauptung.

Seien nun i und j transiente Zustände. Dann gilt aufgrund von (18.IX) in Verbindung mit (1):

$$\lim_{n\to\infty} \mathrm{E}\,\mathbf{N}_{ij}^{(n)} = \sum_{t=0}^{\infty} p_{ij}^{(t)} \in (\mathbf{I}-\mathbf{T})^{-1} \; .$$

◆◆ ◆ ◆◆

A-9: Verklumpbare Zustandsräume.

Der Zustandsraum eines Markovprozesses kann verkleinert ("verklumpt") werden, wenn gewisse Teilmengen desselben Klassen bilden, die ihrerseits Zustände eines Markovprozesses darstellen.

Sei **S** der Zustandsraum des Markovprozesses und

$$\mathbf{U} = \{\mathbf{u}_1,\ldots,\mathbf{u}_i,\ \mathbf{u}_j,\ldots,\mathbf{u}_r\}$$

eine Verklumpung von S, wobei $\bigcup \mathbf{u}_i = \mathbf{S}$ und $\mathbf{u}_i \cap \mathbf{u}_j = 0$ für alle i,j.

Man bildet nun Übergangswahrscheinlichkeiten eines anderen, zur Verklumpung **U** gehörenden Markovprozesses nach folgender Vorschrift:

$$\Pr(\mathbf{u}_i|j) = \sum_{i\in \mathbf{u}_i} \Pr(i|j); \quad \Pr(\mathbf{u}_j|i) = \sum_{j\in \mathbf{u}_j} \Pr(j|i);$$

Die Verklumpung **U** heißt "zulässig" oder **S** verklumpbar ("lumpable"), wenn für alle $\mathbf{u}_i$, $\mathbf{u}_j$ gilt:

$$\Pr(\mathbf{u}_i|\mathbf{u}_j) = \Pr(\mathbf{u}_i|j) \quad \text{für alle } j \in \mathbf{u}_j \; ,$$

und

$$\Pr(\mathbf{u}_j|\mathbf{u}_i) = \Pr(\mathbf{u}_j|i) \quad \text{für alle } i \in \mathbf{u}_i \; .$$

Diese Bedingung ist natürlich erfüllt, wenn eine stochastische Matrix zwei gleiche Zeilen hat.

> If a man will begin with certainties, he will end with doubts; but if he will be content with doubts, he shall end in certainties.
>
> Francis Bacon: The advancement of learning.

TABELLE A: Gleichverteilte Zufallszahlen

10 09 73 25 33	76 52 01 35 86	34 67 35 48 76	80 95 90 91 17	39 29 27 49 45
37 54 20 48 05	64 89 47 42 96	24 80 52 40 37	20 63 61 04 02	00 82 29 16 65
08 42 26 89 53	19 64 50 93 03	23 20 90 25 60	15 95 33 47 64	35 08 03 36 06
99 01 90 25 29	09 37 67 07 15	38 31 13 11 65	88 67 67 43 97	04 43 62 76 59
12 80 79 99 70	80 15 73 61 47	64 03 23 66 53	98 95 11 68 77	12 17 17 68 33
66 06 57 47 17	34 07 27 68 50	36 69 73 61 70	65 81 33 98 85	11 19 92 91 70
31 06 01 08 05	45 57 18 24 06	35 30 34 26 14	86 79 90 74 39	23 40 30 97 32
85 26 97 76 02	02 05 16 56 92	68 66 57 48 18	73 05 38 52 47	18 62 38 85 79
63 57 33 21 35	05 32 54 79 48	90 55 35 75 48	28 46 82 87 09	83 49 12 56 24
73 79 64 57 53	02 52 96 47 78	35 80 83 42 82	60 93 52 03 44	35 27 38 84 35
98 52 01 77 67	14 90 56 86 07	22 10 94 05 58	60 97 09 34 33	50 50 07 39 98
11 80 50 54 31	39 80 82 77 32	50 72 56 82 48	29 40 52 42 01	52 77 56 78 51
83 45 29 96 34	06 28 89 80 83	13 74 67 00 78	18 47 54 06 10	68 71 17 78 17
88 68 54 02 00	86 50 75 84 01	36 76 66 79 51	90 36 47 64 93	29 60 91 10 62
99 59 46 73 48	87 51 76 49 69	91 82 60 89 28	93 78 56 13 68	23 47 83 41 13
65 48 11 76 74	17 46 85 09 50	58 04 77 69 74	73 03 95 71 86	40 21 81 65 44
80 12 43 56 35	17 72 70 80 15	45 31 82 23 74	21 11 57 82 53	14 38 55 37 63
74 35 09 98 17	77 40 27 72 14	43 23 60 02 10	45 52 16 42 37	96 28 60 26 55
69 91 62 68 03	66 25 22 91 48	36 93 68 72 03	76 62 11 39 90	94 40 05 64 18
09 89 32 05 05	14 22 56 85 14	46 42 75 67 88	96 29 77 88 22	54 38 21 45 98
91 49 91 45 23	68 47 92 76 86	46 16 28 35 54	94 75 08 99 23	37 08 92 00 48
80 33 69 45 98	29 94 03 68 58	70 29 73 41 35	53 14 03 33 40	42 05 08 23 41
44 10 48 19 49	85 15 74 79 54	32 97 92 65 75	57 60 04 08 81	22 22 20 64 13
12 55 07 37 42	11 10 00 20 40	12 86 07 46 97	96 64 48 94 39	28 70 72 58 15
63 60 64 93 29	16 50 53 44 84	40 21 95 25 63	43 65 17 70 82	07 20 73 17 90
61 19 69 04 46	26 45 74 77 74	51 92 43 37 29	65 39 45 95 93	42 58 26 05 27
15 47 44 52 66	95 27 07 99 53	59 36 78 38 48	82 39 61 01 18	33 21 15 94 66
94 55 72 85 73	67 89 75 43 87	54 62 24 44 31	91 19 04 25 92	92 92 74 59 73
42 48 11 62 13	97 34 40 87 21	16 86 84 87 67	03 07 11 20 59	25 70 14 66 70
23 52 37 83 17	73 20 88 98 37	68 93 59 14 16	26 25 22 96 63	05 52 28 25 62
04 49 35 24 94	75 24 63 38 24	45 86 25 10 25	61 96 27 93 35	65 33 71 24 72
00 54 99 76 54	64 05 18 81 59	96 11 96 38 96	54 69 28 23 91	23 28 72 95 29
35 96 31 53 07	26 89 80 93 54	33 35 13 54 62	77 97 45 00 24	90 10 33 93 33
59 80 80 83 91	45 42 72 68 42	83 60 94 97 00	13 02 12 48 92	78 56 52 01 06
46 05 88 52 36	01 39 09 22 86	77 28 14 40 77	93 91 08 36 47	70 61 74 29 41
32 17 90 05 97	87 37 92 52 41	05 56 70 70 07	86 74 31 71 57	85 39 41 18 38
69 23 46 14 06	20 11 74 52 04	15 95 66 00 00	18 74 39 24 23	97 11 89 63 38
19 56 54 14 30	01 75 87 53 79	40 41 92 15 85	66 67 43 68 06	84 96 28 52 07
45 15 51 49 38	19 47 60 72 46	43 66 79 45 43	59 04 79 00 33	20 82 66 95 41
94 86 43 19 94	36 16 81 08 51	34 88 88 15 53	01 54 03 54 56	03 01 45 11 76
98 08 62 48 26	45 24 02 84 04	44 99 90 88 96	39 09 47 34 07	35 44 13 18 80
33 18 51 62 32	41 94 15 09 49	89 43 54 85 81	88 69 54 19 94	37 54 87 30 43
80 95 10 04 06	96 38 27 07 74	20 15 12 33 87	25 01 62 52 98	94 62 46 11 71
79 75 24 91 40	71 96 12 82 96	69 86 10 25 91	74 85 22 05 39	00 38 75 95 79
18 63 33 25 37	98 14 50 65 71	31 01 02 46 74	05 45 56 14 27	77 93 89 19 36
74 02 94 39 02	77 55 73 22 70	97 79 01 71 19	52 52 75 80 21	80 81 45 17 48
54 17 84 56 11	80 99 33 71 43	05 33 51 29 69	56 12 71 92 55	36 04 09 03 24
11 64 44 98 83	52 07 98 48 27	59 38 17 15 39	09 97 33 34 40	88 46 12 33 56
48 32 47 79 28	31 24 96 47 10	02 29 53 68 70	32 30 75 75 46	15 02 00 99 94
69 07 49 41 38	87 63 79 19 76	35 58 40 44 01	10 51 82 16 15	01 84 87 69 38

TABELLE B: Verteilungsfunktion der Standardnormalverteilung

Ablesebeispiele: ø(z) = 0,737; z = 0.634

z = 0,500; 0,691 < ø(0,500) < 0,692

z-Werte (standard scores)

$\phi(z)$	0	1	2	3	4	5	6	7	8	9
0,50.	0,000	0,003	0,005	0,008	0,010	0,013	0,015	0,018	0,020	0,023
0,51.	0,025	0,028	0,030	0,033	0,035	0,038	0,040	0,043	0,045	0,048
0,52.	0,050	0,053	0,055	0,058	0,060	0,063	0,065	0,068	0,070	0,073
0,53.	0,075	0,078	0,080	0,083	0,085	0,088	0,090	0,093	0,095	0,098
0,54.	0,100	0,103	0,105	0,108	0,111	0,113	0,116	0,118	0,121	0,123
0,55.	0,126	0,128	0,131	0,133	0,136	0,138	0,141	0,143	0,146	0,148
0,56.	0,151	0,154	0,156	0,159	0,161	0,164	0,166	0,169	0,171	0,174
0,57.	0,176	0,179	0,181	0,184	0,187	0,189	0,192	0,194	0,197	0,199
0,58.	0,202	0,204	0,207	0,210	0,212	0,215	0,217	0,220	0,222	0,225
0,59.	0,228	0,230	0,233	0,235	0,238	0,240	0,243	0,246	0,248	0,251
0,60.	0,253	0,256	0,259	0,261	0,264	0,266	0,269	0,272	0,274	0,277
0,61.	0,279	0,282	0,285	0,287	0,290	0,292	0,295	0,298	0,300	0,303
0,62.	0,305	0,308	0,311	0,313	0,316	0,319	0,321	0,324	0,327	0,329
0,63.	0,332	0,335	0,337	0,340	0,342	0,345	0,348	0,350	0,353	0,356
0,64.	0,358	0,361	0,364	0,366	0,369	0,372	0,375	0,377	0,380	0,383
0,65.	0,385	0,388	0,391	0,393	0,396	0,399	0,402	0,404	0,407	0,410
0,66.	0,412	0,415	0,418	0,421	0,423	0,426	0,429	0,432	0,434	0,437
0,67.	0,440	0,443	0,445	0,448	0,451	0,454	0,457	0,459	0,462	0,465
0,68.	0,468	0,470	0,473	0,476	0,479	0,482	0,485	0,487	0,490	0,493
0,69.	0,496	0,499	0,502	0,504	0,507	0,510	0,513	0,516	0,519	0,522
0,70.	0,524	0,527	0,530	0,533	0,536	0,539	0,542	0,545	0,548	0,550
0,71.	0,553	0,556	0,559	0,562	0,565	0,568	0,571	0,574	0,577	0,580
0,72.	0,583	0,586	0,589	0,592	0,595	0,598	0,601	0,604	0,607	0,610
0,73.	0,613	0,616	0,619	0,622	0,625	0,628	0,631	0,634	0,637	0,640
0,74.	0,643	0,646	0,650	0,653	0,656	0,659	0,662	0,665	0,668	0,671
0,75.	0,674	0,678	0,681	0,684	0,687	0,690	0,693	0,697	0,700	0,703
0,76.	0,706	0,710	0,713	0,716	0,719	0,722	0,726	0,729	0,732	0,736
0,77.	0,739	0,742	0,745	0,749	0,752	0,755	0,759	0,762	0,765	0,769
0,78.	0,772	0,776	0,779	0,782	0,786	0,789	0,793	0,796	0,800	0,803
0,79.	0,806	0,810	0,813	0,817	0,820	0,824	0,827	0,831	0,834	0,838
0,80.	0,842	0,845	0,849	0,852	0,856	0,860	0,863	0,867	0,871	0,874
0,81.	0,878	0,882	0,885	0,889	0,893	0,896	0,900	0,904	0,908	0,912
0,82.	0,915	0,919	0,923	0,927	0,931	0,935	0,938	0,942	0,946	0,950
0,83.	0,954	0,958	0,962	0,966	0,970	0,974	0,978	0,982	0,986	0,990
0,84.	0,994	0,999	1,003	1,007	1,011	1,015	1,019	1,024	1,028	1,032
0,85.	1,036	1,041	1,045	1,049	1,054	1,058	1,063	1,067	1,071	1,076
0,86.	1,080	1,085	1,089	1,094	1,098	1,103	1,108	1,112	1,117	1,122
0,87.	1,126	1,131	1,136	1,141	1,146	1,150	1,155	1,160	1,165	1,170
0,88.	1,175	1,180	1,185	1,190	1,195	1,200	1,206	1,211	1,216	1,221
0,89.	1,227	1,232	1,237	1,243	1,248	1,254	1,259	1,265	1,270	1,276
0,90.	1,282	1,287	1,293	1,299	1,305	1,311	1,317	1,323	1,329	1,335
0,91.	1,341	1,347	1,353	1,359	1,366	1,372	1,379	1,385	1,392	1,398
0,92.	1,405	1,412	1,419	1,426	1,433	1,440	1,447	1,454	1,461	1,468
0,93.	1,476	1,483	1,491	1,499	1,506	1,514	1,522	1,530	1,538	1,546
0,94.	1,555	1,563	1,572	1,580	1,589	1,598	1,607	1,616	1,626	1,635
0,95.	1,645	1,655	1,665	1,675	1,685	1,695	1,706	1,717	1,728	1,739
0,96.	1,751	1,762	1,774	1,787	1,799	1,812	1,825	1,838	1,852	1,866
0,97.	1,881	1,896	1,911	1,927	1,943	1,960	1,977	1,995	2,014	2,034
0,98.	2,054	2,075	2,097	2,120	2,144	2,170	2,197	2,226	2,257	2,290
0,99.	2,326	2,366	2,409	2,457	2,512	2,576	2,652	2,748	2,878	3,090
0,999.	3,090	3,121	3,156	3,195	3,239	3,291	3,353	3,432	3,540	3,719
0,9999.	3,719	3,746	3,775	3,808	3,846	3,891	3,944	4,013	4,107	4,265
0,99999.	4,265	4,288	4,314	4,344	4,378	4,417	4,465	4,526	4,611	4,753
0,999999.	4,753	4,775	4,798	4,825	4,856	4,892	4,935	4,991	5,069	5,199
0,9999999.	5,199	5,219	5,241	5,265	5,293	5,327	5,367	5,419	5,491	5,612
0,99999999.	5,612	5,630	5,650	5,673	5,700	5,731	5,768	5,817	5,884	5,998
0,999999999.	5,998	6,015	6,034	6,055	6,080	6,109	6,145	6,190	6,254	6,361

LITERATURVERZEICHNIS

ANASTASI A. (1994): Differential psychology and sources. In STERN W.: Die Differentielle Psychologie in ihren methodischen Grundlagen. Hans Huber, Berlin.

ANDERSEN E.B. (1983): A General Latent Structure Model for Contingency Table Data. In Messick S.(Hrsg.): Principles of modern Psychological Measurement. L. Erlbaum Associates, Hillsdale, New Jersey.

ATTLERSBACH L., LEHN J. (Hrsg.) (1986): Zufallszahlen und Simulationen. Teubner, Stuttgart.

BAKER F.B. (1992): Item Response Theory. Parameter estimation techniques. Marcel Dekker, New York.

BALAKRISHNAN N. (1992): Handbook of the Logistic Distribution. Marcel Dekker, New York.

BARTHOLOMEW P.J. (1973): Stochastic Models for Social Processes. Wiley, New York.

BERKSON J. (1953): A statistically precise and relatively simple method of estimating the bio-assay with quantal response, based on the logistic function. Journal of the American Statistical Association, Vol.48, S. 565–599.

BISHOP Y.M., FIENBERG S.E., HOLLAND P.W.(1978): Discrete Multivariate Analysis: Theory and Practice. MIT, Cambridge.

BORG I., LINGOES J.: Multidimensional Similarity Structure Analysis. Springer Verlag, New York.

BOSSEL H. (1989): Simulation dynamischer Systeme. Vieweg, Braunschweig.

BOUDON R. (1963): Propriétés individuelles et propriétés collectives: un probléme d'analyse écologique. Revue française de sociologie 4, S. 275–299.

BOWER G.H. (1959): Choice-Point Behavior. In BUSH R.P., ESTES W.K.(Hrsg.): Studies in Mathematical Learning Theory. Stanford University Press.

BOWER G.H. (1961): Application of a model to pairs associate learning. Psychometrika 26, S. 255–280.

BRADLEY R.A., TERRY M.E. (1952): Rank analysis of incomplete block designs I: The method of paired comparisons. Biometrika 39, S. 324–345.

BRUNSWIK E. (1934): Wahrnehmung und Gegenstandswelt. Deutike, Leipzig.

BUSH R.R., ESTES W.K. (1959): Studies in mathematical learning theories. Stanford University Press.

CHRISTENSEN R. (1990): Log–linear models. Springer Verlag, New York.

COOMBS C.H. (1950): Psychological scaling without a unit of measurement. Psychological Review, 57, S.145–158.

DARROCH J.N., LAURITZEN S.L., SPEED T.P. (1980): Markov fields and log–linear interaction models for contingency tables. Annals of Statistics, 8, S. 522–539.

DAWES R.M. & MEEHL P.E. (1966): Mixed Group Validation. A Method for Determining the Validity of Diagnostic Signs without Using Criterion Groups. Psychological Bulletin, 66, S. 63–67.

DUTTON J.M., STARBUCK W.H. (1971): Computer Simulation of Human Behavior. John Wiley, New York.

EDWARDS D., KREINER S. (1983): The analysis of contingency tables by graphical models. Biometrika, 70, S. 553–565.

EYE A.van (1990): Introduction to Cinfigural Frequency Analysis. The search for types and antitypes in cross–classifications. Cambridge University Press, Cambridge.

FECHNER G.T. (1860): Elemente der Psychophysik. Breitkopf & Härtel, Leipzig.

FERSCHL F. (1970): Markovketten. Springer, Berlin.

FIENBERG S.E. (1980): The analysis of cross–classified categorical data. M.I.T.

FISCHER G.H. (1974): Einführung in die Theorie psychologischer Tests. Huber, Berlin.

FISCHER G.H. (1988): Spezifische Objektivität. Eine wissenschaftstheoretische Grundlage des Rasch–Modells. In KUBINGER K.D. (Hrsg.): Moderne Testtheorie. Psychologie Verlagsunion: Weinheim und München.

FISCHER G.H., LAMING D. (Hrsg.) (1994): Contribution to Mathematical Psychology, Psychometrics and Methodolgy. Springer- Verlag, New York, Berlin.

FISCHER G.H., MOLENAAR I.W. (Hrsg.) (1995): Rasch-Models. Foundations, Recent Development and Applications. Springer-Verlag, New York, Berlin.

GOODMAN L.A. (1953): Ecological Regressions and Behavior of Individuals. American Sociological Review, 18, S. 603–664.

GOODMAN L.A. (1958/59): Some Alternatives to Ecological Correlation. American Journal of Sociology, 64, S. 610–625.

GREEN R., GOLDFRIED M. (1965): On the bipolarity of semantic space. Psy-Psychological Monographs, 79, S. 1–31.

GUTHKE J., BÖTTCHER H.R., SPRUNG L.(1990): Psychodiagnostik, Band 1, Deutscher Verlag der Wissenschaften, Berlin.

GUTJAHR W. (1971): Die Messung psychischer Eigenschaften. VEB-Deutscher Verlag der Wissenschaft, Berlin.

HAMERLE A., TUTZ G. (1984): Zusammenhangsanalysen in mehrdimensionalen Kontingenztabellen. Das log-lineare Modell. In FAHRMEIER L., HAMERLE A. (Hrsg.): Multivariate Statistische Verfahren. De Gruyter, Berlin.

HERRMANN TH., STÄCKER K.H. (1969): Sprachpsychologische Beiträge zur Sozialpsychologie. Handbuch der Psychologie, Band 7, 1. Halbband, S. 398–474, Hogrefe, Göttingen.

HERRNSTEIN R., MURRAY CH.(1994): The Bell Curve. The Free Press, New York.

HOFFMEISTER J. (1955): Wörterbuch der philosophischen Begriffe. Felix Meiner, Hamburg.

HOFSTÄTTER P.R.(1963): Einführung in die Sozialpsychologie, Kröner-Verlag, Stuttgart.

HORNBOSTEL, v.E.M. (1927): The unity of the senses. Psyche VIII, 2.

HORNBOSTEL, v.E.M. (1931): Über Geruchshelligkeit. Pflügers Archiv 227, S. 517–538.

IOSIFESCU M., THEODORESCU R. (1969): Random Processes and Learning. Verlag Springer, New York.

IRTEL H. (1993): Experimentalpsychologisches Praktikum. Springer-Verlag, Berlin/Heidelberg.

JENSEN A. (1972): Genetics and Education. Methuen, London.

JENSEN A. (1973): Educability and Group Differences. Harper and Row, New York.

JENSEN A. (1980): Bias in Mental Testing. Methuen, London.

JENSEN A. (1981): Straight-Talk About Mental Tests. Methuen, London.

JÜNGER E. (1982): Strahlungen I. Deutscher Taschenbuchverlag, München.

KARR A.F. (1986): Point processes and their Statistical Inference. Marcel Dekker, New York.

KENDALL M.G. (1961): A Course in the Geometry of n Dimensions. Griffin, London.

KIESER M. (1993): Identification of Types in Contingency Tables. – An Alternative to Configural Frequency Analysis. In STEYRER R., WENDER K.F., WIDMANN K.F. (Hrsg.): Psychometric Methodology Proceedings of the 7th European Meeting of the Psychometric Society in Trier. Fischer G., Stuttgart. G., Stuttgart.

KLAGES L. (1948): Die Sprache als Quelle der Seelenkunde. Zürich.

KLAGES L. (1960): Der Geist als Widersacher der Seele. Bouvier, Bonn.

KRAUTH J., LIENERT G.A. (1973): Die Konfigurationsfrequenzanalyse und ihre Anwendung in Psychologie und Medizin. Alber, Freiburg.

KRAUTH J. (1993): Einführung in die Konfigurationsfrequenzanalyse (KFA). Weinheim, Basel: Psycholgie Verlags Union.

LANTERMANN E.D., FEGER H. (Hrsg.) (1980): Similarity and Choice. Hans Huber, Bern.

LAZARSFELD P., HENRY N.W. (1968): Latent structure analysis. Houghton Mufflin Company, Boston.

LIENERT G.A. (1969)a: Testaufbau und Testanalyse, Beltz, Weinheim.

LIENERT G.A. (1969)b: Die Konfigurationsfrequenzanalyse als Klassifikationsmethode in der klinischen Psychologie. Bericht 26, Kongreß der Deutschen Gesellschaft für Psychologie. Hogrefe, Göttingen.

LUKACS E., LAHA G. (1964): Applications of charakteristic functions. Verlag Griffin & Company, London.

MARKTLER A. (1995): Die Mathematik des semantischen Differentials. Unveröffentlichte Diplomarbeit, Johannes-Kepler-Universität Linz.

MIHRAM G.A. (1972): Simulation. Academic Press, New York.

MOGDIL R. (1987): Arthur Jensen. The Falmer Press, New York.

NEUWIRTH E. (1984): Lineare Modelle, Wahlanalysen und Wählerstromrechnung. Mitteilungsblatt, Österr. Stat. Gesellschaft, 53, S. 22–32.

NORMAN F.M. (1972): Markov Processes and Learning Models. Academic Press, New York, London.

ODBERT H.S., KARWOSKI T.F., ECKERSON A.B. (1942): Studies in synesthetic thinking. I: Musical and verbal assoziations of color and mood. Journal gen. Psychol., 26, S. 153–173.

OSGOOD C., SUCI G., TANNENBAUM P. (1957): The measurement of meaning. Urbana, Univ.Ill.Press.

OSGOOD C. (1952): The nature and measurement of meaning. Psychol. Bull, 49, S. 197–237.

OSGOOD C. (1960): The crosscultural generality of visual–verbal syn–esthetic tendencies. Behavioral sciences, 5, S. 146-149.

OSGOOD C. (1964): Semantic differential technique in the comparative study of cultures. Amer. Anthropologist, 66, S. 171–200.

PETERMANN F. (1989): Einzelfallanalyse. Oldenbourg, München.

PFANZAGL J. (1992): On the consistency of conditional maximum likelihood estimation. Reprints in Statistics 134. Department of Mathematics, University of Cologne, Cologne.

PFANZAGL J. (1994): Parametric Statistical Theory. Walter de Gruiter, Berlin.

PICKENHAIN L. (1959): Grundriß der Physiologie der höheren Nerventätig–keit. VEB Berlin, Berlin.

POPPER K.R. (1959): The Logic of Scientific Discovery. Basic Books, New York.

RASCH G. (1960): Probabilistic Models for some Intelligence and Attainment Tests. Nielson & Lydiche, Kopenhagen.

REICHENBACH H. (1951): The Rise of Scientific Philosophy. University of California Press, Berkeley.

RESTLE F., GREENO J. (1970): Introduction to Mathematical Psychology. Addison–Weseley Publishing Company.

RIPLEY B.D. (1987): Stochastic Simulation. John Wiley & Sons, New York.

ROBINSON W.S. (1950): Ecological Correlations and the Behavior of Individuals. American Sociological Review, 15, S. 351–357.

RUBINSTEIN R.Y. (1981): Simulation and the Monte Carlo Method. John Wiley & Sons, New York.

RUEGER CH. (1991): Die musikalische Hausapotheke. W. Heyne, München.

SHERMAN C.R. (1972): Non-metric multidimensional scaling: A Monte Carlo study of the basic parameters. Psychometrika, 37, S. S. 323–354.

SOBEL M.E. (1995): The Analysis of Contingency Tables. In ARMINGER G. (Hrsg.): Handbook of Statistical Modeling for the Social and Behavioral Sciences. Plenum Press, New York, London.

SIXTL F. (1973)a: Probabilistic Unfolding. Psychometrika, 38, S. 238–248.

SIXTL F. (1973)b: Eine neuartige Begründung der logistischen Funktion. Zeitschrift f. exp. angew. Psychol., XX; S. 489–497.

SIXTL F. (1973)c: Die Gültigkeit von Prädiktoren bei nicht identifizierbaren Merkmalsträgern. Konstanzer Universitätsreden, 34, Universitätsverlag GmbH., Konstanz.

SIXTL F. (1982): Meßmethoden der Psychologie. Beltz, Weinheim.

SIXTL F. (1983): Wahlanalysen und Wählerstromanalysen. Mitteilungsblatt, Österr. Stat. Gesellschaft, 50, S. 67–74.

SIXTL F. (1993): Der Mythos des Mittelwertes. Oldenbourg, München.

SIXTL F. (1994): Wann sind Ergebnisse statistischer Auswertungen Artefakte? In PAWLIK K. (Hrsg.): 39. Kongreß der Deutschen Gesellschaft für Psychologie. Abstracts, Band II. Psychologisches Institut der Universität Hamburg.

SOLLEY C.M., MESSICK S.J. (1957): Probability learning, the statistical structure of concept, and the measurement of meaning. Amer. J. Psychol., 70, S.161–173.

SOMMERFELD A. (1964): Vorlesungen über theoretische Physik.

SCHEFFÉ H. (1959): The Analysis of Variance. John Wiley & Sons, New York.

SCHWEITZER A. (1979): J.S. Bach. Breitkopf & Härtel, Wiesbaden.

STANGE K. (1970): Angewandte Statistik I. Springer, Berlin.

STEVENS S.S. (1951): Mathematics, measurement, and psychophysics. In S.S. STEVENS (Hrsg.) Handbook of experimental psychology, S. 1–49, John Wiley, New York.

STEYER R. (Hrsg.) (1993): Psychometric Methodology. Gustav Fischer, Stuttgart.

TACK W. (1976): Stochastische Lernmodelle. Kohlhammer, Stuttgart.

THURSTONE L.L. (1928): The phi-gamma hypothesis. Journal exp. Psychol.,11, S. 293-305.

THURSTONE L.L. (1948): Psychological Methods. John Wiley, New York.

TVERSKY A., KRANTZ D.H. (1970): The Dimensional Representation and the Metric Structure of Similarity Data. Journal Mathem. Psychol., S. 572-596.

TVERSKY A. (1980): Features of similarity. In LANTERMANN E.D., FEGER H. (Hrsg.): Similarity and Choice. H. Huber, Bern.

WERNER H. (1966): Intermodale Qualitäten (Synästhesien): Handbuch der Psycholgie Band I, 1. Halbband, S. 278-303. Hogrefe, Göttingen.

WHITTEMORE A.S. (1978): Collapsing of Multidimensional Contingency tables. Journal of the Royal Statistical Society, B, Vol. 40, S. 328-340.

WHYMPER E. (1872): Berg- und Gletscherfahrten in den Alpen. George Westermann, Braunschweig.

WOODWORTH R.S., SCHLOSBERG H. (1962): Experimental Psychology. Holt, Rinehart and Winston, New York.

WUNDT W. (1874): Grundzüge der physiologischen Psychologie. Engelmann, Leipzig.

SACHREGISTER

www.ingramcontent.com/pod-product-compliance
Lightning Source LLC
LaVergne TN
LVHW091728021026
849161LV00003BB/381
* 9 7 8 3 4 8 6 2 3 6 6 3 7 *